国家社会科学基金"十三五"规划2020年度教育学青年课题
教师社会情绪能力测评与线上培育路径"（项目号：CKA20

陕西师范大学优秀学术著作出版资助

U0518713

乡村幼儿园教师社会情绪能力的发展与提升研究

马　颖◎著

陕西师范大学出版总社　西安

图书代号　ZZ25N1041

图书在版编目（CIP）数据

乡村幼儿园教师社会情绪能力的发展与提升研究／
马颖著. -- 西安：陕西师范大学出版总社有限公司，
2025.5. -- ISBN 978-7-5695-5661-2

Ⅰ.G615

中国国家版本馆 CIP 数据核字第 2025Y0N586 号

乡村幼儿园教师社会情绪能力的发展与提升研究

XIANGCUN YOUERYUAN JIAOSHI SHEHUI QINGXU NENGLI DE FAZHAN YU TISHENG YANJIU

马　颖　著

责任编辑	于盼盼
责任校对	刘金茹
封面设计	鼎新设计
出版发行	陕西师范大学出版总社
	（西安市长安南路 199 号　邮编 710062）
网　　址	http://www.snupg.com
印　　刷	西安市建明工贸有限责任公司
开　　本	720 mm×1020 mm　1/16
印　　张	14.625
字　　数	288 千
版　　次	2025 年 5 月第 1 版
印　　次	2025 年 5 月第 1 次印刷
书　　号	ISBN 978-7-5695-5661-2
定　　价	78.00 元

读者购书、书店添货或发现印装质量问题，请与本社高等教育出版中心联系。
电话:(029)85303622(传真)　85307864

序　言

　　乡村学前教育是国民教育体系的重要组成部分,也是实现教育公平和社会均衡发展的关键环节。乡村幼儿园教师作为直接面对幼儿的教育者,其专业素养与心理健康状况直接影响着乡村学前教育的质量和儿童早期的身心健康发展。然而,在当前的乡村教育生态中,幼儿教师往往面临资源匮乏、工作压力大、职业认同感低等多重挑战,这些因素不仅制约了幼儿园教师自身的职业发展,也可能对其社会情绪能力的培养造成负面影响。社会情绪能力是指个体在认知、情绪和行为层面有效管理自我、理解他人以及建立积极社会关系的能力,对于幼儿园教师的心理健康、职业幸福感以及教育教学效果均具有深远影响。因此,关注乡村幼儿园教师的社会情绪能力发展,不仅关乎教师自身的专业成长,更对乡村幼儿的身心健康发展具有重要的现实意义。

　　本书以乡村幼儿园教师的社会情绪能力为核心议题,结合理论与实践,系统探讨其发展现状、影响因素及提升路径。全书共分为八章,采用混合研究方法,力求全面、深入地呈现乡村幼儿教师社会情绪能力的特点及其优化策略。第一章从宏观背景出发,梳理乡村学前教育的发展现状及乡村幼儿教师的职业困境,结合国内外相关文献,阐释社会情绪能力的概念内涵,并分析其在教师职业发展及幼儿教育中的重要作用。本章旨在为后续研究奠定理论基础,明确乡村幼儿教师社会情绪能力研究的必要性和价值。第二章采用质性研究方法,通过深度访谈和案例分析,探索乡村幼儿园教师社会情绪能力的核心结构要素,并依据教师的不同职业发展阶段,揭示其社会情绪能力发展的动态特征。第三至第五章聚焦于量化研究。结合社会情绪能力的理论框架,编制适用于乡村幼儿园教师的社会情绪能力测评量表,并通过大样本调查,分析当前乡村幼儿教师社会情绪能力的整体水平及其在人口学变量上的差异以及和其他变量之间的关系,探索社会情绪能力的影响。这一部分的研究不仅填补了该领域测量工具的缺陷,也为后续干预实践提供了支持。第六至第七章转向实践干预。基于正念练习设计针对乡村幼儿教师的线上社会情绪能力提升项目,并通过教育实验验证其有效性。正念练习强调对当下经验的觉察与接纳,已有研究表明,它能有效缓解压力、提升情绪调节能力。本研究结合乡村教师的工作特点,开发适合其需求的干预方案,并探讨其对教师社会情绪能力的促进作用。第八章综合前文的研究发现,从社会支持、幼儿园管理及教师个人发展三个层面提出具体建议,旨在为政策制定者、幼儿园管理者及教师教育者提供参考,共同推动乡村幼儿教师社会情绪能力的提升,进而促进乡村学前教育的高质量发展。

　　本书的撰写得益于诸多学者先前的研究成果,同时也结合了实地调研的宝贵经验。我们希望通过本书,能够唤起社会各界对乡村幼儿园教师群体社会情绪能力发展的关注,并为乡村教师专业发展提供切实可行的支持策略。由于研究水平和时间有限,书中难免存在不足之处,恳请读者批评指正,以便在未来进一步深化相关研究。

　　最后,协助本人完成著作的人员有:向唯鸣、艾玥玥、王蓓、李倩、周姝颖、武梦茹、陈果、张彤、赵佳敏等。谨向所有参与本研究的乡村幼儿园教师、学前教育工作者以及给予支持的合作单位致以诚挚的谢意。正是他们的无私奉献与真诚分享,才使这一研究得以顺利完成。

　　乡村学前教育的改善任重道远,但我们相信,通过持续的关注与努力,乡村幼儿教师的社会情绪能力必将得到有效提升,从而为乡村儿童的成长奠定更加坚实的基础。

马颖

2025 年 4 月

目　录

第一章

乡村幼儿园教师社会情绪能力发展概述

第一节 乡村幼儿园教师社会情绪能力研究背景

一、研究缘起

《国家中长期教育改革与发展规划纲要(2010—2020年)》强调要大力发展学前教育,特别是对乡村学前教育发展提出了具体要求。《中国教育现代化2035》中明确提出将普及有质量的学前教育作为下一阶段的发展目标。乡村幼儿园教师作为学前教育的中坚力量,承担着推进乡村教育发展进步的重要责任。乡村教育是我国教育事业的短板,乡村幼儿园教师作为乡村教育的主体之一,面临着教师流动性大、教师质量不过关等问题,一直以来受到国家的广泛关注。习近平总书记强调要将乡村教师队伍建设摆在重要位置,做到"阻断贫困代际传递"。《教师教育振兴行动计划(2018—2022年)》中明确指出,要加强乡村学校的教师培养,为乡村学校培养"下得去、留得住、教得好、有发展"的合格教师。① 在众多政策背景下,乡村幼儿园教师队伍在专业知识与技能方面获得显著发展,但是对乡村幼儿园教师心理健康和社会情绪能力的关注较为缺乏。

幼儿园教师的心理健康状况及其社会情绪能力应当受到高度重视。由于乡村幼儿园大多位于以农业生产为主的地区,其经济发展水平相较于城市较为

---

① 教育部.《教师教育振兴行动计划(2018—2022年)[EB/OL].(2018-03-28)[2023-12-06].http://www.gov.cn/xinwen/2018-03/28/content_5278034.htm.

滞后,且文化生活资源较为匮乏,这使得乡村幼儿园教师的心理健康问题尤为突出,亟需特别关注与支持,以确保其身心健康,进而推动乡村学前教育的持续、健康发展。国内针对乡村幼儿园教师心理健康的研究指出,鉴于乡村学前教育基础较为薄弱,作为该领域的主要实施者,乡村幼儿园教师在多种因素的共同作用下,可能承受着更大的心理压力,并面临更多的心理健康问题,这些压力主要来源于社会、家园配合、职业发展以及自我调控能力等方面。[①] 此外,受硬件设施不完善以及同事间人际交往等因素的影响,许多乡村幼儿园教师感受到挫败感和孤离感,进而导致了较低的自我效能。综上所述,乡村幼儿园教师可能面临不同程度的情绪和社会交往问题,这不仅对其心理健康产生负面影响,还可能进一步影响其工作状态和效果。因此,我们必须高度重视乡村幼儿园教师的心理健康问题,并积极采取有效措施加以解决。

乡村幼儿园教师作为特殊群体,其社会情绪能力的现状值得我们深入研究。然而,当前我国学者关于教师社会情绪能力的理论和实践研究仍显不足,尤其是针对乡村幼儿园教师社会情绪能力发展的相关研究尚处于起步阶段。[②]因此,国家各级教育部门应积极关注乡村幼儿园教师的心理健康状况,尤其需加强对其社会情绪能力的培养,为乡村幼儿园教师创造良好的工作和发展环境,从而保障教师队伍的质量与稳定性。

二、幼儿园教师社会情绪能力对教师自身和儿童发展具有重要作用

近年来,随着幼儿园教师不良事件的屡次曝光,幼儿园教师社会情绪能力的发展受到社会各界的广泛关注。教师们需频繁地与同事、领导、家长等多元群体进行交往,这些互动对其社会情绪与人际交往技能提出了较高要求。在真实且忙碌的教学环境中,幼儿园教师在承担教学、教研及多项工作任务的同时,还需应对诸多繁杂事务,这无疑对教师群体构成了显著的工作压力,并可能诱发职业倦怠情绪。然而,在教师的培养与发展过程中,我们往往过分聚焦于其专业知识与技能的精进,却在一定程度上忽视了教师心理调

---

① 李春良,文萍.农村幼儿教师心理压力解析[J].教育导刊(下半月),2019(8):53-58.

② 马颖,张慧,向唯鸣,等.乡村幼儿园教师社会情感线上正念干预方案设计及其实施效果[J].陕西学前师范学院学报,2024,40(4):48-58.

适、时间管理以及应对复杂工作环境等综合素养的培育。在这种背景下,幼儿园教师的社会情绪能力不仅关乎教师自身的心理健康和职业发展,更对儿童的情感发展、社会适应以及全面成长具有深远的影响。与城市教师相比,乡村教师在其发展环境、人际互动、教育资源等方面也更为落后和复杂,这对其社会情绪能力水平要求更高。因此对乡村幼儿园教师情绪情感的关注显得尤为重要。

一方面,对于幼儿园教师自身来说,教师社会情绪能力是 21 世纪教师应对错综复杂的教育工作和人际交往的必备专业素质,影响着其自身的专业化成长。社会各界逐渐意识到仅发展幼儿园教师专业能力远远不够,教师的社会情绪能力也非常重要,拥有较高情绪调节、情绪管理、情绪认识能力不仅对儿童发展有重要作用,对教师自身也有益。尤其在乡村幼儿园,由于其地理位置偏远、师资相对匮乏以及工作压力大等,幼儿园教师们普遍面临更高的职业挑战。这些挑战不仅导致职业倦怠感的增加,还可能引发专业认同感低、情绪不稳定等心理问题。这进一步彰显了社会情绪能力对于提高乡村幼儿园教师心理健康水平的重要性。

另一方面,从儿童发展视角来说,3～6 岁的幼儿情绪特点表现为易变性、冲动性、外显性和易感染性。幼儿园教师对儿童心理发展特点的理解和引导,对儿童的发展至关重要。已有研究表明,幼儿园教师的社会情绪能力直接影响幼儿的社会情绪能力,社会情绪能力较高的幼儿园教师能够及时且准确关注幼儿的情绪反应及感受,帮助幼儿认识、理解和调控情绪,容易形成良好的师幼关系,促进幼儿社会性发展。[1] 也有研究者对教师情绪能力、课堂教学策略与效能感的关系进行研究,结果发现,教师的同理心是辨别学生情绪的基础,同理心与教师情绪识别能力共同影响教师自身情绪调节,而教师自身情绪调节又通过其自身情绪表达管理学生的情绪,由此可见教师的情绪与学生发展息息相关。[2]

因此,教师的社会情绪能力不仅能够有效缓解教师个人的职业倦怠感,提升其职业幸福感,并减轻其工作与生活的压力,同时,对幼儿的情绪认知、理解

---

[1] 柯瑜.幼儿的社会情绪能力培养与发展策略[J].福建教育学院学报,2022,23(10):93－96.

[2] 吴莹莹.教师情绪能力、课堂教学策略与效能感的关系研究[D].福州:福建师范大学,2013.

以及社会性发展等方面也产生了至关重要的影响。因此,深入研究乡村幼儿园教师的社会情绪能力显得尤为重要。

三、乡村幼儿园教师社会情绪能力的测评与提升路径有待进一步研究

目前国内外关于教师社会情绪能力的研究主要集中在中小学教师群体,而对乡村幼儿园教师的相关研究相对较少,特别是在乡村幼儿园教师社会情绪能力的测评与提升路径方面,现有研究仍显不足,亟待进一步深入探索。

随着教师社会情绪能力的重要性日益凸显,如何有效提升教师的社会情绪能力逐渐成为全球教师教育领域的重要议题。目前关于发展教师社会情绪能力的途径主要聚焦在社会层面(开发教师社会情感发展的宏观资源)、组织层面(构建教师社会情绪能力发展的支持体系)和教师个人层面(基于正念干预的教师专业发展项目)。值得注意的是,教师职业倦怠已成为教育领域的普遍问题,过度的工作压力、情绪疲劳和学生多样化需求等因素,往往导致教师陷入情绪低谷,进而影响其工作动力。从已有研究来看,教师的社会情绪能力对其教学效能感、工作满意度、师生关系、班级管理以及学生发展等方面具有显著影响。[①]

正念干预(Mindfulness-Based Intervention)因其灵活的实施方式和显著的培训效果,近年来受到研究者的广泛关注。正念强调个体关注自己的此时此刻,当下的所思所想,不做任何评判地将注意力集中在当下,并对自身感受和外界刺激始终保持以好奇、开放和接纳的态度。[②] 正念干预以个体或团体正念练习为主要形式,包括正念呼吸、身体扫描、慈心练习等活动。在正念干预中,教师通常通过呼吸练习和身体感知等方式培养正念能力。这些简单而有效的练习可以帮助教师降低心理紧张度,减轻负面情绪,提升专注力和自我调节能力。此外,线上干预作为一种创新的干预途径,凭借其灵活性、便捷性和针对性强的特点,为个人提供了强大的心理支持和成长空间。互联网的快速发展为生活带

---

① 林琳.内江市幼儿教师职业倦怠现状及影响因素研究[D].重庆:西南大学,2009.

② BISHOP S R, LAU M, SHAPIRO S, et al. Mindfulness:a proposed operational definition [J]. Clinical psychology:science and practice, 2004,11(3):230-241.

来诸多便利,各个领域也因此受益于互联网的便捷和实效性。传统的线下团体干预容易受时间、场地、人员等多种因素的制约,而线上干预时间自由灵活,以被干预者为中心,被干预者可以自由选择上课的时间、地点,利用碎片化时间学习,减少组织教学的成本以及租赁费用,环境因素影响较小,并且可以缓解资源不均现象,实现教育公平。

罗瑟(Roeser)、珍妮丝(Jennings)等学者认为,正念训练与教师教育的结合可以提高教师的社会情绪能力,基于这一理念,研究者开发了正念健康教育(Mindfulness-based Wellness Education, MBWE)、教师教育意识和心理弹性培养(Cultivating Awareness and Resilience in Education for Teacher, CARE)等专门针对教师群体的干预项目。[1][2] 因此,越来越多的研究开始尝试运用基于正念的实践和培训来支持教师社会情绪能力的发展及心理健康水平的改善。这些项目不仅包含经典的正念练习,还结合了不同教师群体的工作情境特征,融入了倾听练习、正念教学等内容。研究表明,这些干预项目能够显著提升教师的情绪调节能力、教学效能感,缓解职业倦怠和心理困境。[3][4]

总之,正念作为一种有效的社会情绪能力干预方式,强调通过积极的心态和注意力的调整,能提升教师个体的自我认知、情绪调节和人际交往能力。而线上正念项目则进一步突破了地域限制,使乡村教师也能够接受专业的培训和指导,提升其社会情绪能力,从而帮助他们更好地应对工作中的挑战和压力。在此背景下,线上正念项目作为一种新兴的教育干预方式,以其灵活性、便捷性和针对性强的特点,为乡村幼儿园教师社会情绪能力的提升提供了新的思路和

---

① JENNINGS P A, SNOWBERG K E, COCCIA M A, et al. Improving classroom learning environments by cultivating awareness and resilience in education(CARE):results of two pilot studies[J]. The journal of classroom interaction, 2011,46(1):37 – 48.

② JENNINGS P A, BROWN J L, FRANK J L, et al. Impacts of the CARE for teachers program on teachers'social and emotional competence and classroom interactions[J]. Journal of educational psychology, 2017,109(7):1010 – 1028.

③ NADLER R, CARSWELL J J, MINDA J P. Online mindfulness training increases well-being,trait emotional intelligence, and workplace competency ratings:a randomized waitlistcontrolled trial[J]. Frontiers in psychology, 2020(11):255 – 273.

④ CHENG X, ZHANG H, CAO J, et al. The effect of mindfulness-based programs on psychological distress and burnout in kindergarten teachers:a pilot study[J]. Early childhood education journal, 2022,50(7):1197 – 1207.

方法。因此,深入探究线上正念项目在提升乡村幼儿园教师社会情绪能力方面的作用,不仅有助于完善教师社会情绪能力的测评与提升路径,还能为乡村幼儿园教师的专业发展提供有力的支持。

第二节　乡村幼儿园教师社会情绪能力的概念和理论

一、社会情绪能力概念的演变

社会情绪能力的起源可追溯至20世纪初期的美国,其发展脉络呈现出从社会智力到多元智力,再到情绪智力,最终演化为社会情绪能力的渐进式发展历程。社会情绪能力是一个涵盖广泛的概念,它涵盖了多样的品德和技能,构成了非认知技能的一个重要组成部分。在英文的研究文献中,关于社会情绪能力的术语多种多样,包括但不限于"social emotional competency""social and emotional competence"等。此外,"社会情绪能力"这一术语,有时也被称作"社会情感能力",它与"社会情感学习"或"社会情绪学习"密切相关。

1. 社会智力理论

20世纪20年代,桑代克(Thorndike)提出了社会智力的概念,认为智力并非单一概念,而是多维度的能力,包括抽象智力、具体智力和社会智力。其中社会智力是指理解他人和与他人相处的能力,包括与他人建立关系和在人际交往中做出恰当行为的能力。[①] 随后研究者们也逐渐意识到:认知智力只是影响个体成就的一个因素,而情感、社会交往等其他非智力因素也同样重要。因此,"社会能力"和"社会智力"这样的术语也开始在相关文献中大量出现。

2. 情绪智力理论

在1990年,萨拉维(Salovey)和梅耶(Mayer)首次提出了情绪智力(Emotional Intelligence, EI)的概念,将其定义为个体识别、使用、理解和管理情绪的能力。[②] 情绪智力的提出是对传统智力理论的扩展,强调了情绪在个体的认知过程和社交互动中的重要性。情绪智力可概括为以下几个关键领域:情绪识别

---

① THORNDIKE, E. L. Intelligence and its uses[J]. Harper's magazine. 1920(140):227 –235.

② SALOVEY P, MAYER J D. Emotional intelligence[J]. Imagination, cognition and personality, 1990(9):185 – 211.

（能够准确地识别自己和他人的情绪状态）、情绪使用（利用情绪信息促进思考和决策过程）、情绪理解（对情绪的复杂性有深刻理解，包括情绪如何相互关联以及它们如何影响行为）、情绪管理（调节自己和他人的情绪，以促进情绪健康和社会功能）。①

1995年，丹尼尔·戈尔曼（Daniel Goleman）出版了《情商：为什么情商比智商更重要》，认为情绪智力包含五个基本要素，即识别自己的情绪、管理自己和他人的情绪、自我激励、识别他人的情绪、处理人际关系，强调情绪智力对个人在职业和日常生活中的成功至关重要，有时甚至比传统智力更为重要。2001年，戈尔曼将情绪智力的概念进行了修订，将其概括为以下四个关键能力：自我意识（包括情绪的自我感知、准确的自我评估和自信）；社会意识（包括移情理解、服务导向和组织意识）；自我管理（包括自我控制、可信赖、责任心、适应性、成就内驱力和创新）；以及关系管理（包括发展他人、影响力、沟通交流、冲突管理、领导力、促进变革、建立联合体和团队协作）。② 戈尔曼对于该领域研究的另一项重要贡献在于尝试辨析了"情绪能力"（emotional competence）和"情绪智力"（emotional intelligence）的关系，认为两者并不等同且前者是个体基于其情绪智力而习得的才能。他的观点也极大地推动了情绪智力这一概念在全球的流行和认知，情绪智力也逐渐受到了广泛的关注和讨论，成为心理学和个人发展领域的一个重要议题。

3. 社会情绪理论

1989年，美国学者艾森伯格（Eisenberg）第一次明确提出社会情绪能力的概念，将其定义为个体在社交互动中实现个人目标的同时，能够维持与他人积极关系的能力。它包括以下几个方面：情绪理解（对自己和他人情绪的理解，包括情绪的识别、原因和后果的理解）、情绪表达（在特定情境和文化背景下，以适当和可接受的方式表达情绪）、情绪调节（根据需要抑制或调节体验和表达情绪，以及情绪衍生的行为，以社会可接受的方式实现目标）、社交能力（在不同的社交情境中，能够建立和维护积极的人际关系，并在长时间内实

---

① MAYER J D, SALOVEY P, CARUSO D R. Emotional intelligence：theory, findings, and implications［J］. Psychological inquire, 2004, 15(3)：197－215.

② GOLEMAN, D. Emotional lntelligence［M］. New York：Bantam Books,1995：43－44.

现个人目标）。①

1994 年，美国"学业、社会与情绪学习协作组织"（Collaborative for Academic, Social, and Emotional Learning, CASEL）首次提出"社会－情绪学习"（Social and Emotional Learning, SEL）的概念，旨在强调学校教育中情绪智力和社会能力的重要性，该联合组织将社会情绪学习定义为：学生运用知识、态度和技能来识别和管理情绪，表达对他人的同理心，建立良好的人际关系，遇到人际问题能够勇敢面对，并做出负责任的决策。②

1997 年，CASEL 出版了《促进社会情绪学习：教育者指南》，初步界定了社会情绪能力的概念框架，并提出了五个核心要素：自我意识、自我管理、社会意识、人际交往、负责任决策，这些要素相互关联，共同促进学生的社会情感、认知发展和学业成绩的提高。③ 经过多年的实践和研究，CASEL 不断完善其 SEL 框架。2015 年，CASEL 明确了五大核心要素，并强调了它们之间的相互作用和整合。2020 年，CASEL 提出了"CASEL Wheel"框架，这是一个更为全面的模型，展示了 SEL 的五大核心要素如何相互作用，以及如何通过学校、家庭和社区的协同工作来支持学生的全面发展，这一框架为学校提供了更有效的指导，帮助其有效整合和提高青少年的社会情绪能力。

二、教师社会情绪能力概念的演变

社会情绪能力最初在学生教育领域得到提倡，旨在促进学生的全面发展。近年来，这种能力也开始在教师群体中受到重视。在 21 世纪的教育环境中，教师面对的挑战日益多样化和复杂化，社会情绪能力被视为教师专业素养中不可或缺的一部分，对于应对教育工作中的各种情境至关重要。

作为儿童社会情绪学习的传授者、指导者，教师的社会情绪能力对学生的影响不容忽视。教师社会情绪能力概念的演变是一个逐渐发展和丰富的过程。随着相关研究的不断推进，教师社会情绪能力的内涵和外延不断扩展，其概念演变也日益多元化。目前，学界关于教师社会情绪能力概念的核心界定更多是基于 CASEL 提出的社会情绪能力的五维度模型，认为教师的社

---

① EISENBERG N, CUMBERLAND A, SPINRAD T L. Parental socialization of emotion[J]. Psychological inquiry, 1998, 9(4):241 –273.

② Our history-CASEL[EB/OL]. [2024 –07 –06]. https://casel.org/about –us/our –history/.

③ Fundamentals of SEL[EB/OL]. [2024 –07 –06]. https://casel.org/fundamentals-of-sel.

会情感核心能力包括自我意识、自我管理、社会意识、人际关系技能和负责任决策。① 在我国幼儿园教师群体的相关研究中，有研究者以扎根理论为研究方法，尝试构建幼儿园教师社会情感的基本框架，研究发现，幼儿园教师的社会情绪能力要素主要包括良好的师幼关系、良好的合作关系、自我发展能力和情绪管理能力。②

总体而言，教师社会情绪能力的概念演变反映了教育领域对教师角色和能力要求的不断深化和拓展，强调了教师在情绪智力、社会互动和情感教育中的重要角色。随着教育改革的不断推进，教师社会情绪能力的培养和评估将越来越受到重视，这不仅有助于促进学生的全面发展，也将为教育质量的整体提升提供有力支持。

三、幼儿园教师社会情绪能力相关理论

教师社会情绪能力的实证研究理论模型本质上是对"何为教师社会情绪能力"这一本体问题的回应。教师社会情绪能力的理论模型是专门针对教师在教育环境中所展现的情绪智力、情绪调节、社会互动和情绪教育等方面能力的理论框架。

情绪理论具体体现为四大理论模型：Gross 的情绪调节过程模型、Mayer 和 Salovey 的情绪智力模型、CASEL 的社会情感学习框架以及 Jennings 和 Greenberg 的亲社会课堂模型。这四大模型可归纳为三种取向：结构取向、过程取向和整合发展取向，三者各有特点且相互关联，共同为阐释教师社会情绪能力的内涵提供了理论依据。③（图 1 - 1）

---

① Collaborative for Academic, Social, and Emotional Learning (CASEL). What are the core competence ar - eas and where are they promoted? [EB/OL]. [2024 - 07 - 06]. https://casel. org/fundamentals-of-sel/what-is-the-casel-framework/#interactivecasel-wheel.

② 张璇. 基于扎根理论的幼儿园教师"社会 - 情绪能力"研究[D]. 上海：上海师范大学, 2019.

③ 郭绒. 国际教师社会情感能力的实证研究：理论模型、研究设计和研究成果：基于 23 项核心实证研究的领域综述[J]. 比较教育学报, 2022, 337(1)：108 - 126.

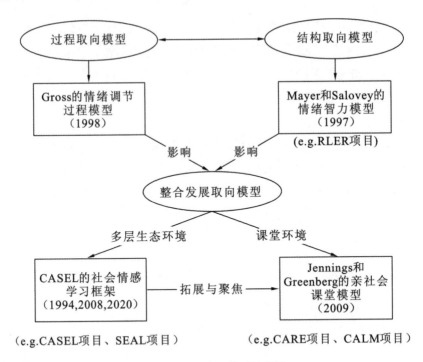

图 1-1　三取向四模型关系图

1. 过程取向模型：Gross 的情绪调节过程模型

过程取向模型深受信息加工理论的影响，更多地从"过程"角度解读社会情绪能力。其典型代表为 Gross 提出的情绪调节过程模型。[①] 在该模型中，核心概念"情绪调节"（emotion regulation）是指个体如何影响、何时形成、如何体验和表达自己情绪的过程。情绪调节是在情绪过程中展开的，在情绪发生的不同阶段，个体情绪调节策略不同。该模型的重要价值在于为理解社会情绪能力提供了一个过程视角。依据该模型，社会情绪能力被理解为个体感知、同化、理解和调节情绪并使用相应策略的动态过程。同时，情绪调节量表被作为测量教师社会情绪能力水平的主要工具。[②]

① GROSS J J. The emerging field of emotion regulation: an integrative review[J]. Review of general psychology, 1998, 2(3): 271-299.

② ALDRUP K, CARSTENSEN B, KOELLER M M, et al. Measuring teachers' social-emotional competence: development and validation of a situational judgment test[J]. Frontiers in psychology, 2020(11): 892.

2. 结构取向模型:Mayer 和 Salovey 的情绪智力模型

结构取向模型深受功能主义的影响,更多地把社会情绪能力定义为一种"能力结构",更关注社会情绪能力的结构维度,其典型代表为情绪智力理论的创始人梅耶(Mayer)和萨洛维(Salovey)在 1997 年提出的情绪智力模型。① 在该模型中,核心概念"情绪智力"被定义为"精确地知觉、评估和表达情绪的能力,利用情感促进思维的能力,理解情绪和情绪知识的能力,调节与管理情绪以促进情绪和智力发展的能力"。这一理论模型从能力结构的角度为理解和评估教师社会情绪能力提供了理论依据。

3. 整合发展取向模型:CASEL 框架和 PCM 模型

整合发展取向模型是真正意义上专门针对"社会情绪能力"的模型,具有两个典型特点:一是整合,即"结构"与"过程"的整合:受到上述两种模型的影响,整合发展模型不仅首次基于"五大能力结构"明确界定了社会情绪能力这一概念,也强调社会情绪能力是源于对自我和他人充分的认知基础上做出负责任决策的"动态过程";二是发展,即能力本体的发展以及对其他要素的发展功能。受到生态系统理论、社会学习理论和儿童发展理论等多元思潮的影响,该取向下的模型更加强调情感的社会属性,注重在社会环境中的本体发展(以 CASEL 框架为典型代表),以及在微观课堂环境中对师生互动、课堂氛围和学生发展的积极作用(以 PCM 模型为典型代表)。②

(1) CASEL 的社会情感学习框架

"学业、社会与情感学习整合框架"(CASEL)由内部的社会情感五大能力和外部的环境支持系统两大部分构成。(图 1 - 2)

首先,该框架明确将社会情绪能力界定为五大能力的组合:自我意识,即理解自己的情感、个人目标和价值观,并且知道它们如何在环境中影响自身行为

---

① MAYER J D, SALOVEY P. What is emotional intelligence//SALOVEY P E, SLUYTER D J. Emotional development and emotional intelligence:educational implications[M]. New York:Basic Books, 1997:3 - 31.

② BRACKETT M A, ELBERTSON N A, RIVERS S E. Applying Theory to the development of approaches to SEL// DURLAK J A, DOMITROVICH C E, WEISSBERG R P, et al. Handbook of social and emotional learning:research and practice[M]. New York:The Guilford Press, 2015: 20 - 32.

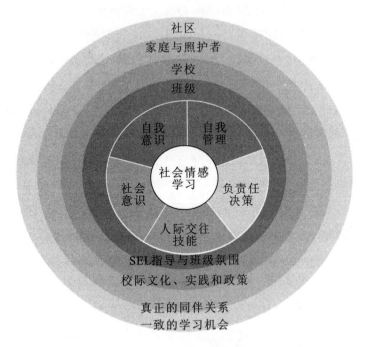

图 1 - 2　CASEL 框架图

的能力;自我管理,即在不同情景下有效管理自己的情绪、思想和行为,并实现目标和愿望的能力;社会意识,即理解他人观点并与他人共情的能力,包括来自不同背景、文化的人;人际关系技能,即建立并维持健康和支持性关系的能力,以及在多样化个体或集体情境中自如沟通的能力;负责任决策能力,即在不同情况下对个人行为和社会互动做出关怀和建设性抉择的能力。

其次,基于生态系统理论,该框架强调建设课堂、学校、家庭和社区等外部环境系统,以支持社会情绪能力的发展。作为社会情绪能力的专有模型,CA-SEL 框架已成为大部分教师社会情绪能力研究的理论基础,广泛应用于概念界定、现状测评以及外部环境支持的探讨中。例如,布朗(Brown)等人采用基于CASEL 框架理论研发的《社会情感教学和能力的自我评估》工具测评教师社会情绪能力水平。①

---

① BROWN L, VALENTI M, SWEET T, et al. How social and emotional competencies inform special educators' social networks[J]. Education and treatment of children, 2020, 43(3SI):295 –311.

（2）Jennings 和 Greenberg 的亲社会课堂模型

珍妮丝（Jennings）和格林伯格（Greenberg）在 2009 年提出的"亲社会课堂模型"（Prosocial Classroom Model，PCM），是对 CASEL 框架的继承、拓展和聚焦。PCM 模型不仅继承了 CASEL 框架对社会情绪能力的界定，将"教师社会情绪能力"定义为五种主要能力的集合，即自我认知、自我管理、社会认知、关系技能和负责任决策。① 而且，该模型进一步将社会情绪能力嵌入课堂环境中，聚焦微观课堂环境中教师社会情绪能力对师生互动（如师生关系、课堂管理、社会情感学习项目实施）、课堂氛围和学生发展的作用机制。同时，该模型还关注学校和社区环境因素对上述作用机制的影响。其贡献在于为探究课堂环境中教师社会情绪能力与师生互动、课堂氛围和学生发展的关系，以及影响教师社会情绪能力的情境因素提供了理论支撑。当前，许多研究都基于 PCM 模型探讨了教师社会情绪能力、教师课堂实践与儿童发展三者的相关关系。亲社会课堂模型已得到实证研究的初步支持，例如，有研究发现，幼儿园教师的情绪调节能力在预测亲密师幼关系和互动质量方面效用显著②；研究者也证实了教师的社会情绪能力对儿童情绪社会性和认知行为发展的直接或间接影响③。此外，高水平的教师社会情绪能力，尤其是人际关系能力维度可以显著预测教师的工作态度，如提高工作满意度和降低职业倦怠感。④

值得注意的是，与前两个理论取向模型相比，整合发展取向的社会情感模型最初便关注教育领域，致力于解读儿童和教师社会情绪能力的发展。其中，PCM 模型更是专门针对教师社会情绪能力的模型。目前，大部分教师社会情绪能力的实证研究均以整合发展取向模型为理论基础。此外，当前社会情感学习实践也表明，大部分社会情感学习项目以及教师社会情感干预项目也均以整合

① JENNINGS P A, GREENBERG M T. The prosocial classroom：teacher social and emotional competence in relation to student and classroom outcomes［J］. Review of educational research，2009，79（1）：491 – 525.

② GARNER P W, PARKER T S, PRIGMORE S B. Caregivers' emotional competence and behavioral responsiveness as correlates of early childcare workers ' relationships with children in their care［J］. Infant mental health journal，2019，40（4）：496 – 512.

③ 李明蔚，毛亚庆，顾欣. 教师社会情绪能力对学生社会情绪能力的影响：多重中介效应分析［J］. 教师教育研究，2021，33（6）：24 – 31.

④ 田瑾，毛亚庆，熊华夏. 变革型领导对教师职业倦怠的影响：社会情感能力和幸福感的链式中介作用［J］. 心理发展与教育，2021，37（5）：743 – 751.

发展取向的社会情绪能力模型为基础,进一步凸显了该模型在理论与实践中的重要性。

第三节　乡村幼儿园教师社会情绪能力影响因素

目前的研究普遍认为,教师社会情绪能力的发展受到多方面因素的影响,这些因素大致可分为教师个人因素和外部因素。

一、个体内部因素

教师个体内部因素在影响社会情绪能力的因素中占据重要地位。个体因素主要包括教师的自身经历、人格特质和专业素养等。首先,教师的自身经历,如受教育年限、教龄等,对其社会情绪能力具有显著的积极影响。一项调查发现,教师的受教育水平越高,教学经验越丰富,教师在课堂上更能支持学生社会情感学习能力的发展。[①] 其次,教师的人格特质,如自我意识、职业倦怠、信念、自我效能等,对其社会情绪能力影响尤为显著。一项对高中教师的调查发现,教师职业倦怠与其社会情绪能力之间存在显著相关,其中教师情绪耗竭与社会情绪能力呈显著负相关。[②] 此外,教师的专业素养也会影响教师的社会情绪能力,如具有较强教学意识的教师通常表现出更高的社会情绪能力,尤其是在自我管理和人际关系管理技能方面更为突出。[③]

综上所述,教师的个人因素,包括受教育年限、工作经验、职业倦怠、自我效能、自我意识等,深刻影响着教师的社会情绪能力,进而对教育质量产生重要影响。

---

① FINCH S N. A quantitative study of teachers' social emotional competency and social instructional practices in metropolitan atlanta preschools[D]. San Diego:Northcentral University, 2016:63.

② MAIOR E, DOBREAN A, PĂSĂRELU C. Teacher rationality, social-emotional competencies and basic needs satisfaction:direct and indirect effects on teacher burnout[J]. Journal of evidence-based psychotherapies, 2020, 20(1):135 – 152.

③ RODRIGUEZ V, LYNNETH SOLIS S, MASCIO B, et al. With awareness comes competency:the five awareness's of teaching as a framework for understanding teacher social-emotional competency and well-being[J]. Early education and development, 2020, 31(7SI):940 – 972.

二、外部环境因素

除教师个人因素外,外部环境因素也会影响幼儿园教师社会情绪能力,这些外部环境因素主要包括幼儿园的人际关系、社会支持和期望等。

在幼儿园层面,贺一馨的研究发现,师幼关系和同事关系对特岗幼儿园教师的职业认同影响最为显著。积极的人际关系对乡村幼儿园教师的心理健康产生了极大的影响。[①] 此外,幼儿园职能部门的考评和规章制度也是重要影响因素。已有研究结果显示幼儿园管理体制的合理程度影响着幼儿园教师的日常工作体验,56.59%的农村幼儿园教师认为当前的教育评估系统是最大的压力来源。[②] 也有研究者发现影响乡村教师情绪劳动的因素还包括教研制度、教师评价制度、家长的社会期望,以及学校内部的物质条件、制度规范、组织文化等,并针对这些影响因素提出了教师的情绪调节策略。[③]

在社会因素方面,张璇以上海市幼儿园教师为研究对象,分析了影响幼儿园教师社会情绪能力发展的原因,认为充分的社会支持有利于教师抑制消极情绪的产生。[④] 武雅楠对河南省乡村不同类型幼儿园共 327 名幼儿园教师职业倦怠现状及其影响因素进行研究。结果表明,66.4%的幼儿园教师认为有时候社会对于幼儿园教师有着过高的期望;65.5%的乡村幼儿园教师认为大多数家长对他们缺乏尊重,并提出过高的要求。[⑤] 因此社会过高的期望以及家长的态度与行为会影响教师的职业倦怠,从而影响教师的社会情绪能力。

综上所述,幼儿园教师的社会情绪能力受到师幼关系与同事关系、教育评估体系、管理体制、社会期望和家长态度等多方面因素的影响。其中,积极的人际关系和社会支持对于缓解职业压力、提升教师情绪调节能力具有重要作用,进而对教师的心理健康和职业满意度产生深远影响。

---

① 贺一馨.乡村留任特岗幼儿园教师的职业认同及其影响因素研究[D].兰州:西北师范大学,2020.

② 武雅楠.河南省乡村幼儿教师职业倦怠调查研究[D].信阳:信阳师范学院,2016.

③ 辛晓玲,魏宏聚.乡村初任教师情绪劳动的影响因素及调节策略[J].教育科学研究,2022(9):85-96.

④ 张璇.基于扎根理论的幼儿园教师"社会-情绪能力"研究[D].上海:上海师范大学,2019.

⑤ 武雅楠.河南省乡村幼儿教师职业倦怠调查研究[D].信阳:信阳师范学院,2016.

第四节　乡村幼儿园教师社会情绪能力的作用和价值

一、儿童发展方面

乡村幼儿园教师的社会情绪能力对儿童的发展具有重要的作用和价值。乡村幼儿园教师社会情绪能力是一种重要的教育资源,社会情绪能力较高的教师能够在师幼互动中为幼儿提供更多的情感支持,营造出安全、关爱且积极的环境氛围,对儿童的发展具有不可或缺的作用和价值。

一方面,幼儿园教育活动中的师幼互动关系直接影响幼儿的社会适应状况,与教师建立积极的情感关系是他们适应新环境的关键环节,师幼互动不仅涉及认知和能力的发展,更重要的是双方情感的交流和互动,情感是维系高质量师幼互动的坚实基础。教师只有在情感上引起幼儿的共鸣,日常保教工作才能有序进行。珍妮丝和格林伯格(Jennings & Greenberg)通过建构亲社会课堂模型来描述教师社会情绪能力、幸福感及师生关系等各要素之间的关系,研究发现教师的社会情绪能力是促进师生关系发展的重要因素,具有较高社会情绪能力的教师不仅能够通过情绪表达影响与他人的互动,而且能够识别和理解他人的情绪,通过相互理解,教师和学生建立起支持型的师生关系。[①] 在幼儿园的一日生活中,师幼互动也是最核心的部分,由美国学者皮安塔(Pianta)等人研究出版的课堂互动评估系统 CLASS(The Classroom Assessment Scoring System)从情感支持、班级管理和教育支持 3 个领域的 10 个子维度对师幼互动质量进行评估。[②] 其中,情感支持包括积极氛围、消极氛围、教师敏感性和尊重幼儿的维度。教师需要积极地与幼儿互动,给予积极的情感支持,尊重幼儿的想法,同时要把握教育契机,灵活地回应幼儿。由此可见,情感支持是师幼互动的重要维度之一,这对教师的社会情感素养提出了新的挑战与要求。

另一方面,具有较高社会情绪能力的教师能够较好地管理和调节自己的情绪和行为,营造温馨的互动氛围,维持良好的师幼关系。李明蔚等人的研究也

---

① GREENBERG J M T. The prosocial classroom: teacher social and emotional competence in relation to student and classroom outcomes[J]. Review of educational research, 2009, 79(1): 491 – 525.

② 蒋路易,郭力平,吕雪. CLASS 视角下师幼互动研究的元分析:基于中国 14 省市 892 名教师的师幼互动质量评估结果[J]. 学前教育研究,2019(4):32 – 44.

发现,教师的社会情绪能力能够直接预测学生的社会情绪能力。这进一步证明了教师在学生社会情感发展中的重要作用。[①] 保持积极情绪的教师,不仅能够维持良好的师生关系,还可以提高自身幸福感。[②] 此外,也有研究表明,乡村教师对乡村社会的积极情感态度、对乡村社会角色和责任的社会认知以及对自我身份认同的行为表现构成了乡村教师社会情绪能力的整体结构。这一结构具有弥合城乡学生成长鸿沟、化解乡村教师生存困境以及提升乡村学校发展质量的价值意蕴。[③]

总之,乡村幼儿园教师的社会情绪能力对儿童发展的作用和价值尤其显著地体现在师幼关系的构建、对自我情绪行为管理以及自我身份认同上。具有较高社会情绪能力的教师更易于与幼儿建立起高质量的师幼互动,为儿童的全面发展提供有力支持,促进儿童身心健康的全面发展。因此,提升乡村幼儿园教师的社会情绪能力,对于促进儿童全面发展、构建和谐师生关系具有重要意义。

二、教师发展方面

社会情绪能力在维护乡村幼儿园教师心理健康方面起着至关重要的作用,并在其职业生涯中扮演着举足轻重的角色,它不仅能够帮助教师有效应对压力、减少职业倦怠,还能显著提升教学效能感。

一方面,教师作为情感需求较高的职业群体,其社会情绪能力和积极的情绪体验、职业幸福感以及心理健康密切相关,社会情绪能力较高的教师更容易获得积极的情绪体验。一项对教师社会和情绪学习干预的综述研究也证实,教师的社会情绪能力对其幸福感具有积极影响,能够正向预测其工作满意度和积极情绪。[④] 此外,有学者指出,情绪能力较强的教师更易于获得积极的情绪体

---

① 李明蔚,毛亚庆,顾欣.教师社会情感能力对学生社会情感能力的影响:多重中介效应分析[J].教师教育研究,2021,33(6):24-30.

② TUGADE M, FREDRICKSON B L. Resilient individuals use positive emotions to bounce back from negative emotional experiences. [J]. Journal of personality and social psychology,2004,86(2):320-333.

③ 王飞,刘身强.乡村教师社会情感能力:本质、价值意蕴及培养路径[J].中国成人教育,2023(19):64-69.

④ OLIVEIRA S, ROBERTO M S, VEIGA-SIMÃO A M, et al. A meta-analysis of the impact of social and emotional learning interventions on teachers' burnout symptoms[J]. Educational psychology review, 2021, 33(4):1779-1808.

验,对教育工作充满热情,同时也更擅长建立和谐的人际关系,从而获得更多的社会支持。[①] 具有高水平社会情绪能力的教师更容易体验到工作的满足感和职业的幸福感。国内的一些研究也表明,教师的社会情绪能力与职业幸福感之间存在显著的正相关关系,即社会情绪能力越高的教师,越容易在教学工作中感受到幸福。[②]

另一方面,具有较高社会情绪能力的教师在工作中往往能够更好地处理不良情绪,建立健康、积极的人际关系,从而在工作中感受到更多的愉悦和满足感,这不仅有助于降低职业倦怠,还能增强他们的教学效能感。吴美兰针对教师的研究则发现,教师的情绪能力与其自我效能感紧密相关,高情绪能力的教师往往能够主动调节自己的情绪,从而保持较高的自我效能感。[③] 我国学者田瑾、毛亚庆和熊华夏的研究进一步证实了这一点,他们发现社会情绪能力与职业倦怠之间存在显著的负相关关系,即社会情绪能力越高,教师的职业倦怠程度越低。[④] 此外,研究表明,教师的社会情绪能力有助于调节感知到的压力,增强心理弹性,降低压力感,从而显著降低职业倦怠的风险。[⑤]

总之,近年来的研究逐渐凸显了社会情绪能力在幼儿园教师职业发展中的重要性。社会情绪能力不仅能够帮助教师更好地应对挑战和压力,还能提升其心理健康水平,进而促进教学效能的提升,形成一种积极的循环效应。因此,有必要提高乡村幼儿园教师的社会情绪能力,以改善他们的心理健康状况,并进一步激发他们在教学工作中的积极性和创造力。

---

① MARIA P, EXTREMERA N. Emotional intelligence and teacher burnout: a systematic review[J]. International journal of educational research, 2017,85:121 – 130.

② 于书洋. 小学教师社会与情绪能力发展及与职业幸福感关系研究[D]. 吉林:东北师范大学, 2019.

③ 吴美兰. 职业院校教师情绪能力与自我效能感的关系研究[D]. 福州:福建师范大学,2016.

④ 田瑾,毛亚庆,熊华夏. 变革型领导对教师职业倦怠的影响:社会情感能力和幸福感的链式中介作用[J]. 心理发展与教育,2021,37(5):743 – 751.

⑤ PEIZHEN S,JENNIFER CHEN,HONGYAN J. Coping humor as a mediator between emotional intelligence and job satisfaction:a study on Chinese primary school teachers[J]. Journal of personnel psychology,2017,16(3):155.

第二章

乡村幼儿园教师社会情绪能力结构要素和发展阶段的质性研究

第一节 研究设计

一、研究目的

本研究采用质性研究方法,基于社会情绪能力理论模型,分析乡村幼儿园教师的社会情绪能力结构要素及发展阶段特点,并针对性提出提升策略,以期拓展社会情绪能力的研究视野,为乡村地域背景下幼儿园教师的专业发展提供更为全面的理解和支持,进而为乡村幼儿园建设一支"下得去、留得住、教得好、有发展"的合格幼儿园教师队伍。

二、研究内容

本研究依据已有文献资料,设计访谈提纲和观察记录表,确定研究对象。主要选择乡村幼儿园教师进行访谈与观察,并基于质性研究方法对访谈文本用NVivo 编码软件进行编码分析,从而构建乡村幼儿园教师社会情绪能力的结构要素。在此基础上,探究乡村幼儿园教师社会情绪能力发展阶段,以及每个阶段的特点。根据乡村幼儿园教师社会情绪能力发展现状,分析存在的问题,并提出相应的提升策略。本研究将从以下三个方面展开:

①构建乡村幼儿园教师社会情绪能力的结构要素。

②探析乡村幼儿园教师社会情绪能力的发展阶段及其特点。

③基于乡村幼儿园教师社会情绪能力的结构要素和发展阶段提出提升

策略。

三、研究问题

①乡村幼儿园教师社会情绪能力的发展现状如何？其结构要素有哪些？

②乡村幼儿园教师社会情绪能力的发展经历了哪几个不同阶段？每个发展阶段的特点是什么？

③基于乡村幼儿教师社会情绪能力发展现状，有哪些提升路径与策略？

四、研究对象

本研究采用目的性抽样原则，选择信息丰富且具有启发性的案例作为研究对象。在预研究时，笔者了解到教师的社会情绪能力与园所环境、教师人口学变量等因素相关。因此，综合考虑乡村幼儿园教师的教龄、职务以及幼儿园特征等因素，主要邀请6所乡村幼儿园中的22名教师进行访谈。除此之外，选择12名园长进行访谈与研究，从领导者角度分析乡村幼儿园教师社会情绪能力，旨在丰富研究视角和数据的多维性，为本研究提供丰富的原始材料。

表2-1　乡村幼儿园访谈教师和园长一般资料（$n=34$）

编号	性别	是否在编	年龄	教龄	教育程度	教师/园长
T1	女	在编	54	34 年	专科	教师
T2	女	在编	26	5 年	大专毕业	教师
T3	女	在编	50	30 年	大专	教师
T4	女	在编	26	5 年	本科	教师
T5	女	在编	50	30 年	大专	教师
T6	女	不在编	31	7 年	大专	教师
T7	女	在编	31	8 年	本科	教师
T8	女	不在编	25	5 年	本科	教师
T9	女	在编	30	6 年	本科	教师
T10	女	在编	33	9 年	本科	教师
T11	女	不在编	28	8 年	中专	教师
T12	女	在编	25	3 月	本科	教师

续表

编号	性别	是否在编	年龄	教龄	教育程度	教师/园长
T13	女	不在编	24	1 年	本科	教师
T14	女	在编	33	12 年	本科	教师
T15	女	在编	21	1 月	专科	教师
T16	女	在编	25	3 年	本科	教师
T17	女	在编	21	0.5 年	大专	教师
T18	女	在编	26	5 年	中专	教师
T19	女	在编	29	2 年	初中	教师
T20	女	不在编	23	1 年	专科	教师
T21	女	不在编	25	2.5 年	专科	教师
T22	女	不在编	38	14 年	专科	教师
L1	女	在编	52	22 年	专科	园长
L2	女	在编	55	31 年	专科	园长
L3	女	在编	43	18 年	专科	园长
L4	女	在编	55	20 年	专科	园长
L5	女	在编	40	18 年	专科	园长
L6	女	在编	48	20 年	专科	园长
L7	女	在编	45	25 年	专科	园长
L8	女	在编	50	18 年	专科	园长
L9	女	在编	47	19 年	专科	园长
L10	女	在编	38	16 年	专科	园长
L11	女	不在编	42	15 年	专科	园长
L12	女	不在编	55	16 年	专科	园长

五、研究方法

1. 访谈法

本研究以访谈法为主,对乡村幼儿园教师进行访谈。同时,从园长等管理者角度了解乡村幼儿园教师的社会情绪能力。访谈之前先拟定好访谈提纲,形成可操作的、易于理解的具体问题。在进行访谈之前需获得受访者的明确同意与支持,并明确告知研究的目的与内容。访谈应依据预先制定的详细提纲,以面对面的方式进行,预计持续时间为30分钟。为确保资料的详尽与完备,应使用录音设备对访谈过程进行记录。在访谈过程中,应保证受访者的匿名性,以便他们能够自由表达观点,从而确保收集到真实有效的研究数据。而且,研究者应避免在访谈中做出任何价值判断,应通过适当的引导促使受访者详尽地描述其经历与观点。在访谈结束后,及时将录音资料转录为文字,并进行初步分析,以便提升研究效率并深化对所得资料的理解。最后,通过转录整理获得逐字稿,运用 NVivo 质性分析软件对访谈数据进行录入与编码。

具体访谈的核心内容如下(这里仅列举部分,全部内容见附录):

教师访谈:您认为哪些事情会触发你的情绪?压力大时您会采取哪些方式调节你的情绪状态?您认为幼儿园教师在做一项决定时,应该顾及哪些因素?

园长访谈:工作中,在与教师们沟通相处的过程中,您遇到过什么问题?据您了解,教师们的情绪状态如何?您认为哪些因素能触发教师的情绪?教师们平时是否关注自身和儿童的情绪?幼儿园是否提供资源帮助教师提高情绪管理能力?

2. 观察法

本研究以观察法为辅,鉴于社会情绪能力的伦理敏感性以及乡村幼儿园教师的工作特点,采用非参与式观察法。观察对象为乡村幼儿园教师,主要观察师幼互动中能够反映教师社会情绪能力的事件。由于情绪及社会意识的自发性、情景性,在访谈时,被研究者往往容易存在个人主观上的遗漏或修饰。因此,采用观察法有助于研究者深入教育活动现场,对自然的环境下教师的社会情绪能力进行客观观察与直观的描述,收集真实的一手资料,作为访谈法的补充。

在正式观察之前,笔者首先与教师进行交流,了解一日生活流程。在获得教师同意后进行预观察,以建立与教师及幼儿的自然关系。由于实地观察要求研究者保持高度的集中和注意力,客观详细地记录乡村幼儿园教师的外在表现,记录时长较长,因此,在被观察者允许的情况下可使用摄像机或手机设备进行记录。笔者采用方便抽样的方法,选取配合意愿较高的教师进行观察,共观察了 11 个活动,包括教学活动、生活活动和游戏活动。采用事件取样法记录和整理观察案例。本研究从与乡村幼儿园教师社会情绪能力子维度相关的情感支持、活动组织等维度出发,拟定观察记录表并记录乡村幼儿园教师在教育工作场景中的社会情绪能力表现,包括被观察者自身的言语、行为、表情以及与环境的互动等。所有资料收集完毕后,笔者从中选取能够体现乡村幼儿园教师社会情绪能力的事件进行分析归纳,将结果编码到社会情绪能力结构要素中,为访谈数据提供补充,帮助我们更充分且直观地了解乡村幼儿园教师的社会情绪能力。

六、研究思路

①查阅、分析与总结文献,获得乡村教师社会情绪能力相关内容,思考研究问题、研究背景、研究意义和概念界定,确定研究对象。

②根据已有书籍和文献,设计访谈提纲和观察记录表,对本研究的研究内容进行设计并开展研究,研究设计包括:研究方法的具体运用、研究过程的展开及研究结果的产生。

③选择 34 位乡村幼儿园教师、园长进行访谈,并对访谈文本用 NVivo 编码软件进行编码分析,从而抽离和分析归纳幼儿园教师社会情绪能力基本结构要素和发展阶段。

④分析乡村幼儿园教师社会情绪能力现状并建构基本框架以及分析归纳存在的问题,尝试提出提升策略。

第二节 研究数据分析

本研究基于主题分析法,采用 Nvivo 质性分析软件对访谈资料进行编码分析。主题分析法是对搜集到的文本内容进行归纳整理,进行识别、分析、分类、概念化的系统编码,从而提炼出一些主题。其以灵活性为核心的特点,既可以理论驱动、自上而下地演绎,又可以数据驱动、自下而上地归纳进行建构主题模型。①

一、乡村幼儿园教师社会情绪能力开放式编码解读

如表 2 - 2 所示,开放式编码是将访谈数据分解、打乱,从而进行客观地呈现,对数据进行不断的比较、归纳,再将归纳出的概念进一步范畴化,是对原始数据进行初步分析、分类、提炼的过程。首先,将访谈数据进行逐字逐句的初步简化和提炼,反复比较和分析,整合相同节点,剔出无关节点,共得到 571 个自由节点,在此仅举例部分内容。

表 2 - 2　开放式编码示例

原始语句	概念化	范畴化
要去跟他交流,因为他们心灵幼小,要给他们足够多的关爱。大部分是爷爷奶奶在照顾,父母在外地,他们跟老师就比较亲近,甚至把老师当成妈妈,比如开心的时候,他就会高兴地给你说,分享快乐。作为老师,不管他们开心和不开心,都要主动去关心,交流(T3)	倾听、关心、依恋、接纳	情感支持
运动,比如跑跑步,跳跳广场舞(T21) 自我调节,多想一想开心的事情,小朋友带来幸福感(T11)	自我调节	情绪调节
挺烦琐的,压力挺大的。我除了这个班的工作还有教研,我们学校刚刚独立出来,各个班级配备有所不齐,教研、工会、继续教育、新教育我都得管(T19)	工作内容烦琐;教师配比;行政压力	
满意,这个职业带给我很多好处,小学建立教师子女档案,把我孩子算上了,很感动(T5)	满意;带给家庭好处	满意感、职业幸福感
不算特别满意,因为我们要面对家长,他们的素质不同,所以他们对同一件事情的看法也是不一样的,教育理念上肯定会有差别。另外,工资太低,生活家庭压力大(T10)	不算特别满意;家长沟通;家长教育理念;家长工作;工资低	

---

① BRAUN V,CLARKE V. Using thematic analysis in psychology[J]. Qualitative research in psychology, 2006, 3(2):77 - 101.

续表

原始语句	概念化	范畴化
能够察觉到,因为他开心就是开心,哭就是哭。还有的小朋友不跟老师说话,你就是叫他名字,问他问题,他都一句话不说,非常着急。但是会跟其他小朋友说话,很难和大人沟通,不过都能察觉他们的情绪(T16)	察觉幼儿情绪	识别他人情绪
成就就是教会小孩子写字,我教出来的孩子有成绩,很有成就感。比如去年教师节的时候,我上课随口提了一句教师节,结果第二天有个小朋友拿了个贺卡送给我,上面写着祝老师节日快乐。我当时就感动,这是我教出来的学生,而且"师"这个字很难写,小孩子都一笔一画地写出来了,让我非常感动(T5)	成就感	成就感、教学效能感、情绪意识
首先我们这里环境资源有限,会考虑资金、领导支持等各方面(T23)	资金支持、领导支持	组织支持
农村幼儿园不能和城里的相比,我们要考虑到家长的需求,课程根据五大领域来规划,这里没有学前班和早教课,课程里会涉及拼音和算术,小班主要就是立规矩。大部分孩子都是爷爷奶奶带的,他们文化程度不高(T11)	考虑家长需求、祖辈养育、文化水平低	乡土文化适应、同理心
我们班的陈斯雨之前表现一直都是很乖的,但是这学期来喜欢打人,不听话,之后了解到他妈妈怀宝宝了,快生了,家里人对他的关注度少一些,导致他的个性发生了变化(T18)	识别他人情绪、敏感性	家庭文化敏感性
我平时自己下班了之后要学习。刚放完学,我不马上回家,可能是要运动完。晚上的时候,会花两个小时来看书学习(T13)	实现路径	发展规划
口服心不服,一般安排的这些工作之类的事情,我们都懒得和领导理论,都是直接干(T12)	"口服心不服"	表层扮演

原始语句	概念化	范畴化
我会先找自身的原因,不会过多批评他们,让小朋友先去想一下自己的行为到底对不对。如果不对,应该怎么解决,会更多尊重他们的想法(T15)	自我反思	归因方式、内部归因
我们班有一个孩子天生残疾,他刚来的时候我就告诉自己:"这是上帝派来考验我的爱心和耐心的。"老师不一定要有非凡的能力,但要有好心态。那个孩子6岁但身体、智力像4岁的,发展太慢,要特别关照,要把他放在离眼睛最近的、手可以触摸到的地方,保证安全(T24)	心态调节、接纳	调节优化、问题情景分析、情感支持
我印象挺深的就是以前一个家长,指着我的鼻子说要收拾我。在教室里面,一直指着我。然后我就往后退,他就把我怼到桌子那里,我就直接不想干了。因为做早操的时候,他的孩子和旁边小朋友打闹,我就用手拍了一下让他转过来,家长就说我打他孩子头,说孩子头疼(T18)	亲师问题、离职意向	亲职教育、抵制不适当的社会压力
我不会去讨好家长,我觉得没必要,因为我是专业的,我们的知识是有尊严的,你如果不尊重我那就换。当一两个月过后家长看到孩子的变化就会心服口服(T7)	树立专业权威	冲突解决、沟通技能
孩子调皮的时候,或者家长都不理解的时候,就会触动我的情绪(T19)	幼儿违规行为、家长因素	负面情绪诱因
请假不好请,有时候还得拖着生病的身体来上班。我们民办的请一天扣两天的工资。请假程序麻烦,如果请假得提前跟人家打报告,找老师替工作(T16)	不好请假、带病上班	不能合理表达自己的需求

二、乡村幼儿园教师社会情绪能力关联式编码解读

如表2-3所示,关联式编码是在开放式编码的基础上,寻找概念之间、范

畴之间的内在逻辑关系,如因果关系、时间关系、结构关系等,再将独立的范畴整合起来,形成主要的范畴,并对主轴范畴进行深度分析。本研究围绕着主轴范畴寻找各范畴在概念层面上存在的联系和逻辑关系,最后生成了87个范畴,鉴于形成范畴较多,仅列举部分内容。

表 2-3 关联式编码示例

关联式编码	开放式编码	参考点数
成就感	幼儿每次见到我都很亲热(T2);家长支持和认可(T4);突破自己(T6);用爱感化幼儿(T7);幼儿从入园到毕业(T9)	35
责任感	独立管理(L6);中午不回家(T8);全部清洁完才回家(T21)	5
情绪耗竭	跟着小学走,为小学服务(L5);改变不了现状,只能顺应环境(T14)	13
家庭文化敏感性	爷爷奶奶不好交流但体谅(L6);祖辈养育(T4);单亲家庭(T8);父母要二胎导致幼儿个性变化(T10);考虑家长需求小班"立规矩"(T12);难缠的家长采用开玩笑的方式进行沟通(T16);留守幼儿(T28)	33
乡土文化认同与适应	家长指定教师,老师尽量满足(T4);家长让教一年级知识(T6、T8、T9);用儿歌教拼音,检查把小黑板藏起来(T8)	27
自我反思	教研能力(T2);表达能力不足(T4);不能将幼儿当成自己的孩子(T14);教育教学"虚"(T19);赋权少,冲劲不足(T23);容易和自己"较劲"(T28);艺术技能(T2、T13);教学技能(T6、T28);信息技术(T9、T30)	17
亲师冲突	家长"难缠"(T4);四点半就放学,家近的幼儿爷爷奶奶不能接受(T6);孩子磕碰等安全问题(T9);定服装,家长怕浪费钱(T10);家长经费支持、亲子共创手工(T11);用手拍幼儿,被家长指着鼻子辱骂(T12);遇见冲突,威胁性沟通(T17);家长不理解(T18);与祖辈沟通困难(T9、T14)	25

续表

关联式编码	开放式编码	参考点数
负面情绪诱因	管理不当（L6）；家长不理解（T11）；同事意见不合（T15）；幼儿违规行为（T17）；领导不理解（T19）；教师自身原因（L1、T13）；工资低（L1、T11、T13）	16
冲突解决	了解幼儿不开心原因并教授方法（L3）；稳定情绪再交流（L4）；主动关心，耐心交流（L18）；安慰、鼓励（T1）；单独与幼儿沟通，讲道理（T6）；找教师自身原因（T8）；惩罚（T11）；给棒棒糖或纸飞机或小红花（L10、T15）	19
情绪调节	在亲人面前发泄（L3）；和幼儿一起游戏（T6）；运动（T9）；听音乐（T10）；睡觉（T12）；娱乐活动（T4、T6）、自我调节（T7、T12）	16
调节优化	找领导沟通（T9）；上网自学（T11）；研讨交流（T5、T13）；请教别人（T9、T13）	8
沟通技巧	树立专业权威（T4、T8）；家庭文化敏感性（T7、T12）；同理心（T7、T9、T12）；主动沟通（T1、T4、T5、T17）；避免人际冲突（L10、T15）	29
心理弹性	生源流失（T4）；设备资源（T9）；教师配比（T10）；行政压力（T10）；自身发展前景（T10）；教学压力（T13）；幼儿调皮及安全问题（T15）；职业倦态（T17）；工作量大（T1、T5、T6）；工资太低（T7、T9、T12）；家长（T1、T4、T5、T17）	54
专业能力	自我发展能力（L2）；沟通能力（T1）；教学能力（T16）	8
教学胜任力	心态（T3）；专业情怀（T2、T5、T10）；专业素养（L1、T13）；专业知识（L1、T13）；情绪能力（L1、T11、T13）；专业能力（L8、L13、T1）	42
社会信任	信任度（T1）；认可度（T17）；尊重度（L5、T4）；支持度（L10、T1、T4、T15、T17）	35

续表

关联式编码	开放式编码	参考点数
自我情绪意识	疲惫感、满意感、归属感(L6);无力感或者情绪耗竭(T1);责任感、心里弹性(T7);自我效能感(T13);身份感(L1、T13);公平感、成就感(T16、T17)	100
情感支持	耐心(T16);移情(T1、T7);倾听(T1、T8);接纳多样性(T1、T18);依恋(T4、T15);理解(L1、T13);支持(T1、T5、T6);安慰(T4、T10、T15);爱心(L10、T1、T4、T15、T17);责任心(L10、T1、T4、T15、T17)	41
发展规划	目标(T3);实现路径(T5、T11);问题解决(T6、T12、T29)	19
制约因素	教师自身能力(T15);活动本身(T1、T7);幼儿发展(T11、T18);外部规范(T4、T6、T25);家长因素(T1、T8、T14)	42

三、乡村幼儿园教师社会情绪能力选择式编码解读

在已发现的概念主范畴中通过分析、选择、识别核心范畴。核心类属需要具有高度的统领性,能够最大限度地包括研究出来的范畴、概念,从而分析集中到那些与核心范畴有关的现象、概念、范畴上面。最后通过编码提取出关系技能、情绪管理、乡土意识、教育决策、发展意识 5 个核心范畴,见表 2 - 4:

表 2 - 4　选择式编码示例

核心范畴(节点数)	主范畴	参考点数
关系技能(272)	亲师关系	109
	师幼关系	86
	同事关系	32
	领导关系	45

续表

核心范畴（节点数）	主范畴	参考点数
情绪管理（201）	情绪诱因	32
	情绪意识	115
	情绪控制	21
	情绪调节	19
	情绪预测	14
乡土意识（103）	乡土文化敏感性	33
	乡土资源利用	11
	乡土适应与认同	27
	乡土融入	32
教育决策（138）	问题情景分析	18
	归因方式	13
	制约因素	42
	决策后果预判	12
	调节优化	7
	解决策略	46
发展意识（111）	自我反思	17
	发展规划	19
	专业理念	33
	教学胜任力	42

四、研究的信度与效度

在进行质性研究时，确保研究的信度和效度是至关重要的。研究信度主要涉及原始数据与最终编码之间的一致性，而研究效度则关注于资料收集过程中对概念的深入理解和完善。为了提高研究的信度，笔者采取了以下措施：首先，在数据收集阶段，研究者通过录音并及时转录访谈内容，形成与录音同步的分析文本。其次，为减少主观偏见，邀请了另外一名研究者进行独立编码,之后对编码结果进行讨论,逐步统一编码原则,并通过比较双方的编码结果来验证一致性。

在提高研究效度方面,笔者采用了目的抽样的方法,即有目的地收集与研究概念相关的资料,以阐明和完善这些概念。目的抽样不追求大样本量,而是注重深入理解研究对象。为此,笔者在样本选择上考虑了性别、教龄、职务和幼儿园特征等因素,确保样本的多样化和全面性。受访者包括乡村幼儿教师和园长,同时确保在人口学变量上的差异性,涵盖了公办园和民办园的教师。在访谈过程中,笔者保持中立,以倾听者的角色对待被访谈者的观点,避免过度引导和评价,确保资料的客观整理和分析。这些措施旨在提升研究的信度和效度,确保研究结果的可靠性和深度。

1. 理论饱和度检验

质性研究秉持一种观点,即在经过持续的比较、编码以及形成概念化和范畴化的编码后,若无法再产生新的编码,则可视为研究已达到理论饱和的状态。本研究在深入剖析至第 34 个样本资料时,未能再发掘出新的概念与范畴,因此终止了编码工作。为确保编码的饱和性,特地将尚未编码的 3 份数据单独进行编码分析,以验证编码研究的完备性。以下是关于检验样本的详细情况,如表 2 - 5 所示:

表 2 - 5　理论饱和度检测样本基本信息

编号	性别	是否在编	年龄	教龄	教育程度	教师/园长
A	女	不在编	21	1 月	专科	教师
B	女	不在编	25	2 年	专科	教师
C	女	不在编	25	2 年	专科	副园长

收集访谈资料,并对其进行了详尽的转录与分析。将这些资料与已建立的编码系统和模型结构进行比对,发现并未涌现出新的范畴。为直观展示部分编码内容,特列举如表 2 - 6 所示的编码示例。由此,可以得出结论,本研究在理论层面已达到了较好的饱和状态。

表2-6 理论饱和度检测的编码示例

原始语句	概念化	范畴化	主范畴
其实大多数时候还是不会,孩子还小,童言无忌,而且学过教师职业道德规范,就是你也不能(把负面情绪)带给家长,也不能带给同事,更不能带给娃(A)	负面情绪的影响和表达	情绪表达、控制	情绪管理
比如说他们不会擦屁股。就把两个气球当作屁股,然后拿一个卫生纸教他们从下往上擦,当他们自己会擦屁股的时候蛮有成就感(C)	成就感	自我情绪意识、情绪体验	情绪意识
小孩子太吵了,太难管理,压力很大,有时候崩不住(A)	压力	幼儿规范行为	负面情绪诱因
和幼儿产生冲突时,主动沟通,先要询问幼儿的想法,反思自己(B)	冲突处理	情感支持、解决方式、归因方式	行为决策
肯定要保证幼儿的安全,不能让他们磕磕碰碰(B)	幼儿安全	决策、责任	制约因素

2. 三角互证

三角互证(Triangulation)旨在通过使用多种数据来源、研究方法或研究者来验证和增强研究结果的可靠性和有效性。三角互证的核心是,通过从不同的角度和使用不同的工具来探究同一研究问题,可以更全面地理解研究现象,同时提高研究的信度和效度。在本研究中,一方面,不仅对访谈文本进行信息的搜集与整理,而且结合非参与式的实地观察和视频资料分析乡村幼儿园教师社会情绪能力相关事件,以实现多元化的数据来源和收集方法,体现了三角互证法的原则。另一方面,不同研究者共同进行文本编码和分析,针对出现的分歧,咨询相关专家,并采纳其对编码过程和主题整合的建议,通过同行评审的方式,以提高研究的整体质量和深度。

第三节　乡村幼儿园教师社会情绪能力的结构要素及分析

尽管 CASEL 所提出的社会情绪能力模型在美国甚至全球具有较大的影响力,但是已有研究主要以城市教师人群为主,较少提及乡村教师,更没有关注到乡村教师社会情绪能力框架可能会因乡村地域、工作环境的不同而有所差异,对于乡村幼儿园教师人群相关研究更是少之又少。笔者考虑到我国乡村社会经济发展水平较低、家长教育观念比较传统、留守儿童较多等复杂的背景环境,CASEL 所提出的五大领域的框架能否反映乡村幼儿园教师的社会情绪能力有待进一步研究。因此本研究采用主题分析法,在 CASEL 提出的社会情绪能力理论模型的指导下,建构出乡村幼儿园教师社会情绪能力基本框架,并针对性地提出提升策略。对原始数据进行逐步分析,提取出关系技能、情绪管理、乡土意识、教育决策、发展意识五个核心类属,构成乡村幼儿教师的社会情绪能力,主要在主范畴及其子维度上体现出乡村幼儿园教师这一主体社会情绪能力的独特性。

在乡土意识这一核心范畴上,随着我国乡村振兴战略的实施,乡村幼儿园教师不仅是教师的角色,还是乡村社会文化的传播者和建设者,担负着更大的使命,要求其具备乡土意识、乡土文化适应性、乡土融入等能力扎根乡村,成为有质量的乡村幼儿园教师从而振兴乡村。因此,本研究中根据编码结果且考虑到乡村经济发展、幼儿园环境、家长特质等因素,提出"乡土意识",这一概念更能较好地诠释乡村背景下幼儿园教师的社会情绪能力。

在情绪管理这一核心范畴上,CASEL 提出的社会情绪理论模型中为自我管理,解释为个体面对挑战与压力,有效调节情绪及行为的能力。本研究发现,由于乡村环境信息闭塞、基础建设落后、亲职教育水平较低等,乡村幼儿园教师更容易产生负面情绪问题。因此考虑到乡村文化特征,提出情绪管理这一核心范畴。

在发展意识上,CASEL 提出的社会情绪理论模型中,自我意识涉及个体能够了解到自己的优点、局限以及内在价值观。本研究发现,该描述较为宽泛,未能充分反映教师职业的内在特点及特殊属性。教师的社会情绪能力带有职业属性,不同于普通人。鉴于此,本研究通过对原始数据进行编码分析发现,乡村幼儿园教师的自我意识主要是教师在职业生涯中的自我发展意识与职业规划能力等。因此,本研究提出自我发展意识。

在教育决策上,CASEL 提出的社会情绪理论模型中,负责任的决策被解释为个体在价值观和社会规范的限制下做出负责任决策的能力。由于乡村地区的特殊性和复杂性,教师可能面临更多的挑战和困难。具备高社会情绪能力的教师,更有可能在面对问题时保持冷静和理性,做出负责任的决策。本研究通过原始资料编码并考虑到乡村幼儿园教师职业属性与乡村文化特征,将其界定为教育决策。此外,在其他主范畴与子维度中,也具备乡村幼儿园教师的社会情能力的独特之处。具体见表2-7:

表 2-7　乡村幼儿园教师社会情绪能力结构要素

核心范畴	主范畴	子维度	参考点数
关系技能	亲师关系	亲师关系建立、亲师沟通技巧、互动方式、亲师问题	109
	师幼关系	察觉幼儿情绪、情感支持、幼儿冲突处理、敏感性	86
	同事关系	教师共同体、同事关系维护、压力抵制、冲突解决	32
	领导关系	表层扮演、合理表达需求、移情、多样化理解	45
情绪管理	情绪意识	他人情绪识别、自我情绪意识	115
	情绪诱因	幼儿违规行为、幼儿园管理、亲师矛盾、同事分歧	32
	情绪控制	负面情绪抑制、情绪失控	21
	情绪调节	人际调节、环境调节、回避调节、认知调节	19
	情绪预测	准确性、前瞻性	14
乡土意识	乡土文化敏感性	家庭文化敏感性、资源文化敏感性	33
	乡土认同与适应	乡土认同、乡土适应	27
	乡土融入	"边缘人""局内人"	32
	乡土资源利用	乡土自然资源、乡土生活资源、乡土文化资源	11

续表

核心范畴	主范畴	子维度	参考点数
教育决策	问题情景分析	家长问题判断、问题情境分析、幼儿个人判断	18
	调节优化	心态调整、教育机智、心理弹性	7
	归因方式	幼儿、教师外在因素、教师内在反思	13
	制约因素	活动本身、家长、教师自身素养、外部规范、幼儿发展	42
	问题解决	家长、幼儿问题解决、教学中的策略、活动安排效率	46
	决策后果预判	合理的辩解与解释、反思、评价	12
发展意识	自我反思	能力反思、教学反思	17
	发展规划	制定清晰的目标、实现路径、解决困难	19
	教学胜任力	情绪能力、专业情怀、专业素养、专业知识	42
	专业理念	爱心、耐心、同理心	33

一、关系技能

1. 亲师关系

亲师关系是家长与教师之间以幼儿为纽带,通过社会互动建立起来的一种人际关系。通过编码分析,乡村幼儿园亲师关系的特点是以乡村幼儿园教师为主导,更倾向于和幼儿母亲建立亲师关系,具备同理心、文化敏感性等沟通技巧,但由于家长亲职教育水平较低、隔代养育现象频繁等因素,会出现社会信任水平低,家长漠视亲职教育、祖辈沟通不畅等亲师矛盾。

在亲师关系建立上,乡村幼儿园教师倾向于主导家长关系,家长较为被动,对幼儿教育关注度与干预较少,侧重"养"而非"教"。比如"家长关系是我们主导的,我带过的每个班的家长都喜欢单独聊,我们微信都加了也私信过的。"在沟通技能上,教师具备同理心、家庭文化敏感性等能力以实现沟通目标。比如,"说孩子的不好的问题肯定要委婉一点,可以给家长提一些教育建议,不能直接说你这个孩子怎么样,家长肯定会不高兴的。"教师在沟通过程中能够感知并评估家长的心理和情感状态等,意识到他们的问题和目标等。同时,教师又能根据沟通情境合理调整自己的情绪和行为,实现沟通目标。部分民办幼儿园更注重亲职教育,每天有固定的指标,采用不同数字化媒介与家长进行沟通。

在亲师问题上,鉴于乡村的经济文化环境,家长对乡村教育及教师的信任度和认可度都不高,这使得乡村幼儿园教师在建立亲师关系时也面临问题和挑战。[①] 一方面,部分家长以隔代教养为主,祖辈漠视家庭教育,认为"(幼儿)教师就是个保姆",对教师工作的配合和支持程度低。亲师互动模式单一,主要以侧重教育方面的"教师指令式"和侧重保育方面的"家长机械应答式"为主。此外,存在祖辈不会使用数字媒介、教育经费支持困难、小学化诉求等问题,加大了家长工作难度,使得乡村幼儿园亲师关系趋于紧张。另一方面,有些家长过度干预孩子的教育,缺乏科学的育儿知识、正确的幼小衔接观念,认为"幼儿园(教师)整天带着孩子玩,什么也不教",过度关注幼儿知识层面的、便于检验孩子学习成效的结果如汉字、拼音等,而城市家长更重视幼儿行为习惯、思维方式、兴趣视野等核心素养方面的培养。

2. 师幼关系

师幼关系是幼儿教育过程中最基本的、最重要的人际关系。在本研究中师幼关系包括情感支持、冲突处理。

在情感支持方面,情感支持是幼儿园教育和优质师幼关系的根本前提。研究发现,乡村幼儿园教师在师幼互动过程中对幼儿表现出尊重与关爱,以宝贝等亲昵语言称呼幼儿、以期盼的目光和温和的笑容鼓励幼儿,具备爱心、责任心、接纳多样性等情感支持。根据情绪认知理论,个体的认知因素是决定情绪性质的关键因素,教师具有较高水平的自我意识和心理资本,面对挑战能产生肯定的情绪体验。在教师敏感性方面,建构主义认为,幼儿通过与外部环境和他人的交往互动获取经验,形成新的意识并建构自身的外部行为。[②] 这个过程中,幼儿园教师扮演着至关重要的引导角色,其影响力主要通过支持性互动对

① 客中遂,阴祖宝.乡村教师的社会教化职责:现代乡贤的判定视角[J].教育研究,2023,44(4):23-34.

② PEISNER-FEINBERG E S, BURCHINAL M R, CLIFFORD R M, et al. The relation of preschool child-care quality to children's cognitive and social developmental trajectories through second grade[J]. Child development, 2001, 72(5):1534-1553.

幼儿的人际交流产生潜移默化的作用。观察发现新手教师缺乏敏感性,不易察觉到幼儿真正的情绪需求。

在冲突处理方面,乡村幼儿园教师学历普遍不高,专业能力较为欠缺,教育理念偏颇等,互动过程过于高控,导致幼儿主体地位失衡。[1] 通过观察室内活动——搭积木发现,幼儿认为教师理所应当地在各个方面都优于自己,很多教师在潜意识中亦是如此,在教学、游戏组织等方面显示出绝对的权威,长此以往,师幼关系便呈现绝对的倾斜,幼儿就可能习惯于仰视教师,呈现冲突型的师幼互动类型。而且,新手教师在师幼互动中的回应、反馈较为机械、单一,不能及时意识到幼儿的需求。

3. 同事关系

同事关系是教师与教师之间的关系,同事之间的沟通与合作是幼儿园工作顺利开展的前提。

在教师共同体方面,"共同体"一词源于社会学,是为了实现共同目标而聚集的群体。教育领域中,越来越多学者扩充其内涵,包括教师实践共同体、教学研修共同体等。本研究发现,由于乡村幼儿园园所规模小、教师资源匮乏、岗位流动性大等因素,乡村幼儿园教师在日常教育教学工作以及共同商议制定与执行教学计划的过程中,更倾向于形成协作共同体。同一幼儿园组织中的共同体内部成员能够在人际交往和社会互动中获得较强的认同感和归属感。但受限于乡村经济落后、幼儿园环境宽松,教师群体专业发展水平不高以及发展动力不足,专业发展共同体缺乏必要的专业引领与组织规划。

维护好同事关系的方式有互相尊重、互相帮忙代课、请教等。少部分教师提及,同事之间也会产生一些轻微的意见分歧和不公正对待,比如"有时候跟班上的老师沟通,意见不统一,尤其是班级活动的时候,沟通不好,会直接影响活动质量、效果。"(T10)可见,高质量同事关系不仅满足教师的情感需要,还能促进工作顺利开展,实现教育目的。

4. 领导关系

乡村幼儿园教师的社会情绪能力对于建立和维护与领导的良好关系至关重要。

---

① 邓兰.学前教育师范生在实习中师幼互动出现的典型问题与对策研究[D].大连:辽宁师范大学,2022.

教师能够合理表达需求,具有话语权,有困难会相互商量。教师具有移情能力,能够多样化理解领导,比如,"平常我们就是商量着来,有时候生病了,大家都会说休息去吧,我们来就行"(T6),"对领导的安排,还是没有太大的情绪的,安排的事我也会好好的去做"(T12)。

但是,领导关系中存在向上沟通受阻以及教师与领导意见不合的问题。小学附属幼儿园及农村中心幼儿园,其领导者是小学的领导者,对幼儿保教知识以及幼儿园的工作不是很了解,会与教师产生一些工作上的分歧,"我们的领导,没有带过幼儿园,所以环创方面,他就不容许我们往墙壁上弄东西,没有环创"(T12)。社会情绪能力高的教师会在维持积极的领导关系的前提下,以尊重的方式倾听、沟通、合作和谈判冲突以达到专业规范和幼儿发展目标的要求,但是,有些教师在面对这些分歧时,采取回避或对抗的态度。比如,"口服心不服"(T15),"懒得理论,直接干"(T6)。职位层级的差异让教师产生距离感,这种"位差效应"影响教师的沟通意愿,导致他们采取表层扮演的行为策略,即教师的表达和行为是为了符合组织要求,但不涉及内心感受变化。这种表层扮演会对教师的心理健康产生负面影响,引发更大的压力和职业倦怠等。

二、情绪管理

情绪管理是教师社会情绪能力中的核心组成部分。本研究的结果表明,乡村幼儿教师的情绪管理包括情绪意识、情绪诱因、情绪调节、情绪控制、情绪预测等。

在情绪意识方面,乡村幼儿园教师普遍能够快速识别幼儿情绪并具有压力感、公平感等自我情绪意识;在负面情绪诱因方面,乡村幼儿园教师的负面情绪多样化;在情绪控制方面,乡村幼儿园教师能够意识到情绪控制的重要性;在情绪调节方面,由于乡村地理位置限制、资源闭塞,乡村幼儿园教师调节负面情绪的方式单一,缺乏认知层面调节;在情绪预测方面,乡村幼儿园教师能够共情、准确预测自己的负面情绪以及不同决策可能带来的情绪后果和幼儿的情绪反应。

1. 情绪意识

在本研究中,幼儿园教师的情绪意识包括识别他人情绪和自我情绪意识。

他人情绪意识主要是指教师识别、察觉幼儿情绪。幼儿教师需要具备敏锐的社会情绪能力,在幼儿园一日生活中及时觉察幼儿的情绪状态,即使幼儿没有表达出来,教师也能通过幼儿的言语、行为以及体态语言及时觉察到,并理解他们此时此刻的情绪反应。新手教师往往缺乏敏感性,不易察觉到幼儿真正的情绪需要。在互动主体上,往往只关注个别比较活跃的幼儿,不能关注到全体幼儿。在互动效果上,对幼儿的反馈和指导只想得到结果,并非关注幼儿通过教学得到的实质性进步与发展。

在自我情绪意识方面,乡村幼儿园教师具有压力感、成就感、公平感等情绪。首先,在压力感方面,教师压力感来源于以下方面:工作量、教学压力、师资、行政任务等。除此之外,招生压力也成为乡村幼儿园教师关注的重点问题。乡村人口外流等原因,导致乡村幼儿园生源流失。"幼儿跟着家长随迁的,和认为私立园教东西多的,把生源抢走了。"(L11)。其次,在成就感方面,获得家长或领导的认可时非常有成就感,家长对教师专业能力的支持和认可能够使得教师与家长建立积极的互动关系,教师也能够获得良好的情绪体验以及心理需求满足。另外,也有教师提及教会幼儿东西,有成就感,"有个小朋友送我贺卡,上面亲手写着祝老师节日快乐,太感动了。"(T16)根据班杜拉自我效能感理论,教师的自我效能感与成功之间有着密不可分的关系,自我效能感可以促进成功的取得,而成功也可以增强个体的自我效能感。最后,在公平感方面,在访谈民办园教师时发现,教师的薪资、职称方面欠缺公平。"付出和回报不成正比。"(T17)公立幼儿园教师在薪酬总体满意度、薪酬水平满意度等方面均显著高于私立幼儿园教师。[1] 依据公平理论,公平与民主的工作环境对教师的工作投入与组织承诺有着正向的促进作用。薪酬公平感可以正向预测教师留任意愿。[2] 教师在教育资源不均衡这样的大环境中更容易产生不公平感,进而导致职业倦怠等问题。

2. 情绪诱因

首先,较多教师提及,当不被家长理解或认可时,容易产生负面情绪,如"不想干了"等。其次,幼儿不易管理也会引发教师的消极情绪。"一个班40个孩子,两个老师根本管不住。地方空间又小,孩子一起吵闹,就很累。然后你不让他干什么,他非要出去跑,很崩溃。长期这样,让我变得累,对我的个性及其他

① 刘乐琪.幼儿园新手教师薪酬满意度现状调查研究:以陕西省为例[J].教育观察,2022,11(21):65 - 69.

② 刘焱,宋丽芹.薪酬公平感知对普惠性幼儿园教师留任意愿的影响:薪酬满意的中介作用和机会公平感知的调节作用[J].心理研究,2022,15(1):61 - 69.

的什么都有影响。"(T20)另外,也有教师由于自身的专业能力较低也会产生不自信、效能感低等不良情绪。"要上课但找不到适合的教材书会特别着急,但是你又要上课,然后上课有的东西你也不认识,尤其是古诗词,害怕把小孩子教坏了。"(T15)最后是物质支持方面。有部分教师提及幼儿园薪资太低,还经常拖欠工资会产生职业倦怠。更有甚者,"比如说有时候叫我们做这些环创,但又不给买材料。"(T6)教师也会因此产生负面情绪。

3. 情绪控制

本研究主要聚焦于控制负面情绪。在访谈中,乡村幼儿园老师普遍能够认识到情绪控制的重要性,能够较好地控制自己的负面情绪。"心情不好的时候,孩子们过来找我玩,我就说:'杨老师心情不好,需要冷静一下,马上过去找你玩哈。'我一般能很快调节过来。"(T11)乡村幼儿园教师须在准确意识并识别自己的负面情绪基础上,及时进行调节控制,并将其限制在适度的范围内,从而保证自身情绪的稳定,以避免给幼儿造成伤害或是影响正常教学活动开展。作为承载着特定社会角色的乡村幼儿园教师,他们在工作中需遵循各种社会规范,确保情绪状态相对稳定,有效管理负面情绪,避免对自身以及幼儿产生负面影响。

4. 情绪调节

幼儿园教师情绪调节的目的是缓解负面情绪,从而达到健康的心理状态以全身心地投入工作,提高工作效率和效果。由于乡村地理位置偏远、娱乐设施较少,更多教师选择与朋友、亲人沟通的方式去调节压力,缓和负面情绪。比如,"像我一般会和家人、朋友去说。去听一下他们的意见,当你把这种心事倾诉出来后其实就还好。"(T18)还有部分教师表示选择网购、看电视、听音乐、睡觉等方式调节自身负面情绪。相比之下,城市幼儿园教师调节压力的方式更为丰富,多以团建、参加讲座、公开课等方式。另外,乡村幼儿园教师的情绪调节主要依赖人际调节、环境调节、回避调节等方式进行转移疏导,而缺乏认知层面的调节,即通过改变认知来改变情绪,认知层面的调节可以有效缓解甚至消除幼儿园教师的负面情绪。

5. 情绪预测

情绪预测是指教师在教育情境中对自己或幼儿未来事件发生时情绪体验的事前预估。由于教师职业的复杂性与前瞻性,教师可能会预测到自己的情绪变化以及由此产生的一系列行为反应等,也会预测到自己的情绪变化可能带给幼儿的一些相应的反应。比如,"比如我不开心,孩子就可以看出来我不开心,那我肯定就不会说是笑嘻嘻地跟他说话,可能就会变得严厉。那幼儿也是很敏感的嘛,他就能够感觉到我不开心。"(T6)该教师对自己进行情绪预测,认为有时候自己的负面情绪失控可能影响幼儿。也有教师从结果导向进行情绪预测,以优化教育活动的结果,对自己的负面情绪进行调节和控制以实现教育目标。具备情绪预测能力的乡村幼儿教师能够增进师幼关系并且促进教师做出更合理的决策,从而调整教育行为。"比如,"我们不会把负面情绪带给小朋友,就像上次医药费的事儿,其实那个家长不好沟通,但小朋友是无辜的,不能影响他们。"(T14)

三、教育决策

由于乡村地区的特殊性和复杂性,教师面临更多的挑战和困难。具备高水平社会情绪能力的教师,在面对问题时更可能保持冷静和理性,从而做出更明智、更负责任的决策。本研究通过原始资料编码,并结合乡村幼儿园教师职业属性与乡村文化特征,将其界定为教育决策。包括问题情境分析、归因方式、制约因素、决策后果预判、调节优化、解决策略。

研究发现乡村幼儿园教师在制定策略时,首先考虑的制约因素是幼儿安全;在师幼互动中,其问题解决策略存在局限性,过于高控;在活动设计和实施过程中可能缺乏教育机智,难以预见和应对幼儿可能出现的问题。

1. 问题情境分析

问题情境分析是指问题事件发生后,在事件刺激下教师可能会产生压力、焦虑等负面情绪,但能够对问题情境及相关因素进行理性的分析和思考并做出负责任的决策。访谈编码结果显示,由于乡村经济文化水平普遍不高,且教育对象多为留守儿童,父母教育观念落后,存在忽视幼儿教育等现象,教师会根据不同的家庭状况、家庭文化等采取不同的决策行为。比如,"如果跟爷爷奶奶交流,就接地气一点,直接跟他说需要怎么做。如果跟有一定教育程度的爸爸妈妈来交流,就可以用专业术语和知识去引导他们。特别是一些九零后的爸妈,他们自己的想法特别多,也很有个性,说孩子的问题时肯定要委婉、圆滑,不能直接说孩子怎么样,否则他们肯定会不高兴的。要用一些术语,让他们觉得你特别专业。"可见,教师在与家长沟通过程中,首先会对问题情境中家长的教育观念、文化水平等相关因素进行分析,意识到祖辈文化程度较低,不采用专业术语,而是直接以通俗易懂的话语告诉家长简单具体的育儿方式从而达到家园共育目的。而面对有教育意识的年轻父母会树立专业权威，以自身能力、智慧、性格为基础，根据专业知识和能力采用专业话术引导幼儿家长，从而获得专业认可和尊重。

2. 归因方式

海德在归因理论中提出，人们为了有效地控制和适应环境，往往会对发生于周围环境中的各种社会行为有意识或无意识地做出一定的解释。归因方式影响到以后的行为方式和动机的强弱。通过对访谈数据编码发现，乡村幼儿园教师受自身认知能力、专业素养等影响，对问题情境有着不同的归因方式。"很多孩子特别调皮，爱动爱跑，为了避免发生安全事故，我就想把他们关在教室里面，会经常去凶他们，让他们乖下来。"（T4）或者"我们班有两个男生，他们上课爱说话、爱乱跑。像这种孩子上课时我会提醒他要坐好，课后会把他叫过来，问他当时为什么要说话、要乱跑，孩子就会说自己的想法。然后，我再跟他讲道理，与幼儿约定不要再这样。有时候我会反思是不是对孩子要求太苛责了。"（T9）面对同样的问题，教师 T4 将原因归于生源差，认为乡村幼儿不受管教、调皮爱跑，属于外在的归因方式。而教师 T9 会主动向幼儿了解事件发生原因，将原因归于自身，进行教学反思。不同的归因方式会直接导致不同的决策行为。两位教师就幼儿不易管理的问题采取了不同的解决办法。教师 T4 属于自我导向型，其决策出发点在于避免幼儿受到伤害，防止出现安全事故而承担责任，从而忽视幼儿的感受。对幼儿来说，情绪体验和解决问题的效果也不同，幼儿感受到的是"老师生气了，因此，我们要乖乖的，不知道这件事情我们到底哪里做得不对"。而教师 T9 先是在不影响班级集体活动的情况下给予提醒和简单告诫，课后与幼儿单独交流询问原因、讲道理，避免下次再出现类似的情况。在这个过程，幼儿具有积极的情绪体验，也能学到知识。

3. 制约因素

较多教师提及在组织与实施教学活动时，最先且最多考虑的因素是幼儿安全，"首先要考虑幼儿安全。"（T6）农村留守儿童较多，他们从小在村落中长大，环境封闭，疏于管教，因此，更易面临安全隐患。还有被提及的主题词是家长的支持和配合程度以及资源的可得性，"因为农村学校和城里的学校注重的东西不一样的，或者家长的配合度，能提供的各方面资源也是有差距的，所以会先考虑家长是否认可、能够提供资金支持等。"（L3）相比之下，最少被提及的是活动的意义和价值。而城市资源丰富，教师能够频繁地利用就近的图书馆、博物馆、体育场等资源组织有利于幼儿发展的活动,并且家长文化水平高,教育意识强,教师充分利用家长资源,幼儿园经常开展家长进课堂、家长开放日等,不需要过多考虑家长的经济支持与配合程度等因素。

4.调节优化

调节优化是指教师在进行决策时,能够随着问题事件的动态发展,适当地在解决策略、教师自身心态等方面进行调节,逐渐寻找问题的最优解。比如,在访谈中,有位教师提及"我们班有一个孩子天生残疾,他刚来的时候我就告诉自己这是上帝派来考验我的爱心和耐心的。老师不一定要有非凡的能力,但一定要有好心态。那个孩子6岁了但整个身体、智力像4岁的,发展太慢,对他肯定要特别关照,把他放在离眼睛最近的、手可以触摸到的地方,保证他的安全。"(T6)同样的工作与任务安排给教师,教师会以不同的心态面对。社会情绪能力较好的教师,会把每一项工作任务看作是锻炼、提升自身能力的机会;幼儿园教师的心理健康状态会影响教师的工作积极性。案例中这位教师积极乐观的成长型心态可以帮助其体验到职业幸福感与自我效能感,能够直面问题与挑战。

5.解决策略

乡村幼儿园教师在解决相关问题时候,其策略存在一些问题和弊端。教师往往过于高控,过度设定规则,限制了幼儿的自主性。游戏活动中存在许多规则,这些规则多由教师自行决定,倾向于通过直接发号施令的方式管控幼儿的行为和思想。有时候幼儿在想象游戏中的"突发奇想"会被认为与事先制定的游戏规则相冲突。教师这种绝对权威的管控方式也导致幼儿行为模式化,比如教师发号施令后,幼儿能够迅速坐好等,把幼儿训练成为听命行事的执行者。

另外,通过访谈编码发现,面对家长的需求,不同的教师会采取不同的解决策略。比如,乡村幼儿园教师面临最多的一个问题是为什么不教汉字拼音。对于这一问题,因教师个人特质、认知等不同,不同的教师解决问题的方式也会不同。教师T8具有较好的适应性,面对家长要求教授知识的需求,会避免与家长正面沟通,而是结合自己的专业知识,以唱儿歌这种适合幼儿的方式教授拼音以满足家长的需求。教师T9则是通过树立专业权威,面对家长的质疑不会立即满足其需求,而是通过提升幼儿成绩与能力,让家长看到幼儿切实的改变等,循序渐进地在工作中让家长信服、尊重自己,从而获得专业认可。

6.决策后果预判

乡村幼儿园教师在日常教育教学活动中,面对的是一个身心发展尚不成熟的儿童群体。在实施教学活动时,他们需要应对各种突发情况,这就要求他们具备对决策后果的预判能力,即能够意识到并预见自己决策行为可能产生的影响。尽管许多幼儿园教师在开始教学活动前会制定详尽的教学计划,但通过访谈和编码分析发现,乡村幼儿园教师在问题解决方面仍有所欠缺,特别是在处理教学活动中可能出现的问题时,他们难以做出准确判断并采取有效的解决策略。例如,"刚开始工作时,我组织了一次教学活动,问孩子们最爱的食物。没想到孩子们非常感兴趣。当一个孩子提到妈妈做的好吃的后,其他孩子也开始找自己的好朋友说话,场面一度混乱,导致我束手无策。"(T13)这一例子表明,乡村幼儿园教师在预判教育教学活动中可能出现的问题方面存在不足,因此无法及时采取适当的教育措施来控制局面。事实上,食物是幼儿非常感兴趣的话题,他们自然会对此进行延伸讨论。然而,教师未能预判到活动导入阶段可能出现的偏离,并缺乏相应的策略来引导幼儿及时回到活动主题上,导致整个教学活动变得拖沓和低效。

四、乡土意识

根据编码结果,并考虑到乡村经济、幼儿园环境、家长特质等因素,本研究发现乡村幼儿园教师作为乡村文化传播者,是乡村振兴中重要的一环,需要具备乡土意识,以便更有效地理解幼儿和家长的需求,在乡土中建立和维持积极关系。因此,在本研究中,社会意识的范畴被扩展和细化,以适应乡村幼儿园教师的特定需求。乡土意识作为乡村幼儿园教师社会情绪能力的一个独特组成部分,诠释了对本土文化、价值观和社会结构的深刻理解。

本研究结果发现,由于乡村幼儿园教师中异乡人及新生代教师居多,其乡土意识整体水平较低,这一意识涵盖乡土文化敏感性、乡土融入、乡土文化认同与适应、乡土资源利用维度。其中,乡土文化敏感性较高,乡村幼儿园教师普遍能够了解乡村文化、幼儿家庭教养模式、家庭社会经济地位等,能够创造多元丰富的教育环境;在乡土融入方面,教师的归属感和融入感普遍较低,尤其是年轻教师;在乡土文化认同与适应方面,大部分乡村幼儿园教师能够认同并适应乡土文化,但是较少教师采取回避态度;在乡土资源利用方面,大多数教师未能将乡土资源开发利用落到实处。

1.乡土文化敏感性

幼儿园作为一个微型社会,教师面临着来自不同地域、阶层、民族等文化背景的幼儿所带来的挑战。有学者指出,乡村教师的专业特质就是"乡土性"。其表现形式是乡土文化。①通常看来,乡村文化和本土文化往往被认为是一种"落后文化"或"没有文化",甚至对不符合自身文化的家庭或幼儿"贴标签"。但是访谈发现,许多乡村幼儿园教师并非本地人,而是来自城镇,他们普遍具有较高的文化敏感性,能够对多元的家庭和幼儿持肯定态度,能够主动地了解并理解幼儿家庭教养方式、价值观念、家庭社会经济地位等,从而对幼儿进行适宜的教育。对乡村幼儿园教师来说,需要具备一定的社会情绪能力,以了解乡村文化环境、家庭教养模式等,从而创造多元丰富的教育环境,创造不同文化相互交流的机会,满足幼儿和家长的需求,促进每位幼儿更好的发展。

2. 乡土融入

幼儿园教师的乡土融入是指教师主体能动地从心理上对乡村特定的经济、文化、制度等方面适应接纳,达到由"边缘人"到"局内人"转化。乡村基础设施、地理位置是影响乡村幼儿园教师融入的重要因素。乡村幼儿园教师的乡土融入感和乡土归属感普遍较低,尤其是年轻教师。他们有着"对大城市的向往",住在城镇,游走于城市与乡村之间,既不被城里人认同,又不被乡里人接受,成为城乡身份中的"边缘人"。比如,有位教师提及"我家不在这边住,平时周内就上上课,不想管其他事情,刚来也没有朋友,一到周末我就回家了。年轻老师感觉都不是很想留吧,意愿都不强。"(T13)这部分教师除了完成分内的教学任务,对于乡土世界的其他事物都抱以漠视的心态。这种心态已经渗透在部分新生代乡村教师的日常思维、行为和话语之中,成为一种冷漠生活态度,久而久之导致情绪耗竭。当他们认识到,在旖旎的乡村自然风光下,更多的是教育条件落后和资源不均,以及价值观念不一的隔阂与牵扯,就无法真正融入乡土。②

也有些乡村小学附属幼儿园的教师提及乡村幼儿园编制名额较少且薪资低,难以保障生活质量,对他们来说有种不稳定的"漂浮感",使得乡村幼儿园教师难以坚守乡村。比如,"现在园里只有一个编制岗位是管理岗。小学老师一年比我们的收入多一万多,而且有编制也比较稳定,所以很多小学老师不愿意到幼儿园来。"(T11)编制身份能够调节工作压力对离职倾向的直接预测作用

①　毋丹丹.论教师专业发展的特质及其实践路径[J].教师教育研究,2017,29(3):81-86.

②　沈伟;王娟;孙天慈.逆境中的坚守:乡村教师身份建构中的情感劳动与教育情怀[J].教育发展研究,2020,40(Z2):54-62.

以及工作冷漠感的中介作用。此外，社会信任、乡村基础设施建设、社会生态关系均对乡村幼儿园教师是否能成功转化为"局内人"产生重要影响。"一个家长，指着我的鼻子说要收拾我，在教室里面，一直指着我。然后我就往后退，他就把我怼到桌子那里，我就直接不想干了。"（T18）家长的信任能够使乡村幼儿园教师获得满足感，进一步增强其归属感和自我认同感。乡村教师的自我认同度显著低于县城教师，乡村教师更容易面临人际冲突，若未能获得社会支持和信任，会进一步淡化其乡土认同感，以致部分教师产生离职意向。

3. 乡土文化认同与适应

对于乡村幼儿园教师来说，更多侧重于积极主动地认同、适应乡村文化并灵活处理社会互动关系。比如，由于乡村家长教育观念落后，要求教授拼音、汉字等知识，面临这种问题，有教师提到："幼儿园和小学的最大区别不是说你教了什么，而是用什么方法去教。比如教拼音，用儿歌的形式帮助孩子们记忆。"（T10）这位教师在自己认知的基础上结合外部环境要求，不提前教授小学化知识又能够满足家长需求，避免不必要的冲突，提出了与家长互利共赢的策略。另外，在与领导相处中，一位小学附属幼儿园的教师提到："我们的领导，因为他是小学校长，不让我们弄环创，其实我们把那个框架做出来效果很好的。我就会找领导沟通，给他看其他幼儿园的环创案例，说服领导。"（T18）教师面对这一系列复杂的新问题，不断地跳出思维定式，基于自己的认知积极灵活地与领导协商，用更加合适的方法或策略加以解决。

4. 乡土资源利用

乡土资源是指个体生长生活范围内的、经常接触到的、对其成长起着显性或者隐性作用的影响因素，有乡土自然资源、乡土生活资源、乡土文化资源。通过访谈编码以及走访乡村幼儿园观察教室环境、环创以及户外环境发现，部分园长以及幼儿园教师缺乏乡土资源利用意识，不能充分利用乡土资源挖掘其教育价值。有位民办园园长提到："在我看来，它并没有什么意义。因为幼儿园接收的都是本地的幼儿，本身就十分熟悉自己所生活的这片土地。"（L9）并且，在走访该幼儿园时观察到，幼儿园旁边就是一片蔬菜种植区，但是没有教育者意识到利用该乡土资源开展亲自然教育等对幼儿发展有益的活动。另外，资源利用流于形式，对乡土资源具备哪些意义和价值没有充分、系统的认识，以及缺乏专业的人来指导如何具体开展相关活动。

五、专业发展意识

专业发展意识是指乡村幼儿教师能够对自己的专业能力有符合实际的理解,认识自身情绪以及专业方面的优势与劣势,在此基础上建立符合现实的自信,这涵盖教师自我反思、教学胜任力、发展规划、专业优势及目标实现路径。研究发现,乡村幼儿园教师普遍具有反思意识,但是反思的深度和广度不足;理念认知与实践应用之间存在脱节;在教学胜任力方面,乡村幼儿园教师普遍认为专业情怀和情绪能力是其重要组成部分;在发展规划方面,则缺乏长期的专业发展意识,专业发展内驱力不足、发展空间受限。

1. 自我反思

反思能力是社会情绪能力的核心维度之一,也是教师专业发展的关键因素之一。乡村幼儿园教师通过有目的和有针对性的反思,能够有效提升专业素养。例如,有教师说:"下班会躺床上思考哪些地方做得不够好,最近哪些幼儿的发展及反馈比较积极,哪些幼儿需要进一步关注。虽然这些反思可能比较零散,但对我来说非常有价值。"(T17)通过这样的日常反思,教师不仅能够识别和发扬自己的优势,还能够意识到并改进自己的不足之处。这种持续的自我提升过程对于教师的个人成长和教学质量的提高具有重要意义。在梁波以小学教师为对象探讨其社会情绪能力的研究中,也提及教师的自我反思能力的重要性。[①]

但是,这些教师在理解和应用教学反思方面仍存在不足。具体而言,反思内容忽视了对幼儿表现的深入思考,而更多聚焦于教学目标和教学活动的执行。在反思方式上,乡村幼儿教师参与集体交流和研讨的活动较少,更倾向于通过撰写教学总结来进行个人反思,且反思总结并未能有效指导后续的教学设计和实施,导致教学反思在实践中未能充分发挥其潜在价值。

2. 专业理念

乡村幼儿园教师树立正确的教育理念对于促进幼儿全面身心发展以及提升教师自身的专业技能和素养至关重要。然而,现实情况揭示了乡村幼儿园教师在教学理念及创新意识上的不足。首先,许多乡村幼儿园教师对教学理念的认识存在偏差。通过访谈发现,这些理念并未能在实践中得到统一体现,教师难以将这些理念转化为具体教学行为,这导致了教学理念与实践之间的脱节。

---

① 梁波.小学初任教师社会-情绪能力的发生机制研究[D].上海:上海师范大学,2021.

其次,乡村幼儿园教师在创新意识方面也表现出明显的不足。他们大多只能胜任基本的教育教学工作,习惯模仿已有教学模式或教学参考书进行授课,甚至一些教师会过度依赖多媒体等信息化技术,将其视为取代课程的手段,而忽视了创造性教育的重要性。

3.教学胜任力

幼儿园教师教学胜任力是指教师在幼儿教育教学工作中,相较于绩效一般的教师,表现出能够出色完成工作的一些可测量特征的综合,它不仅包括对专业知识和技能的了解和掌握,还包括对于职业价值观和道德的认同和践行。研究发现,专业情怀和情绪能力是乡村幼儿园教师认为应具备的教学胜任力,教师要有爱心,要有责任感。当幼儿离开家庭进入幼儿园后,他们把对父母的依恋转移到幼儿园教师身上,只有得到幼儿园教师的爱,才能感到被满足,获得安全感。有教师提到:"你把他们真的当自己的孩子一样,你在家里怎么对自己的孩子,你在幼儿园就怎么对他们,做到这样我就认为你是一个有爱的老师。"(T10)另外,还有部分教师提及要有良好的情绪能力,包括自我调节能力、情绪稳定、心理弹性等。比如,"一个好老师一定要有良好的心态,保持情绪稳定,有时候发生的事情能让我崩溃。"(T7)

4.发展规划

发展规划是教师根据自身实际情况制定的职业发展目标,有助于对自身的职业发展路径有清晰的认知。首先,乡村幼儿园教师自主发展意识不足,缺乏发展内驱力,专业态度与职业认同不足,缺乏职业归属感。这些教师以专科学历为主,专业素养相对薄弱,且地处偏远乡村,难以与城区优质幼儿园建立长期的专业联系,导致其缺乏合理的发展规划。另外,教师专业发展实现路径受限,成长空间不足。由于乡村幼儿园资源有限,教师难以获得有效的目标实现路径。比如,"在这里想得到大的提升是很难的,只能想想,无法落实。"(T18)教师们的专业发展缺乏专业化、科学化、常态化的引领,培训过程中缺乏及时、有效的专业指导,导致培训效果不佳。

第四节　乡村幼儿园教师社会情绪能力的发展阶段及分析

本研究通过分析编码结果并在各核心范畴之间建立联系,构建出乡村幼儿园教师社会情绪能力发展阶段模型图。如图2-1所示,在横向维度上,乡村幼

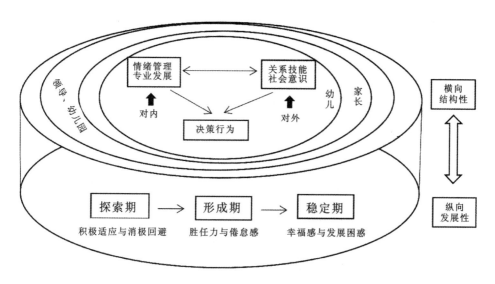

图2-1　乡村幼儿园教师社会情绪能力发展阶段模型图

儿园教师的社会情绪能力框架中的五大核心能力并非独立存在。根据各能力指向的对象不同,可将其分为"对内"(情绪管理、专业发展)和"对外"(社会意识、关系技能)两个方面,这两方面的能力协同作用,最终帮助个体做出决策行为。通过梳理各项能力之间的逻辑关系可以发现,乡村幼儿园教师在工作中需要充分认识自己、了解自己,对自己的未来有一个清晰的规划(专业发展),并能够管理好自己的情绪与行为(情绪管理),方能做出对自己负责任的决策。而人是生活在社会中的人,仅仅具有与自我相关的能力是不够的。同样地,对于乡村幼儿园教师来说,还需要与幼儿、家长及社区等交往,做出对他人和集体负责任的决策。在这一过程中,就要求个体具备理解他人和集体的能力(社会意识)以及与他人沟通和交往的能力(人际关系技能),从而在师幼互动、亲师互动、领导关系、幼儿园集体乃至整个乡土文化背景中,都能做出负责任的决策。另外,在纵向维度上,情境领导理论认为,组织成员的成长和发展是一个由不成熟到成熟的过程。管理者应依据组织成员的发展与变化,调整自己的领导风格,使其与组织成员成熟度相适应,以达到团队合作的最佳效果。① 社会情绪能力已经成为教师专业发展的核心能力之一。教师专业发展以自我成长为中心,它既

---

① 秦旭芳;徐丘涵.不同成熟度新入职幼儿教师应对亲师矛盾的组织支持路径研究[J].教育与教学研究,2023,37(11):45-60.

有连续性，又有阶段性。乡村幼儿园教师社会情绪能力的发展经历了探索期、形成期和稳定期三个由不成熟到成熟的发展阶段，并且每个阶段在其核心范畴以及主范畴方面都具有其突出的特点，揭示了不同教师在发展社会情绪能力过程中所面临的需求与挑战，如表2-8所示。

表2-8　探索期－形成期－稳定期乡村幼儿园教师社会情绪能力发展历程

维度		发展时期		
		探索期：积极适应与消极回避	形成期：胜任力与倦怠感	稳定期：辛福感与发展困惑
关系技能	亲师关系	沟通问题；缺乏技巧	具备家长沟通技巧	树立专业权威
	师幼关系	师幼互动敏感性弱；缺乏教育机智和同理心	教育机智；应对自如；融入幼儿	善于处理师幼关系
情绪管理	情绪诱因	幼儿不规范行为；家长因素	自身能力；教学研究；非教学工作	幼儿园发展；压力小
	情绪意识	不能完全察觉幼儿情绪；他人认可；满意度低	能够察觉幼儿情绪；满意度较高；倦怠高；职业效能提高	无压力；成就感高；幸福感高；情绪稳定
	情绪调控	控制负面情绪	灵活运用负面情绪	情绪稳定
乡土意识	认同与适应	乡土文化认同低；乡土融入低；归属感低	乡土文化适应与灵活性	乡土文化认同高；乡土融入高
	文化敏感性	缺乏了解，敏感性高	熟悉与适应，敏感性降低；幼儿资源匮乏	深刻理解，敏感性高
教育决策	制约因素	考虑安全因素	家长、幼儿、教学意义	幼儿发展；实际现状
	归因方式	自身	外在	综合
专业发展意识	教学胜任力	爱心、耐心、责任心、专业技能	热爱、奉献、坚持的好老师	反思、研究、创造的好老师
	优势与不足	亲和力；缺乏实际经验、教学技能	教研能力；形成自己的教学风格、教育机智	独特的教育见解、包容、乐群、专业权威性
	发展规划	提升能力；考编制	幼儿发展	幼儿、幼儿园发展；文化挖掘；投身奉献

一、探索期：积极适应与消极回避

探索阶段被认为是教师社会情绪能力发展的关键且充满挑战的时期，其显著特征为教师在积极适应与消极回避之间可能出现分化。处于职业探索阶段的乡村幼儿园教师群体，主要为"00后"年轻教师，他们在当前乡村幼儿园教师队伍中占据较大比例。相较于具有较长教龄的同行，这些新手教师在适应新环境时既有积极适应的倾向，也存在消极回避的可能。

在关系技能方面，探索期的乡村幼儿园教师在家长工作中常表现出同理心与敏感性不足，导致沟通问题频发。由于教学经验和个人素质的差异，新手教师在与幼儿的互动中往往难以准确识别并反馈幼儿情绪，从而影响了师幼互动的质量。新手教师在人际沟通中普遍存在专业知识不足、实践能力弱、情绪管理不足、不能"一视同仁"等问题。在师幼互动中，新手教师敏感性不足，不能及时且全面觉察幼儿需求。[①]

在情绪管理方面，处于社会情绪能力探索期的教师在感知和理解幼儿情绪变化上存在局限。已有研究表明，新手教师在情绪觉察上缺乏敏感性，不能完全觉察幼儿情绪与需要。其负面情绪多源于幼儿的不规范行为及家长因素。在复杂的乡村环境中，新手教师在调节自身负面情绪及情绪管理方面能力不足，成就感多依赖于领导、家长等他人的认可。然而，通过积极的心态调整和实践能力的提升，部分教师能够逐渐适应职业环境并感受到成就感。根据卡茨和柏顿的教师成长阶段理论，这一阶段的教师正处于"求生阶段"或"生存阶段"，他们主要关注自己在陌生环境中能否生存下去。尽管面临多变的教学环境、活泼的幼儿以及复杂的人际关系等挑战，但这类教师作为教师队伍的新鲜血液，具有强大的创造力和潜力。一旦他们胜任工作并克服困难，便能够很好地完成角色转换，适应工作，从而产生自我效能感。

在社会意识方面，探索期的幼儿园教师面临角色身份转换、理论知识与实践运用衔接以及职业准备等多重挑战。研究结果表明，这一阶段教师的乡土意识和乡土文化认同普遍偏低。新生代乡村教师乡土意识薄弱，并没有从心底悦纳乡村幼儿园教师这一身份。由于该阶段的教师多为入职初期的教师，往往缺

---

① 张音音.幼儿园新手教师与专家型教师语言教育活动的对比研究：基于 CLASS 的分析[D].西安：陕西师范大学,2013.

乏乡村生活经历,对乡村生活环境的理解较为片面,容易产生阻碍性压力。

在决策行为方面,探索期的教师在组织教学活动时往往将幼儿安全放在首位,这可能与乡村环境和留守儿童的特点有关。然而,过度关注安全会限制教学目标的实现和师幼互动质量的提升。此外,由于实践经验不足,教师在遇到教育事件时往往倾向于从自身找原因进行自我反思。

在专业发展方面,探索期的教师认为乡村幼儿园教师的教学胜任力主要涉及个人特质(如爱心、耐心、责任心等)、专业知识和技能以及能否胜任工作并获得家长认可。这是因为在职业生涯的准备阶段,新手教师关注生存需求,其主要基于书本知识和自我中心的视角构建理想教师形象,比如,会将能否"上好一堂公开课"作为评判一个好老师的标准。

1. 积极适应

积极适应是教师在面对乡村教育环境中复杂的人际关系、消极情绪等时,能够在自我认知、情绪管理、行为决策、专业发展等方面进行积极主动的优化调节从而适应环境,坚定做好一名幼儿园教师的决心。社会情绪能力较强的幼儿园教师可能会积极适应,而另一部分教师也可能消极回避导致离职意向。有一位 2 年教龄的教师提道:"在这个客观环境下,要求我必须要耐心和孩子们去交流。因为我选择了这个行业,身为一名教师,我就应该要有耐心。刚开始,没有和他们接触过,可能身体、心理各方面都没有适应。经过一段时间的磨合,熟能生巧,也变得比较有耐心了。"根据卡茨、柏顿的教师成长阶段理论,该阶段的教师处于"求生阶段"或者"生存阶段",重点关注自己在陌生阶段是否能够生存下去。尽管他们会面临多变的教学环境、复杂的人际关系等困难与挑战,但自我决定理论认为,自主需求满足感较强的个体,往往会主动解决问题,其工作卷入程度更深,能保持较高的效能感。这类教师是教师队伍中的新鲜血液,具有强大的创造力与潜力,一旦胜任某些工作并克服困难,就能够很好地完成角色任务,从而适应工作,产生自我效能感。

2. 消极回避

也有部分教师在面对复杂的家长关系和繁重的工作负担时,可能会产生消极回避的心态,导致对职业的满意度下降,进而出现职业倦怠和离职意向。有学者发现 3 年以内教龄的教师普遍存在对幼儿缺乏了解、教学氛围调控能力不足、专业技能薄弱、反思方式单一等问题。新手教师的入职适应,即从大学环境向幼儿园实践领域的过渡,是实现情境与理论到实践转换的重要阶段,也是其专业发展道路上的一项主要挑战。这一入职适应过程对于他们的专业成长具有决定性影响。如果无法适应幼儿园日常工作,则可能会产生离职意向。[①] 例如,有教师表示:"有时候孩子太不听话了,真的很崩溃,付出和回报不成正比,想换份工作。"

二、形成期:教学胜任力与倦怠感

教龄在5～10年这一阶段的乡村幼儿园教师,正处于社会情绪能力的形成期。随着教学经验的积累,他们逐渐适应了乡村的教育环境,初步形成了自己的教学风格。然而,这一阶段教师需要同时应对工作和个人家庭生活的双重压力,也恰恰是国内外学者所认为的幼儿教师职业倦怠的高发期。因此,这些教师展现出了胜任力与倦怠感并存的复杂特征。

在关系技能上,他们已初步形成了自己独特的教学风格和模式,社会情绪能力在其中得到了充分体现。他们与家长的关系融洽,沟通频繁且深入。这与已有研究结论一致:初步成熟教师经验有所积累,工作主动性增强,能够积极面对家长工作以及相关挑战。[②] 在与幼儿的互动中,他们能以富有趣味性的语言和语调激发幼儿的学习热情,敏锐地捕捉幼儿的情绪变化,预见潜在问题,并做出相应的教学计划。然而,随着教龄的增长,部分教师可能会陷入思维定式,产生职业倦怠,对新教育理念的接受和学习态度变得消极,这导致他们在互动中过于主导,对幼儿缺乏耐心和公正。

在情绪管理方面,相较于探索期的教师,该阶段乡村幼儿园教师的情绪意识水平较高,通常展现出更为乐观和积极的情绪状态,对工作具有较高的满意度和成就感。然而,由于长期教学带来的身体疾病、家庭责任、繁重的非教学工作以及低薪酬等因素影响,这些教师可能会产生压力感、无力感等负面情绪,引发职业倦怠。这与已有研究一致:教师的情绪意识水平呈现随教龄增长而提高的趋势[③],熟手型教师情绪衰竭程度最为严重。

在社会意识方面,相比探索期的教师,形成期的乡村幼儿园教师在乡土文化的适应性和灵活性上表现出更高的水平。他们能够有效应对家长的高要求,

① 刘梅.幼儿园初任教师的园本研修[J].学前教育研究,2019(2):85－88.

② 秦旭芳,徐丘涵.不同成熟度新入职幼儿教师应对亲师矛盾的组织支持路径研究[J].教育与教学研究,2023,37(11):45－60.

③ 马文静.情绪智力视角下的中学教师胜任力特征模型[D].济南:济南大学,2016.

抵抗不合理的压力,灵活处理相关问题,避免冲突。

在行为决策上,形成期的教师在决策过程中能够综合考虑多种因素,如幼儿园的活动效果、宣传、资金、领导支持等,并根据这些因素的重要性进行排序,以寻求最佳的、负责任的解决方案。此外,他们在归因方式上更为成熟,能够从宏观角度分析问题,轻松应对工作中的冲突,具备大局意识,将问题归因于更广泛的社会环境和教育资源分配不公等外部因素。

在专业发展方面,形成期的教师认为教学胜任力包括研究能力、情绪稳定、对学前教育的热爱、坚持和奉献等特质。这与已有研究结果一致:熟手型教师认为具有奉献精神的持续成长型教师是好老师。[①] 然而,随着对幼教工作的深刻理解和乡村幼儿园的现实挑战,他们可能会对自己的职业发展产生疑虑。

1. 教学胜任力

在这一阶段,教师们通过积极适应乡村教育环境和实践,逐步形成了个性化的教学风格,社会情绪能力也渗透其中。在师幼关系方面,教师能够轻松且敏锐感知幼儿情绪变化,"完全融入"幼儿,"与幼儿打成一片",与幼儿建立起深厚的情感联系,实现情感上的"完全融合"。此外,这一阶段教师能够将自己的发展目标建立在促进幼儿良好发展之上,并且在处理棘手的家长工作方面展现出一定的策略性和方法论。比如,有教师提到:"我们班有一个孩子,我是在中班的时候接触的他。第一次接触他的时候,他坐在一个角落里,不爱说话,可以说这个孩子从来没有完整地上过一堂课。要么歪着、趴着或者睡在地上,不和其他小朋友说话、交流。有时候我很生气但是都控制住了。(情绪管理)通过了解这个孩子的家庭,发现他没有母亲,他妈妈生下他就走了(文化敏感性、社会意识),之前是一个临聘老师带他,可能专业能力欠缺,完全不关注孩子,不和这个孩子交流。其实他是可以说话的,跟他父亲交流是没有问题的。我接手这个班级后,试过很多种方法,一直想跟他沟通(决策行为),他根本就不理,就趴在地上,身上很脏。那种感觉就像是被遗弃。当时我妈妈在帮我带孩子,我妈妈也是很有同情心的那种人,然后我们一起逛街的时候,就会给他买一些袜子、鞋子(同理心)。回到幼儿园,我就把新鞋新袜给他穿上(调节优化决策行为),他没有反抗还很高兴,我感觉好像从这里开始,他心理上觉得有安全感了(识别

---

① 张亚妮,牛婉羽,陈浩.不同专业发展阶段幼儿园教师心目中的"好老师"形象分析[J].学前教育研究,2019(12):52-60.

他人情绪）。然后慢慢地，孩子就会主动和我说话，一次说那么几句话，到最后我们俩关系很好，孩子随时会让他爸爸去采一些菜，每天给我送来，我都给他说了多少次了你不要送了，但他一直坚持了很久，经常和他爸爸讨论孩子在园表现，引导他爸爸如何给他多点关心和教育（关系技能）。但是后来我调走了，之后我问过他爸爸，他上小学情况怎么样，他爸爸说还是不太理想，有点可惜。他这样的孩子，如果你不花功夫，不花心思在他身上，他可能发展得不会很好，因为从小没有母亲的关爱，如果不因材施教就没有很好的效果。一视同仁对待他，不特别关照，他可能以后很难发展得一帆风顺。我觉得在我的教育生涯中，这个孩子给我的触动很大，你关注他了，重视他了，给他足够的安全感了，他一定会改变的。我可以说是做到了，虽然后来没有特别好的结果，这个事情给我的印象还是很深，成就感满满。（情绪意识）"在此案例中，该教师具备良好的社会情绪能力，对内能够控制自己的情绪，察觉幼儿情绪，有效管理情绪，对外具备同理心、家庭文化敏感性等社会意识，与幼儿和家长有效沟通，从而做出负责任的决策。

2. 职业倦怠感

然而，随着教龄和年龄的增长，在职业生涯的第 5～10 年，教师们往往会面临更多的职业挑战，包括同事间的竞争、个人职业发展的期望、家庭责任以及长期的工作压力等，这些因素的综合作用，容易导致教师产生职业倦怠感。研究表明，教龄较长的教师更容易出现消极情绪，且这种情绪的出现频率与教龄成正比。在这一阶段，教师们虽然已经能够胜任幼儿园的日常教学工作，并具有一定的教育机智，但同时也可能面临情绪耗竭和倦怠的风险。这可能是因为，这一时期的乡村幼儿园教师正处于卡茨四阶段职业发展理论中的"巩固阶段"。在这一阶段，教师们对于幼儿园工作的初始激情与好奇心可能已经逐渐消退，取而代之的是工作内容的单调性和重复性，以及相对封闭的工作环境。加之重大的责任、高工作负荷、相对较低的薪酬，以及需要平衡工作与家庭生活的压力，这些因素共同作用，迫使教师们不断在多重角色之间转换。多重角色冲突导致教师在工作中产生无力感，出现高的情绪困扰，心理问题和心理障碍的风险也随之增加。

三、稳定期：幸福感与发展困惑

研究发现，乡村幼儿园中，从教 10 年及以上的教师普遍处于社会情绪能力发展稳定期。这些教师以园长及管理层居多,人数较少且多为本土教师。尽管学历相对较低,但他们具备丰富的教学实践经验、突出的教学能力和良好的教学效果。他们普遍具有较高的职业幸福感。但是,也面临着对乡村学前教育发展前景的困惑和担忧。

该阶段教师的关系技能水平较高,具有宽容、乐群的人格特点。在处理家长关系时,能够展现出高度的专业权威性,有效运用社会情绪能力框架中的关系建立与维护策略。专家型教师的家园沟通能力水平最高,但可能会以居高临下的态度与家长交流,直接指出幼儿问题。[①] 在师幼互动中,他们不仅具备专业的教育理念和知识,还能根据幼儿的需求提供专业化的指导,表现出对幼儿个体差异的敏感性和适应性。

在情绪管理方面,该阶段教师普遍情绪稳定、看重实际、自信心强,能有效管理和调节自身的负面情绪和压力,维持积极的工作态度。这反映了他们在社会情绪能力框架中的情绪调节和压力管理能力。已有研究表明,专家型幼儿教师的职业成就感处于中等偏上水平,且其主要特征是职业的情感投入程度高和职业成就感高。[②]

在社会意识方面,处于稳定期的乡村幼儿园教师展现出强烈的乡土文化认同感和高度的融入性,积极参与幼儿园的发展和文化挖掘工作。他们致力于乡村幼儿园建设和学前教育事业,深刻理解了社会情绪能力框架中的文化意识和社会参与。

在决策行为方面,这一阶段的教师在制定决策时以幼儿发展为中心,综合考虑实际现状和可行的教育资源,做出合理且负责任的选择。他们基于社会情绪能力框架中的决策制定策略,全面权衡幼儿需求、家长期望和社会要求。

在专业发展方面,稳定期的乡村幼儿园教师普遍认为,具备良好教学胜任力的教师不仅具备教育智慧,还善于反思、研究、创新,并具有表率作用和管理能力。他们已经从对专业知识和能力的关注转向对创造性教育智慧的追求,强调在实践中灵活运用知识、总结经验,并关注研究能力和自我学习能力,对其他教师起到引领示范作用。这与已有研究结果一致,即从熟手到专家的变化主要

---

① 郑光英:不同专业发展阶段幼儿园教师家园沟通能力的研究[D].上海:华东师范大学,2022.

② 张雨楠.幼儿教师职业成就感现状及影响因素研究[D].沈阳:沈阳师范大学,2022.

是创新水平的胜任。[①]

1. 幸福感

本研究发现,处于稳定期的乡村幼儿园教师相较于探索期和形成期的教师,展现出更为成熟和优化的社会情绪能力。这些教师通常情绪稳定性较高,具备先进的教育理念与成熟的决策方式,且在职业满意度和幸福感方面表现较为显著。随着年龄的增长和职业生涯的推进,教师们经历了过渡和适应期,逐渐向资深教师转型,积累了丰富的工作经验,尤其是在工作管理、人际关系处理等方面,社会情绪能力趋于成熟稳定。也有学者研究表明,专家型教师的职业倦怠较小。[②] 处于稳定期的教师对教师职业的责任感、成就感、幸福感、职业信念等已然确立,成就感普遍较高。

2. 发展困惑

该阶段乡村幼儿园教师能够认同乡土文化并主动融入乡土,同时,也对乡村基础教育事业的发展前景产生困惑。比如,有位幼儿园管理层提到:"现在教育最大的问题是家长对教育的认识太模糊了,还有乡村家庭的配合、留守儿童、父母教育理念偏差等问题。社会宣传力度不够,百分之七十以上的家长仍觉得一定要让孩子写字,应该办一些讲座让家长了解教育是什么以及幼儿教育该做些什么,这一块在农村是一个很薄弱的地方,也是不好解决的地方。"亲职教育水平低、留守儿童多以及教育理念偏差等是当前教育面临的主要问题。比如,部分家长过于强调幼儿书写能力。该教师强调,乡村幼儿园的发展关键在于家长教育,只有通过家园合作,从根本上改变家长的传统教育观念,才能促进幼儿的发展。也有教师表示:"目前我认为我们做的很多是比较虚的,有时候在教学这一块做的也是虚的,真的不实。还是想提高我们幼儿园这个教育教学水平,把它做实。"该教师指出乡村学前教育的症结所在,并且认为要解决"如何将教育落到实处"对他们来说是很大的挑战,对该问题产生了困惑和担忧。

另外,研究发现,该阶段乡村幼儿园教师社会意识水平较高,能够认同并适应乡土文化。比如,有教师提到:"在这五年里面如果我们新来的领导能达成一致共识,我愿意贡献我的智慧,比方说培养带动新教师,对幼儿园提出有价值的

① 连榕.教师教学专长发展的心理历程[J].教育研究,2008(2):15-20.
② 牛美苏.幼儿教师职业倦怠的成因及其缓解对策分析[J].科教文汇(下旬刊),2018(12):33-34.

建议促进其发展,无论是家园工作还是团队建设、教研、开发课程等。"该教师具有大教育情怀,能够以自身优势,配合村镇和幼儿园教育的需要,挖掘当地的乡村优秀文化编制特色课程;通过自己的专业能力开展教育活动,带动乡村文明,同时提高家长、社会对乡村幼儿教师的身份认同;能够主动融入乡村社会,做新任乡村教师的带头人,对乡村教育和文明建设起到引领作用。

第三章

乡村幼儿园教师社会情绪
能力量表编制与验证

第一节　教师社会情绪能力量表发展概述

目前评估教师社会情绪能力的水平,主要采用量表和情境判断测验两种测量方法。教师社会情绪能力量表主要分为两大类,一类为国外研究者编制的量表,量表的形式包括教师自我评价和他人评价两种方式,已有研究多以自我评价方式为主。而自我评估类的量表有通用类(儿童、成人和青少年)工具,并不仅仅针对教师群体,如《Bar-on 情商量表》,由迈尔(Mayer)、沙洛维(Salovey)和卡鲁索(Caruso)开发的《Mayer-Salovey-Caruso 情绪智力测验》(Mayer-Salovey-Caruso Emotional Intelligence Test, MSCEIT)及由博雅特兹(Boyatzis)和戈尔曼(Goleman)等人开发的《情绪社会能力问卷》(Emotional Competence Inventory, ECI),旨在评估个体的情绪能力和积极的社会行为。另外,有研究者以学术、社会和情感学习联合会(Collaborative for Academic, Social, and Emotional Learning, CASEL)理论框架以及詹宁斯(Jennings)和格林伯格(Greenberg)的亲社会课堂理论(Prosocial Classroom Model, PCM)为基础,开发专门用于教师群体的测评工具。比如约德(Yoder)根据 CASEL 组织的社会和情绪学习模型开发的《社会情绪教学和能力的自我评估》(Self-assessing Educator Social and Emotional Competencies and Instruction),自我评估工具旨在帮助教育工作者(教师、学校工作人员和校外专业人员)反思自身实施社会情绪能力项目的能力以及自我的社会情绪能力,或他们创造的支持学生社会和情绪发展的条件。美国学者汤姆

(Tom)开发《社会情绪能力教师评定量表》(Social-Emotional Competence Teacher Rating Scale,SECTRS),该量表的四个因素分别衡量了师生关系、情绪调节、社会意识及人际关系,并对 302 名教师进行施测,教师群体覆盖小学、中学、高中。此外,还有研究者使用教师正念量表等相关工具来测量教师的社会情绪能力。测量量表的结构存在差异,测量的内容也不完全统一。量表总结见表 3-1:

表 3-1　国外教师社会情绪能力测量工具

类型	开发者	测量工具	适用群体
通用类	Gross 和 John(2003)根据情绪调节过程模型	情绪调节问卷(ERQ):认知重新评价;表达抑制	成人、儿童和青少年
	Bar-On(1997)根据情绪智力模型开发	Bar-On EQ-I 维度:内省成分;人际关系;压力管理;适应性;总体心境	成人、儿童及青少年
	Mayer、Salovey 和 Caruso(2002)根据情绪智力模型开发	MSCEIT 维度:情绪感知;情绪促进;情绪理解;情绪管理	成人、儿童及青少年
教师类	Boyatzis 和 Goleman(2007)根据 Goleman 情绪智力模型开发	(a)自我评估能力:自我意识;自我管理;社会意识;人际关系(b)人格偏好	成人、儿童及青少年
	Yoder(2014)根据 CASEL 组织的社会和情感学习模型开发	自我评估工具:负责任决策;自我管理;社会意识;自我意识;关系技能及自我管理	教师
	Tom K M(2012)根据 CASEL 组织的社会和情感学习模型和 Jennings 和 Greenberg 的亲社会课堂的理论	自我评估:师生关系;情绪管理;社会意识和人际关系四个维度	教师

以下是国外研究中常用的几种用于教师社会情绪能力测评的量表：

《情绪调节策略量表》（Emotion Regulation Questionnaire，ERQ）：由格罗斯（Gross）和约翰（John）根据情绪调节过程模型编制，包括认知重评和表达抑制两个维度，共 10 个题项。[1] 该量表被我国多名学者引用，具有良好的信度与效度。然而，该量表面向成人、儿童和青少年，并非针对教师群体。

《情绪社会能力问卷》（Emotional and Social Competence Inventory，ESCI）：2007 年，博雅特兹（Boyatzis）和戈尔曼（Goleman）对《情绪社会能力问卷》（Emotional Competence Inventory，ECI）进行了修订，并将其命名为情绪社会能力问卷（Emotional and Social Competence Inventory，ESCI）。[2] 修订后的 ESCI 可评估 12 项情绪社会能力，共有 68 个项目，评估的四个主要领域有：自我意识（包括情绪自我意识）、自我管理（包括情绪自我控制、成就导向、积极态度和适应性）、社会意识（包括同理心和组织意识）、关系管理（包括影响力、教练和导师、冲突管理、激励领导和团队合作）。同样，该问卷适用于成人群体，对于儿童和青少年群体不具有针对性。

《社会情绪教学和能力的自我评估》（Self-assessing Educater Social and Emotional Competencies and Instruction）：约德（Yoder）根据 CASEL 组织的社会和情绪学习模型开发《社会情绪教学和能力的自我评估》（Self-assessing Educator Social and Emotional Competencies and Instruction），为教师提供有关其社交、情感实践和能力的直接反馈。[3] 该工具共有五个分维度，包括自我意识、自我管理、社会意识、关系管理和负责任决策，共 21 个题项具有良好信效度，但该工具尚未在研究中广泛使用。

《教师"社会－情绪能力"量表》（Social-Emotional Competence Teacher Rat-

① GROSS J J, JOHN OP. Individual differences in two emotion regulation processes：implications for affect，relationships，and well-being［J］. Journal of personality and social psychology，2003，85（2）：348－362.

② BOYATZIS R，GOLEMAN D. Emotional and social competence inventory［M］. Boston，MA：The Hay Group，2007.

③ YODER N. Self-assessing social and emotional instruction and competencies：a tool for－teachers［EB/OL］.（2014－2－1）［2021－7－31］. https：//www. air. org/ resource/ self-assessing-social-and-emotional-instruction-and-competencies-tool-teachers/.

ing Scale,SECTRS):美国俄勒冈大学的汤姆(Tom)在其博士毕业论文中编制了教师"社会-情绪能力"量表(Social-Emotional Competence Teacher Rating Scale,SECTRS),并对302名教师进行了施测。① SECTRS共有25个项目,分为师生关系、情绪管理、社会意识及社会互动四个维度。该量表的信效度较高,为测得教师社会情绪能力状况提供了初步工具,但是在中国样本中使用需要将其本土化,使之更适应中国教师的心理特性。

国内研究者尝试自编本土化的测量工具,比如,2021年杨传利等人的研究中阐述了教育部社会情绪学习项目组编制的《教师社会情绪能力调查问卷》,该问卷旨在从自我、他人和集体三个方面考察教师的社会情绪能力,包括自我认知、管理等六个维度;②穆田云为了解上海市小学教师社会情绪能力,编制了《教师社会情绪能力量表》,该量表具有五个维度:自我认知、自我管理、社会认知、人际交往、负责任决策;③王佳编制《中小学教师社会情绪能力问卷》,包含自我管理、社会意识、社会互动以及负责任决策四个维度;④于书洋参考社会情绪学习理论以及《特拉华社会与情绪能力量表中文版》,自编《小学教师社会与情绪能力量表》,该量表包含四个维度:自我识别、自我调节、他人识别和人际交往;⑤叶晓乐基于社会情绪学习理论形成《小学教师社会情绪能力量表》,包含了五个维度,分别为自我识别、自我管理、识别他人、人际交往和负责任的决策。⑥ 除此之外,有研究者为了解培智学校教师的社会情绪能力,编制培智学校教师的社会情绪能力测评问卷,问卷包括自我意识、社会意识、人际技能和负责任决策四

---

① TOM K. Measurement of teachers' social-emotional competence:development of the social-emotional competence teacher rating scale[D]. Eugene:University of Oregon, 2012.

② 杨传利,蓝筱梦,吕玉敏.西部农村中小学教师社会情感能力:一项基于广西640名教师的实证调查[J].现代中小学教育,2021,37(4):83-89.

③ 穆田云.上海市小学教师"社会-情绪能力"的现状与问题研究[D].上海:上海师范大学,2017.

④ 王佳.中小学教师的社会情绪能力的问卷编制与应用研究[D].上海:上海师范大学,2020.

⑤ 于书洋.小学教师社会与情绪能力发展及与职业幸福感关系研究[D].长春:东北师范大学,2019.

⑥ 叶晓乐.小学教师社会情绪能力对职业认同的影响研究[D].长春:东北师范大学,2021.

个维度,20 道题目。① 现介绍几种国内相关工具:

《情绪智力量表》②:黄熾森和罗胜强 2002 年编制的中文版情绪智力量表,该量表包括自我情绪评估、他人情绪评估、情绪控制和情绪运用四个维度,共有 16 个项目。

《教师社会情绪能力量表》③:穆田云为了解上海市小学教师社会情绪能力,采用心理测量学的相关技术,自编《教师社会情绪能力量表》,最终确定为包含 17 个项目,其中包括自我认知能力、自我管理能力、社会认知能力、人际交往能力和负责任的决策能力五个维度。

《中小学教师社会情感能力问卷》④:王誉榕自编《中小学教师社会情绪能力问卷》,包括自我认知、自我调控、社会认知、人际交往、负责任决策五个维度,共由 38 个题项组成。该问卷具有良好的信效度。

目前对教师的测量在很大程度上忽视了师生互动的情绪方面,而测量应该是使教师更了解学生的需求,并促使成功的课堂社会互动(即关于学生异质性的知识、课堂管理的策略和激励学生)。⑤ 因此,有研究者开发了理论驱动的情景判断测试(Test of Regulation in and Understanding of Social Situations in Teaching,TRUST)。TRUST 由教师在与学生互动时面临情绪和社会挑战的简短场景描述组成。对于每个场景,提出了四种潜在的反应,并要求参与者评估这些反应在调节自己情绪或建立和维持积极的师生关系方面的有效性。在与在职教师和学校心理学家的专家样本进行的初步研究中,测试了情景、反应选择和编码方案的适当性。该测试的优点主要包括:首先,提供了一种相对

① 桂梦宇.培智学校教师社会情感能力及其与教学效能感、工作满意度关系研究[D].上海:华东师范大学,2022.

② WONG C S,LAW K S. The effects of leader and follower emotional intelligence on performance and attitude:an exploratory study[J]. The leadership quarterly,2002,13(3):243 - 274.

③ 穆田云.上海市小学教师"社会 - 情绪能力"的现状与问题研究[D].上海:上海师范大学,2017.

④ 王誉榕.中小学教师社会情感能力发展及与职业倦怠感关系研究[D].武汉:华中师范大学,2021.

⑤ ALDRUP K, CARSTENSEN B, KÖLLER M M, et al. Measuring teachers' social-emotional competence:development and validation of a situational judgment test[J]. Frontiers in psychology,2020, 11:1 - 22.

客观的测试,而不是自我报告的问卷,它更有可能有效地预测课堂上的社会行为,并且有效避免常见的方法偏差;其次,情境判断测试是一种广泛而有效的心理测试方法,TRUST是一种深入衡量社交情绪能力的工具,一种比较全面的测评工具,可以评估尽责性、组织能力、成长心态、适应能力、同理心和情绪调节的综合指标。

综上,目前测评工具主要适用对象是中小学教师。而幼儿园教师具有特殊的职业特性,例如:不同于中小学教师,幼儿园教师面对的教育对象是3~6岁的幼儿,各方面能力正处于发展阶段,幼儿园教师不仅要做好教育工作,还要做好保育工作。另外,与城市幼儿园比较,乡村幼儿园环境、资源配备都相对落后,给乡村幼儿园教师的心理也会带来一定的落差,这对乡村幼儿园教师的情绪能力提出更高的要求。因此,已有的中小学教师社会情绪能力问卷对幼儿园教师来说并不适切,故有必要编制专门的测量工具对其进行测量。

第二节　乡村幼儿园教师社会情绪能力量表的编制

一、研究目的

本研究根据已有的社会情绪能力量表,基于已有的相关理论,并结合访谈法及专家咨询编制适用于乡村幼儿园教师的社会情绪能力测量问卷,通过因素分析及信效度检验,对题目进行修改调整,形成符合心理测量学标准的测量工具,为调查乡村幼儿园教师社会情绪能力提供工具支持。

二、研究程序

1. 问卷维度的设定

通过对已有的社会情绪能力文献进行梳理整合,对教师社会情绪能力的概念发展、作用效果及测量工具等内容有了系统的了解,为本研究的开展奠定了理论基础。以往的研究者根据研究的需要,开发了适用于中小学教师群体的社会情绪能力调查问卷。虽然幼儿园教师群体的社会情绪能力具有独特性,但与中小学教师群体仍存在一些共性,如自我意识、自我管理等维度,这为本研究编制乡村幼儿园教师社会情绪能力的问卷提供了基础。

本研究中问卷各维度的操作性定义为:乡村幼儿园教师的自我认知能力是指教师具备感知自我情绪的能力,以及了解自身或其他人优点和缺点的能力;自我管理能力是指教师具备管理自我情绪,处理教育工作压力,制定发展目标并为之努力的能力;社会认知能力是指教师应具有同理心,感同身受、尊重幼儿个体差异的能力;人际交往能力是指教师具备与幼儿、同事、家长建立健康人际关系的能力;负责任决策能力是教师能够准确评估各种状况,并做出适当决策的能力。

2.初测问卷的编制

(1)研究方法

①访谈法:根据访谈提纲对选取的10名乡村幼儿园教师进行访谈,访谈内容围绕提纲中涉及的问题展开。如:如果工作压力较大时,你的情绪会有什么变化? 那么你又会怎么应对和调节呢? 访谈过程中灵活调整问题顺序,并根据访谈者的反馈与建议,对访谈提纲进行修订,进而形成正式的访谈提纲。

②专家咨询:专家咨询的具体操作过程主要是将编制的问卷提交给相关专家进行审阅,包括3位学前教育领域和心理学领域教授、副教授以及5位具有丰富实践经验的幼儿园教师。专家围绕以下方面提出建议:问卷题目的表述是否简洁、无歧义、可以测量出五种能力;问卷的题目是否体现了乡村幼儿园教师的工作特性;问卷的题目维度归属是否合理科学等。根据专家的改进建议对问卷进行调整。

(2)测评形式

本研究主要采用自陈问卷的形式,理由如下:研究所测量的社会情绪能力是个体的一种主观感受、态度与体验,在外界环境中能更好地得到体现,自陈问卷的形式使得研究对象在填写时心理压力较小,能更真实地反映自己的内心体验。

(3)计分标准

编制的社会情绪能力问卷采用Likert五点计分,从1到5代表从"非常不符合"到"非常符合"。测验过程中被试根据实际的心理情绪进行作答,测验结束后计算被试总分,总分的高低体现出被试社会情绪能力的高低。

（4）题目设置

基于现有研究成果,结合本研究中乡村幼儿园教师社会情绪能力的五个维度,参考国内外教师情绪能力量表中设置的题项以及访谈结果,设计问卷题目。本研究设定每个维度的题目不少于 3 个。在编制问卷的过程中,始终坚持题目表述简洁、准确、无歧义的原则,最终形成的初测问卷包含 40 个题目。

（5）初测问卷的形成

综合以上步骤编制的乡村幼儿园教师社会情绪能力初测问卷包括以下三部分:

指导语:主要是向被试介绍研究人员所在单位及调查的目的与内容,以确保被测量的乡村幼儿园教师能够积极配合。

教师基本信息:为了便于进行数据处理,本研究将教师基本信息放在问卷的开头,其内容主要涉及乡村幼儿园教师的执教年龄段及其学历等。

测量题目:初测问卷保留 40 个题项,其中 36 个题目为正向计分,4 个题目为反向计分。具体的题项答案设置采用 Likert 五点计分,每个题项包含从 1（非常不符合）到 5（非常符合）五个不同程度的答案。

3. 初测问卷的施测

（1）研究对象

采用整群抽样方法,选取陕西省部分乡村幼儿园的教师为研究对象,得到有效问卷 381 份。研究对象的具体信息见表 3 - 2:

表 3 - 2　研究对象的基本信息

人口学变量	维度	频数	百分比（%）
	男性	16	4.2
性别	女性	321	84.3
	缺失值	44	11.5

人口学变量	维度	频数	百分比(%)
学历	初中及以下	15	3.9
	中专(高中)	44	11.5
	大专	139	36.5
	本科及以上	182	47.8
	缺失值	1	0.3
年龄	25 岁及以下	75	19.7
	26~30 岁	138	36.2
	31~35 岁	68	17.8
	36~40 岁	49	12.9
	41 岁及以上	37	9.7
	缺失值	14	3.7

（2）研究工具

《乡村幼儿园教师社会情绪能力问卷》初测版 40 题。

（3）施测程序

笔者向被调查的乡村幼儿园教师发放初测问卷,并要求其在一定时间内完成问卷。在被试填写问卷之前,笔者须向其介绍问卷的填写方式和需要注意的问题,且在完成问卷时不与其进行沟通,消除不必要的干扰。

（4）数据处理

主要采用 SPSS 软件对收集到的乡村幼儿园教师社会情绪能力初测问卷的数据进行项目及探索性因素分析,筛选出不合格的题目。

三、初测问卷检验

（1）项目分析

①临界比率值

临界比率(Critical Ratio,又称 CR 值)用来衡量编订问卷的项目区分度。本研究中,研究对象是 381 名乡村幼儿园教师,将被试的量表总分进行降序排列,设定 27% 为临界点。数值 1 用来代表"低分组",具体指总分 150 分以下的观察对象,数值 2 用来代表"高分组",具体指总分在 173 分以上的研究对象。接着对 1 代表的"低分组"和 2 代表的"高分组"展开独立样本检验,用来探讨"低分组"和"高分组"的研究对象是否在问卷题目的得分上存在差异。如果表现出明显差异,表明乡村幼儿园教师社会情绪能力初测问卷的题目有区分度,予以保留;如果不存在明显差异,则删除。

通过上述操作对乡村幼儿园教师社会情绪能力初测问卷的"低分组"和"高分组"进行独立样本检验,结果显示,题目 10($p > 0.05$)在"低分组"和"高分组"中无显著差异,故将其删除。结合题目 10 的具体表述,发现该题为反向计分题目,题目的表述方式与其他题目存在较大出入,这可能导致乡村幼儿园教师在填写问卷时较为敏感,致使差异不显著。

②题总相关系数

题总相关系数是用来衡量乡村幼儿园教师社会情绪能力初测问卷中的各题目与社会情绪能力问卷总分之间的同质性的程度。具体是将问卷中的各题目分数与问卷的总分做相关性分析,将两者间相关性系数低于 0.400 的题目删除。[①] 通过相关性分析,结果显示,问卷中题目 1(0.323)、12(0.311)、33(0.084)、39(0.099)与总问卷的相关性系数均低于 0.400,说明以上题目与总分相关性较低,即同质性较低,均予以删除。

(2)探索性因素分析

通过对临界比率和题总相关系数分析后,为了检验乡村幼儿园教师社会情绪能力初测问卷的结构效度,我们对该问卷的五个维度分别展开探索性因素分析。

①适用条件。对乡村幼儿园教师社会情绪能力问卷进行探索性因素分析时需满足两个条件:第一,问卷调查的样本数量要充足。有学者认为,在进行因

---

① 穆田云.上海市小学教师"社会-情绪能力"的现状与问题研究[D].上海:上海师范大学,2017.

素分析时,题项与受试者的比例最好为 1∶5,受试样本总数不得少于 100 人。[①]

对本研究中,探索性因素分析的样本量为 381 名乡村幼儿园教师,对初测问卷进行题目删减后保留 35 个题目,因此本研究满足这一条件。第二,在做探索性因素分析前,需要对乡村幼儿园教师社会情绪能力初测问卷数据进行 Bartlett 球形检验,检验该问卷数据的取样适切性(即 KMO 值),若 KMO 值小于 0.50,说明问卷不适合做探索性分析,而当 KMO 值越接近数值 1 时,表明球形检验的近似卡方值(即 χ^2)也越显著,即该问卷越适合做探索性因素分析。

②筛选标准。衡量乡村幼儿园教师社会情绪能力初测问卷的探索性因素分析结果的指标有 3 个,其中第一个指标是项目共同度。该指标体现的是公因子对项目的贡献。如果项目共同度大于 0.40,予以保留;如果共同度小于 0.40,则应删除。第二个指标是项目负荷值。这一指标体现的是项目与公因子间的相关关系,如果该数值越大,说明该题目与公因子的相关关系更强,否则,相关关系越弱。当负荷值小于 0.40 时,则综合考虑是否删除题目。第三个指标是题项数量。要求问卷中每个因子所包含的题项至少需要 3 个。

③维度层面探索性因素分析结果。

维度一:自我认知维度

对乡村幼儿园教师社会情绪能力问卷的自我认知维度的题目进行因素分析,结果见表 3-3。通过取样适切性和 Bartlett 球形检验发现,自我认知维度的取样适切性值(即 KMO)为 0.777,球形检验结果的近似卡方值(即 χ^2)为 473.995,且 $p < 0.001$,达到显著性水平,表明乡村幼儿园教师社会情绪能力问卷中的自我认知维度的题目适合进行探索性分析。

表 3-3　自我认知层面 KMO 值和 Bartlett 球形检验

KMO 取样适切性系数		0.777
Bartlett 球形检验	近似卡方	473.995
	df	10
	Sig	0.000

[①] 吴明隆.问卷统计分析实务:SPSS 操作与应用[M].重庆:重庆大学出版社,2015.

由图 3 - 1 可知,从第二个组件号开始,碎石图曲线逐渐走向平缓,此结果表明采取主成分分析法对自我认知维度提取出一个公因子是合适的。另外,4、7、8、13、18 题目在此维度上的负荷都高于 0.400,11 题的负荷为 0.286,低于 0.400,予以删除。对剩余 4、7、8、13、18 题目再次进行因子分析,此时 KMO 为 0.777,Bartlett 球形检验中近似卡方值为 437.995,df 为 10,$p < 0.001$,达到显著性水平,另外,自我认知维度中题目的负荷均大于 0.500,特征值为 2.610,大于 1,累积方差解释率为 52.207%,且共同度也均大于 0.400,题目 18 为 0.389,但接近 0.400,先予以保留。(表 3 - 4)

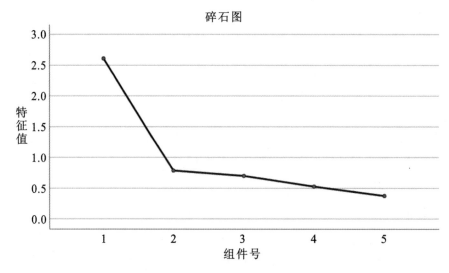

图 3 - 1　自我认知维度因子碎石图

表 3 - 4　自我认知维度层面因素分析结果

题号	因子负荷	共同度
4	0.704	0.496
7	0.749	0.561
8	0.825	0.681
13	0.696	0.484
18	0.623	0.389
特征值	2.610	
累积方差解释率(%)	52.207	

维度二：自我管理维度

对乡村幼儿园教师社会情绪能力问卷的自我管理维度的题目进行因素分析，结果见表3-5。通过取样适切性和Bartlett球形检验发现，自我管理维度的取样适切性值（即KMO）为0.901，球形检验结果的近似卡方值（即χ^2）为1147.906，$p < 0.001$，达到显著性水平，表明乡村幼儿园教师社会情绪能力问卷的自我管理这一维度中的题目适合进行探索性分析。

表3-5　自我管理层面 KMO 值和 Bartlett 球形检验

KMO 取样适切性系数		0.901
	近似卡方	1147.906
Bartlett 球形检验	df	21
	Sig	0.000

由图3-2可以看出，从第二个组件号开始，碎石图曲线逐渐趋于平缓，说明自我管理维度采取主成分分析法提取一个因子是比较适切的。另外，2、3、5、9、12、16、24、30题目在此维度上的负荷都高于0.400，12题的负荷为0.283，低于0.400，予以删除。对剩余2、3、5、9、16、24、30题目再次进行因子分析，此时KMO为0.901，各题项在自我管理维度上的因子负荷均大于0.400，因素分析的特征值为4.036，大于1，方差解释率为57.659%，且共同度均大于0.400。（表3-6）

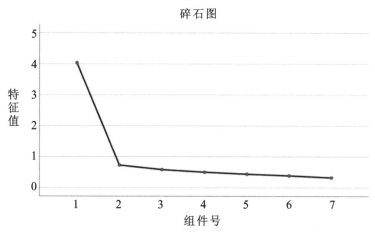

图3-2　自我管理维度因子碎石图

表 3 - 6　自我管理维度层面因素分析结果

题号	因子负荷	共同度
2	0.696	0.484
3	0.810	0.656
5	0.783	0.613
9	0.812	0.659
16	0.768	0.589
24	0.770	0.593
30	0.664	0.442
特征值	4.036	
累积方差解释率(%)	57.659	

维度三:社会认知维度

对乡村幼儿园教师社会情绪能力问卷的社会认知维度的题目进行因素分析,结果见表 3 - 7。通过取样适切性和 Bartlett 球形检验发现,社会认知维度的取样适切性值(即 KMO)为 0.905,球形检验结果的近似卡方值(即 χ^2)为 1470.176,$p < 0.001$,达到显著性水平,表明乡村幼儿园教师社会情绪能力问卷的社会认知维度的题目适合展开探索性分析。

表 3 - 7　社会认知层面 KMO 值和 Bartlett 球形检验

KMO 取样适切性系数		0.905
Bartlett 球形检验	近似卡方	1470.176
	df	28
	Sig	0.000

由图 3 - 3 可知,从第二个组件号开始,碎石图曲线接近平缓,表明采取主成分分析法对社会认知这一维度提取出一个公因子是合理的。另外,该维度题目的因子负荷量均表现出大于 0.400,且社会认知维度题目的特征值为 4.593,大于 1,方差解释率为 57.417%,共同度都大于 0.400。(表 3 - 8)

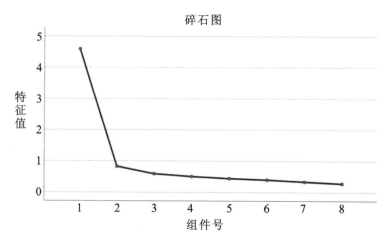

图 3 - 3 社会认知维度因子碎石图

表 3 - 8 社会认知维度层面因素分析结果

题号	因子负荷	共同度
15	0.799	0.639
17	0.782	0.611
20	0.684	0.468
25	0.797	0.635
26	0.762	0.581
29	0.758	0.574
34	0.711	0.505
35	0.762	0.581
特征值	4.593	
累积方差解释率(%)	57.417	

维度四:人际交往维度

对乡村幼儿园教师社会情绪能力问卷的人际交往维度的题目进行因素分析,结果见表 3 - 9。通过取样适切性和 Bartlett 球形检验发现,人际交往维度的取样适切性值(即 KMO)为 0.910,球形检验结果的近似卡方值(即 χ^2)为 1432.942,$p < 0.001$,达到显著性水平,表明乡村幼儿园教师社会情绪能力问卷的人际交往维度的题目适合展开探索性分析。

表 3 - 9　人际交往层面 KMO 值和 Bartlett 球形检验

KMO 取样适切性系数		0.910
Bartlett 球形检验	近似卡方	1432.942
	df	28
	Sig	0.000

由图 3 - 4 可知,从第二个组件号开始,碎石图曲线接近平缓,此结果表明采取主成分分析法对人际交往维度提取出的公因子是一个。另外,这一维度题目的因子负荷量均大于 0.400,特征值为 4.584,大于 1,方差解释率为 57.294%,且共同度均大于 0.400。(表 3 - 10)

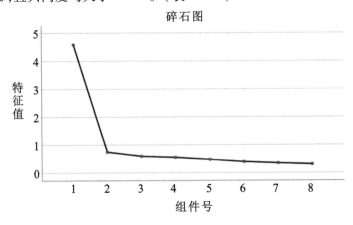

图 3 - 4　人际交往维度因子碎石图

表 3 - 10　人际交往维度层面因素分析结果

题号	因子负荷	共同度
6	0.678	0.459
14	0.809	0.654
19	0.719	0.516
21	0.762	0.581
23	0.724	0.524
36	0.783	0.614
37	0.772	0.597
40	0.799	0.639

题号	因子负荷	共同度
特征值	4.584	
累积方差解释率(%)	57.294	

维度五:负责任决策维度

对乡村幼儿园教师社会情绪能力问卷的负责任决策维度的题目进行因素分析,结果见表3-11。通过取样适切性和 Bartlett 球形检验发现,负责任决策维度的取样适切性值(即 KMO)为0.870,球形检验结果的近似卡方值(即χ^2)为1059.183,$p<0.001$,达到显著性水平,表明乡村幼儿园教师社会情绪能力问卷的负责任决策维度的题目适合展开探索性分析。

表3-11　负责任决策层面 KMO 值和 Bartlett 球形检验

KMO 取样适切性系数		0.870
Bartlett 球形检验	近似卡方	1059.183
	df	15
	Sig	0.000

由图3-5可知,从第二个组件号开始,碎石图曲线接近平缓,此结果表明采取主成分分析法对负责任决策维度提取出一个公因子是合适的。另外,负责任决策维度题目的因子负荷均大于0.400,特征值为3.711,大于1,方差解释率为61.857%,且共同度均大于0.400。具体见图3-5和表3-12:

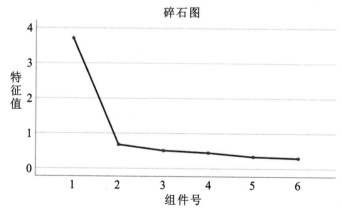

图3-5　负责任决策维度因子碎石图

表3-12　负责任决策维度层面因素分析结果

题号	因子负荷	共同度
22	0.829	0.687
27	0.792	0.628
28	0.815	0.664
31	0.751	0.565
32	0.813	0.661
38	0.712	0.507
特征值	3.711	
累积方差解释率(%)	61.857	

经过探索性因素分析,重新编题号后,最终保留自我认知、自我管理、社会认知、人际交往和负责任决策5个维度共34题,其中维度1为自我认知,共5题,包括题目3、6、7、9、14;维度2为自我管理,共7题,包括题目1、2、4、8、12、20、26;维度3为社会认知,共8题,包括题目11、13、16、21、22、25、29、30;成分4为人际交往共8题,包括题目5、10、15、17、19、31、32、34;维度5为负责任决策,共6题,包括题目18、23、24、27、28、33。

四、正式问卷检验

1)研究方法

(1)研究对象

乡村幼儿园教师社会情绪能力问卷正式施测的样本量需要大于350名乡村幼儿园教师。本研究选取陕西、四川、新疆三地的部分乡村幼儿园教师为研究被试,以班级为单位进行整群抽样,整理筛选后得到有效问卷429份。研究对象的基本信息见表3-13:

表3-13　研究对象的基本信息

人口学变量	维度	频数	百分比(%)
	男性	14	3.3
性别	女性	410	95.6
	缺失值	5	1.1

人口学变量	维度	频数	百分比(%)
学历	中专(高中)及以下	44	10.3
	大专	182	42.4
	本科及以上	193	45.0
	缺失值	10	2.3
教龄	不满1年	46	10.7
	1~5年	193	45.0
	6~10年	120	28.0
	11~15年	19	4.4
	16年及以上	45	10.5
	缺失值	6	1.4
年龄	25岁及以下	87	20.3
	26~30岁	150	35.0
	31~35岁	89	20.7
	36~40岁	48	11.2
	41岁及以上	38	8.9
	缺失值	17	3.9
执教年龄段	托班	2	0.5
	小班	153	35.7
	中班	121	28.2
	大班	137	31.9
	其他(保健处)	2	0.5
	缺失值	14	3.2

（2）研究工具

经过项目分析与各维度层面的探索性因素分析,对乡村幼儿园教师社会情绪能力问卷的题目进行修改、调整,最后形成《乡村幼儿园教师社会情绪能力正

式问卷》,见表3-14:

表3-14　正式问卷题目编号

维度	题目编号
自我认知	3,6,7,9,14
自我管理	1,2,4,8,12,20,26
社会认知	11,13,16,21,22,25,29,30
人际交往	5,10,15,17,19,31,32,34
负责任决策	18,23,24,27,28,33

(3)施测程序

笔者向研究对象发放问卷,作答前告知其答题要求,且要求在一定的时间范围内完成问卷,在作答过程中消除对教师的干扰。

(4)数据分析

采用 SPSS Statistics 26.0 对收集到的乡村幼儿园教师社会情绪能力数据进行信度检验。另外,使用 AMOS 24.0 软件检验正式问卷的效度。

2)信效度检验

(1)内部一致性信度

一般而言,一份优良的教育测验至少应该具有0.800以上的信度系数才比较具有使用的价值。[①] 本研究采用克隆巴赫 α 系数和折半信度来检验问卷的信度,结果显示乡村幼儿园教师社会情绪能力问卷的克隆巴赫系数为0.953,五个维度的克隆巴赫系数也均大于0.700。同时,乡村幼儿园教师社会情绪能力问卷的折半信度值为0.914,五个维度的折半信度也均大于0.680。以上克隆巴赫 α 系数和折半信度的数据结果表明,乡村幼儿园教师社会情绪能力问卷的可靠性较好,为后续的研究提供了测量工具。具体结果见表3-15:

---

① 吴明隆.问卷统计分析实务:SPSS 操作与应用[M].重庆:重庆大学出版社,2015.

表3-15 问卷的信度指标

信度	自我认知	自我管理	社会认知	人际交往	负责任决策	总问卷
克伦巴赫 α 系数	0.725	0.827	0.868	0.848	0.798	0.953
折半信度	0.682	0.774	0.854	0.796	0.793	0.914

（2）结构效度

为了检验乡村幼儿园教师社会情绪能力的结构效度，对该问卷进行了验证性因素分析。衡量结构效度的指标中，卡方拟合优度（χ^2/df）越接近1，近似误差均方根（RMSEA）越接近0，剩余的相对拟合指数（NFI,IFI,TLI,CFI）越接近1，或者至少在0.80以上，说明该问卷的结构具有较好的拟合度。

由表3-15可知，本研究建构的乡村幼儿园教师社会情绪能力的五维结构（图3-6）的 χ^2/df 为2.438，小于5，接近1，RMSEA 为0.058，小于0.08，接近0，NFI、IFI、TLI以及CFI的结果均在0.80以上。以上结果表明该问卷的结构拟合性较好。

表3-16 验证性因素分析结果

	χ^2/df	RMSEA	NFI	IFI	TLI	CFI
模型	2.438	0.058	0.826	0.890	0.879	0.889

（3）区分效度

由表可知，该问卷的自我认知、自我管理、社会认知、人际交往与负责任决策五个维度间表现出显著的相关性（$p < 0.001$），相关系数小于0.500，另外，维度间的相关系数还小于各维度的 AVE 的平方根，由此表明乡村幼儿园教师社会情绪能力问卷各个维度间具有相关性，同时又体现出了区分度，即乡村幼儿园教师社会情绪能力问卷的区分效度较理想。具体结果见表3-17：

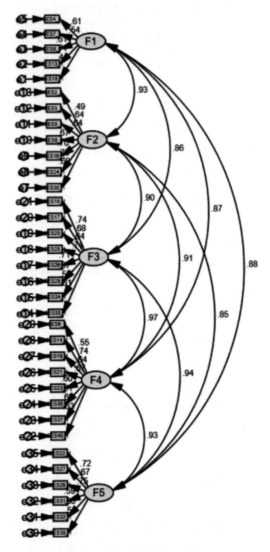

图 3 - 6　验证性因素分析模型

表 3 - 17　维度间的区分效度

维度	自我认知	自我管理	社会认知	人际交往	负责任决策
自我认知	0.349				
自我管理	0.127 ***	0.409			
社会认知	0.108 ***	0.149 ***	0.456		

维度	自我认知	自我管理	社会认知	人际交往	负责任决策
人际交往	0.125 ***	0.170 ***	0.168 ***	0.414	
负责任决策	0.109 ***	0.140 ***	0.142 ***	0.159 ***	0.417
AVE 的平方根	0.591	0.640	0.675	0.643	0.646

注：*** 代表 $p < 0.001$；对角线代表 AVE 评价方差变异抽取量。

（4）聚敛效度

根据表 3 - 18 可知，自我认知、自我管理、社会认知、人际交往和负责任决策五个维度包含的题目对应的因子荷载基本均大于 0.45，且组合信度均大于 0.7，表明各子维度中包含的题目对该维度的集中程度较好，具有一定的代表性，聚敛效度较好。

表 3 - 18 因子荷载、组合信度

路径			因子荷载	CR	AVE
SES18	<---	F1	0.443		
SES13	<---	F1	0.713		
SES8	<---	F1	0.608	0.724	0.349
SES7	<---	F1	0.541		
SES4	<---	F1	0.614		
SES30	<---	F2	0.617		
SES24	<---	F2	0.699		
SES16	<---	F2	0.703		
SES9	<---	F2	0.669	0.828	0.409
SES5	<---	F2	0.635		
SES3	<---	F2	0.641		
SES2	<---	F2	0.49		

续表

路径			因子荷载	CR	AVE
SES35	<---	F3	0.612		
SES34	<---	F3	0.587		
SES29	<---	F3	0.668		
SES26	<---	F3	0.71	0.869	0.456
SES25	<---	F3	0.745		
SES20	<---	F3	0.637		
SES17	<---	F3	0.682		
SES15	<---	F3	0.743		
SES40	<---	F4	0.634		
SES37	<---	F4	0.691		
SES36	<---	F4	0.607		
SES23	<---	F4	0.6	0.849	0.414
SES21	<---	F4	0.674		
SES19	<---	F4	0.636		
SES14	<---	F4	0.736		
SES6	<---	F4	0.548		
SES38	<---	F5	0.513		
SES32	<---	F5	0.598		
SES31	<---	F5	0.589	0.808	0.417
SES28	<---	F5	0.752		
SES27	<---	F5	0.671		
SES22	<---	F5	0.719		

第三节 研究讨论

通过项目分析、探索性因素分析、信度检验及效度检验发现,乡村幼儿园教师社会情绪能力问卷的结构较为合理,且具有良好的信效度,可以应用于乡村幼儿园教师社会情绪能力的测量。

一、乡村幼儿园教师社会情绪能力问卷的结构

本研究在教师社会情绪能力的理论和相关研究基础上,从自我认知、自我管理、社会认知、人际交往和负责任决策五个维度来开发乡村幼儿园教师社会情绪能力问卷。根据调查数据的探索性因素分析、验证性因素分析、结构效度分析、信度分析等结果可知,量表具有良好的维度结构、内部一致性信度和结构效度,从实证的角度支持了乡村幼儿园教师社会情绪能力五维结构的合理性。相比于已有的教师社会情绪能力量表,该问卷在结构中加入负责任决策维度。相较于其他学段教师,幼儿园教师面对的群体是自我保护能力较弱的幼儿,且基于整个乡村生态环境,因此无论是组织教学活动还是日常生活活动,对乡村幼儿园教师准确判断、识别环境以及评定环境中可能的影响因素的能力要求更高。正是基于教育对象与教育环境的特殊性,问卷设置负责任决策这一维度,使适用对象更具有针对性。

另外,本研究中的问卷与国内研究者穆田云编制的中小学教师社会情绪能力问卷结构较相似。但在具体题项设置上更体现出幼儿园教师社会情绪能力的特殊性,如在社会认知维度包含"我能够欣赏并尊重不同幼儿的差异性"、人际交往维度包含"我能根据每个幼儿的性格特点进行针对性的沟通"。综合已有研究结果发现,本研究的五维结构相对于已有的社会情绪能力问卷结构具有较好的综合性,五个维度之间相互联系、互相作用,可以作为测量乡村幼儿园教师社会情绪能力的工具。

二、乡村幼儿园教师社会情绪能力问卷的信效度

在编制初测问卷的过程中,为了提高问卷题目的内容效度,根据专家对问卷题目的表述是否能测量社会情绪能力的技能,是否符合乡村幼儿园教师的工作特点等方面提出的修改意见,对题目进行修改、调整。经过修改后,对初始问

卷进行探索性因子分析,删除不合格的题目,形成正式问卷,进行大样本的实测,通过对总问卷和问卷各个维度进行内部一致性系数检验发现,该问卷总体的同质性系数为 0.953,各维度的同质性系数也均大于 0.70,总问卷的分半信度值为 0.914,各个维度的折半信度系数也均大于 0.68,由此表明问卷信度较高,表示测量收集到的结果较为稳定。为了考察乡村幼儿园教师社会情绪能力问卷的效度,采用 AMOS 软件验证整体问卷的结构效度。结果显示,相对拟合指数(CFI 和 TLI)和近似误差均方根指数(RMSEA)都达到了可以接受的统计学标准。另外,通过区分效度和聚敛效度进一步检验问卷题目的有效性,对该问卷的题目展开区分效度和聚敛效度检验,结果发现,维度间具有显著的相关性,又具有相对的独立性,题目的代表性也较好,但维度一组合信度值相对于其他维度较低,可能是维度一经过探索性因素分析之后所包含题目较少所致。综上所述,证明本研究编制的乡村幼儿园教师社会情绪能力问卷的效度较好。

第四章

乡村幼儿园教师社会情绪能力现状分析

第一节　研究设计

一、研究目的

本研究以第三章编制的《乡村幼儿园教师社会情绪能力问卷》作为测量工具，调查分析乡村幼儿园教师社会情绪能力的整体现状特点，并分析不同年龄、学历、教龄、执教年龄段的乡村幼儿园教师在社会情绪能力上是否存在差异。

二、研究对象

研究对象为 429 名乡村幼儿园教师。具体的人口学变量和基本信息见表 4-1：

表 4-1　研究对象的基本信息

人口学变量	维度	频数	百分比（%）
性别	男性	14	3.3
	女性	410	95.6
	缺失值	5	1.1
学历	中专（高中）及以下	44	10.3
	大专	182	42.4
	本科及以上	193	45.0
	缺失值	10	2.3

人口学变量	维度	频数	百分比(%)
教龄	不满1年	46	10.7
	1~5年	193	45.0
	6~10年	120	28.0
	11~15年	19	4.4
	16年及以上	45	10.5
	缺失值	6	1.4
年龄	25岁及以下	87	20.3
	26~30岁	150	35.0
	31~35岁	89	20.7
	36~40岁	48	11.2
	41岁及以上	38	8.9
	缺失值	17	3.9
执教年龄段	托班	2	0.5
	小班	153	35.7
	中班	121	28.2
	大班	137	31.9
	其他	2	0.5
	缺失值	14	3.2

三、研究工具

使用自编的《乡村幼儿园教师社会情绪能力问卷》，该问卷共包含34个题目。其中自我认知维度5题，自我管理维度7题，社会认知维度8题，人际交往维度8题，负责任决策维度6题。采用Likert 5点计分，从"非常不符合"到"非常符合"。此外，本研究使用访谈法作为补充探索乡村幼儿园教师社会情绪能力的深层影响因素。

四、数据分析

1. 量化数据分析

采用 SPSS Statistics 26.0 对收集到的乡村幼儿园教师社会情绪能力数据进行描述性统计,并进一步对这些数据在人口学变量(年龄、学历、执教年龄段、教龄)上作差异分析。

2. 质性数据分析

本研究对乡村幼儿园教师进行访谈,访谈过程全程录音、转录为文本,基于问题与教师的回应提炼主题,再基于主题以深入分析社会情绪能力的现状。

第二节　研究结果

一、乡村幼儿园教师社会情绪能力总体情况

通过描述性统计来反映乡村幼儿园教师社会情绪能力的现状,并分别计算自我认知、自我管理、社会认知、人际交往与负责任决策五个维度的平均值和标准差。从平均值来看,乡村幼儿园教师社会情绪能力总问卷的平均值为141.75;五个维度的平均值分别是 21.061、28.465、33.228、33.486、25.510。具体结果见表 4-2:

表 4-2　描述性统计分析结果

维度	M	SD
自我认知	21.061	2.296
自我管理	28.465	3.459
社会认知	33.228	3.729
人际交往	33.486	3.680
负责任决策	25.510	2.691
总问卷	141.750	14.098

二、乡村幼儿园教师社会情绪能力在各人口学变量上的差异检验

1. 不同学历乡村幼儿园教师社会情绪能力差异检验

为了探究乡村幼儿园教师社会情绪能力在不同学历上是否存在差异,本研究对不同学历的乡村幼儿园教师进行了单因素方差分析。根据结果可以看出,不同学历的乡村幼儿园教师在社会情绪能力的总分及五个分维度上均不存在显著差异($p > 0.05$)。具体结果见表4-3:

表4-3　乡村幼儿园教师的社会情绪能力在不同学历上的方差分析

维度	学历	频数	平均值	标准差	F	显著性
自我认知	中专(高中)及以下	44	20.818	1.980		
	大专	182	21.000	2.436	0.459	0.632
	本科及以上	193	21.155	2.278		
自我管理	中专(高中)及以下	44	28.975	3.372		
	大专	182	28.574	3.424	1.208	0.300
	本科及以上	193	28.179	3.519		
社会认知	中专(高中)及以下	44	33.025	3.388		
	大专	182	33.113	3.915	0.260	0.771
	本科及以上	193	33.356	3.681		
人际交往	中专(高中)及以下	44	33.182	3.273		
	大专	182	33.402	3.764	0.304	0.738
	本科及以上	193	33.611	3.734		
负责任决策	中专(高中)及以下	44	25.560	2.233		
	大专	182	25.711	2.689	1.051	0.350
	本科及以上	193	25.309	2.818		
总问卷	中专(高中)及以下	44	141.596	12.563		
	大专	182	141.800	14.514	0.009	0.991
	本科及以上	193	141.611	14.262		

2.不同执教年龄段乡村幼儿园教师的社会情绪能力差异检验

为了探究乡村幼儿园教师社会情绪能力在不同执教年龄段上是否存在差异,本研究对不同执教年龄段的乡村幼儿园教师进行方差分析。根据结果可以看出,不同执教年龄段的乡村幼儿园教师在五个维度及社会情绪能力总问卷上均不存在显著的差异。具体结果见表4-4:

表4-4 乡村幼儿园教师的社会情绪能力在不同执教年龄段上的方差分析

维度	年龄段	频数	平均值	标准差	F	显著性
自我认知	托班	2	22.365	2.312		
	小班	153	21.133	2.356		
	中班	122	20.714	2.385	1.953	0.101
	大班	136	21.324	2.020		
	其他	2	23.500	2.121		
自我管理	托班	2	29.532	4.905		
	小班	153	28.693	3.416		
	中班	122	28.019	3.474	1.701	0.149
	大班	136	28.641	3.349		
	其他	2	33.000	2.828		
社会认知	托班	2	36.500	2.121		
	小班	153	33.261	3.746		
	中班	122	33.141	3.725	0.801	0.525
	大班	136	33.298	3.623		
	其他	2	36.500	4.950		
人际交往	托班	2	37.219	3.934		
	小班	153	33.522	3.734		
	中班	122	33.340	3.754	1.368	0.244
	大班	136	33.579	3.379		
	其他	2	38.000	2.828		

维度	年龄段	频数	平均值	标准差	F	显著性
负责任决策	托班	2	28.000	2.828		
	小班	153	25.551	2.812		
	中班	122	25.418	2.583	0.773	0.543
	大班	136	25.592	2.561		
	其他	2	27.500	3.536		
总问卷	托班	2	153.615	16.100		
	小班	153	142.159	14.322		
	中班	122	140.631	14.082	1.397	0.234
	大班	136	142.434	13.014		
	其他	2	158.500	16.263		

3. 不同教龄乡村幼儿园教师的社会情绪能力差异检验

为了探究乡村幼儿园教师社会情绪能力在不同教龄上是否存在差异,本研究对不同教龄的乡村幼儿园教师进行了单因素方差分析。根据结果可以看出,不同教龄的乡村幼儿园教师在自我认知、社会认知、人际交往维度上及总问卷上存在显著差异,在其他维度均未达到显著水平。利用 LSD 进行事后多重比较发现:在自我认知维度上,"教龄 1~5 年""教龄 6~10 年"和"教龄 16 年及以上"显著高于"教龄不满 1 年"的乡村幼儿园教师。在社会认知维度中,"教龄 1~5 年""教龄 6~10 年"和"教龄 16 年及以上"的乡村幼儿园教师均显著低于"教龄不满 1 年"的乡村幼儿园教师。另外,在人际交往这一维度上,"教龄不满 1 年""教龄 1~5 年"显著低于"教龄 11~15 年"和"教龄16 年及以上"的乡村幼儿园教师。最后,在社会情绪能力整体上,"教龄 6~10 年"和"教龄 16 年以上"显著高于"教龄不满 1 年"的乡村幼儿园教师。具体结果见表 4-5:

表4-5 乡村幼儿园教师的社会情绪能力在不同教龄上的方差分析

维度	教龄	频数	平均值	标准差	F	显著性	事后检验
自我认知	不满1年	46	20.087	2.317			
	1~5年	193	21.052	2.375			
	6~10年	120	21.498	2.189	3.710**	0.006	1<2,3,5
	11~15年	19	20.445	2.026			
	16年及以上	45	21.309	2.058			
自我管理	不满1年	46	28.237	3.830			
	1~5年	193	28.409	3.481			
	6~10年	120	28.503	3.612	1.860	0.117	
	11~15年	19	27.053	3.308			
	16年及以上	45	29.500	2.460			
社会认知	不满1年	46	31.871	4.037			
	1~5年	193	33.156	3.738			
	6~10年	120	33.822	3.692	2.576*	0.037	1<2,3,5
	11~15年	19	33.631	3.745			
	16年及以上	45	33.687	2.872			
人际交往	不满1年	46	32.435	3.839			
	1~5年	193	33.038	3.775			
	6~10年	120	34.380	3.603	4.24**	0.002	1<3,5
	11~15年	19	33.684	3.367			2<3,5
	16年及以上	45	34.389	2.734			
负责任决策	不满1年	46	25.089	2.776			
	1~5年	193	25.374	2.830			
	6~10年	120	25.877	2.668	1.088	0.362	
	11~15年	19	25.526	2.412			
	16年及以上	45	25.807	2.072			

续表

维度	教龄	频数	平均值	标准差	F	显著性	事后检验
	不满 1 年	46	137.719	14.958			
	1~5 年	193	141.028	14.447			
总问卷	6~10 年	120	144.080	14.126	2.451*	0.046	1<3,5
	11~15 年	19	140.340	12.533			
	16 年及以上	45	144.690	10.717			

注:1=不满 1 年;2=1~5 年;3=6~10 年;4=11~15 年;5=16 年及以上,* 代表 $p <$ 0.05,** 代表 $p < 0.01$,*** 代表 $p < 0.001$。

4. 不同年龄乡村幼儿园教师的社会情绪能力差异检验

为了探究乡村幼儿园教师社会情绪能力在不同年龄上是否存在差异,本研究对不同年龄的乡村幼儿园教师进行单因素方差分析。根据结果可以看出,不同年龄的乡村幼儿园教师在人际交往维度上存在显著差异($p = 0.037 < 0.05$),在自我认知、自我管理、社会认知、负责任决策维度及社会情绪能力总体上均不存在显著差异。通过 LSD 法进行事后多重比较发现:在人际交往维度上,年龄在"26~30 岁""31~35 岁"和"41 岁及以上"显著高于年龄在"25 岁及以下"的乡村幼儿园教师。具体结果见表 4-6:

表 4-6 乡村幼儿园教师的社会情绪能力在年龄上的方差分析

维度	年龄	频数	平均值	标准差	F	显著性	事后检验
	25 岁及以下	87	20.569	2.491			
	26~30 岁	150	21.247	2.280			
自我认知	31~35 岁	89	21.200	2.341	1.483	0.206	
	36~40 岁	48	20.766	2.013			
	41 岁及以上	38	21.056	2.159			
	25 岁及以下	87	27.930	3.353			
	26~30 岁	150	28.556	3.627			
自我管理	31~35 岁	89	28.178	3.799	1.327	0.259	
	36~40 岁	48	28.361	2.839			
	41 岁及以上	38	29.363	2.438			

维度	年龄	频数	平均值	标准差	F	显著性	事后检验
社会认知	25 岁及以下	87	32.377	3.579			
	26~30 岁	150	33.441	3.992			
	31~35 岁	89	33.682	3.943	1.650	0.161	
	36~40 岁	48	32.963	3.053			
	41 岁及以上	38	33.381	3.292			
人际交往	25 岁及以下	87	32.403	3.638			
	26~30 岁	150	33.725	3.957			
	31~35 岁	89	33.800	3.676	2.576*	0.037	1<2,3,5
	36~40 岁	48	33.323	3.004			
	41 岁及以上	38	34.184	3.268			
负责任决策	25 岁及以下	87	25.289	2.736			
	26~30 岁	150	25.373	2.927			
	31~35 岁	89	25.744	2.677	0.500	0.736	
	36~40 岁	48	25.677	2.380			
	41 岁及以上	38	25.717	2.433			
总问卷	25 岁及以下	87	138.569	13.855			
	26~30 岁	150	142.341	15.024			
	31~35 岁	89	142.603	14.762	1.444	0.219	
	36~40 岁	48	141.090	11.513			
	41 岁及以上	38	143.702	12.269			

注:1=25 岁及以下;2=26~30 岁;3=31~35 岁;4=35~40 岁;5=41 岁及以上。

第三节　研究讨论

一、乡村幼儿园教师社会情绪能力总体现状分析

通过对乡村幼儿园教师社会情绪能力的数据进行描述性统计发现,乡村幼

儿园教师社会情绪能力整体得分的平均值较高,并且乡村幼儿园教师社会情绪能力中人际交往和社会认知维度在不同教龄上存在显著差异。其中,人际交往维度在不同年龄段上存在显著差异,与桂梦宇对培智教师社会情绪能力的调查结果大致相同。[①]

具体在各维度中,人际交往维度得分最高,说明乡村幼儿园教师能够与幼儿、家长、同事建立良好的人际关系,遇到人际冲突时,也能积极有效地解决。从乡村幼儿园教师工作的特殊性来看,其教育对象是在学习认知和社会适应等方面正处于发展阶段的 3 ~ 6 岁幼儿,幼儿的社交、情绪等各方面发展水平较低,师幼关系的质量主要取决于幼儿园教师。积极的师幼关系不仅有利于幼儿身心健康成长,也有利于乡村幼儿园教师缓解职业倦怠中的情绪耗竭。[②] 在访谈中,有教师提到:"幼儿园里基本都是留守儿童,而且回家之后爷爷奶奶忙于农活,不能陪他们,所以他们甚至喜欢在幼儿园,在幼儿园里有一起玩的小朋友,并且他们的情绪有不好的时候,我们也能及时发现,与他们沟通交流,这对我们与幼儿的人际交往能力也提出了更高的要求。"

此外,乡村幼儿园教师面对的幼儿家长更多的是祖辈,其教育水平参差不齐,教育理念存在偏差,他们更倾向于听取专业的幼儿园教师具有说服力的教育建议。同时愿意从事乡村幼儿园教育的教师需要具备更多的爱心与耐性,以及很好的理解与沟通表达能力。凭借专业知识与能力,幼儿园教师易获得家长的信任,进而引导他们树立正确的教育观念,建立友好的合作关系,必要时提供情感支持与帮助,表达尊重和适当的关心。此外,人际关系不仅只是与家长、幼儿之间,还体现在教师之间是否能够进行友好合作。教师的人际交往能力恰恰需要建立在与幼儿、家长、同事换位思考的基础上,以建立积极的人际关系,妥善解决人际冲突。在访谈中,有教师提到:"班级里还是有个别长辈比较重视孩子的教育的,他们自己文化程度可能不高,所以遇到一些问题他们会主动问我们怎么去教育,我们也会给予家长建议,时间长了,就会与家长建立起友好合作的关系,家长工作也比较好做。"

但是,拥有良好的人际交往能力并不意味着必然具备较高的自我认知能

① 桂梦宇.培智学校教师社会情感能力及其与教学效能感、工作满意度关系研究[D].上海:华东师范大学,2022.

② 钟燕.幼儿园教师情绪劳动和师幼互动的关系研究[D].上海:华东师范大学,2020.

力。因为自我认知能力在一定程度上考察的是个体感知、理解自身及他人情绪的能力，以及能够清晰地识别自我的兴趣和优劣势，并保持自信心的能力。由于自身教育水平相对较低，且接受的专业发展方面的培训机会较少，乡村幼儿园教师可能能够识别到幼儿的情绪变化，但是在实施针对性改善措施上存在困难。因此，在未来的研究中，应该重点提高乡村幼儿园教师的自我认知能力，探究影响乡村幼儿园教师自我认知能力的原因，并寻找相应的解决方法。在访谈中，有教师谈道："班里孩子有什么情绪变化我基本第一时间都能发现，也会去询问他们怎么了，但是问完之后，我发现我很难采取一个准确的应对方式去改善他们的情绪问题，这是让我很困扰的。"

二、不同年龄的乡村幼儿园教师社会情绪能力差异

不同年龄的乡村幼儿园教师在总的社会情绪能力上不存在显著差异，但在人际交往维度存在显著差异。随着年龄的增长，人际交往能力呈现逐步发展趋势，年龄在31~35岁的乡村幼儿园教师人际交往能力达到峰值，过了35岁出现下降趋势，但是41岁以上乡村幼儿园教师的人际交往水平会再次回升。但31~35岁和40岁以上乡村幼儿园教师的人际交往能力要显著高于30岁以下的乡村幼儿园教师，与已有的培智教师社会情绪能力的研究结果相一致。[①] 新入职的乡村幼儿园教师，由于刚刚步入教育工作岗位，无论是在工作或是生活方面都需面对各种挑战。他们在适应乡村整个大的生态环境下，还需要适应乡村幼儿园工作环境的各种要求，可能既要做好教育工作，也要完成保育工作。此外，还要与多方人员进行人际交往，以获得幼儿、家长、同事以及领导的接纳，这一过程其实也是新手乡村幼儿园教师不断深入社会化的过程，有利于其提升自身的人际交往能力。到达36~40岁年龄阶段，乡村幼儿园教师经历了与幼儿园的"磨合"阶段和事业的"上升期"[②]，此时也会将更多精力投入到家庭当中，并且这一阶段乡村幼儿园教师面临各方面的压力，事业可能进入倦怠期，幼儿园内的人际交往自然也会减少。41岁之后，家庭给乡村幼儿园教师带来的影响相对减少，此时乡村幼儿园教师又将更多精力回归工作岗位，人际交往能力

---

① 桂梦宇.培智学校教师社会情感能力及其与教学效能感、工作满意度关系研究[D].上海：华东师范大学，2022.

② 王佳.中小学教师的社会情绪能力的问卷编制与应用研究[D].上海：上海师范大学，2020.

进一步得到发展。在访谈中,有教师提到:"拿我来说,我刚来幼儿园的时候,对工作的热情很高,不管是工作还是人际都很积极,刚结婚那会儿,还没什么大变化。但有了自己的孩子后,我变化就很大,自己家庭的事情多了,还要管班里的孩子,就容易变得烦躁,对工作的热情一下就降低了,甚至有职业倦怠的情绪了。"

三、不同教龄的乡村园幼儿教师社会情绪能力差异

不同教龄的乡村幼儿园教师在社会情绪能力及自我认知、社会认知、人际交往维度均有显著差异。具体来看,刚工作不到 1 年的乡村幼儿园教师其能力水平显著低于工作 6~10 年以及 16 年以上的有经验的乡村幼儿园教师。结合教师职业发展的周期来分析,每个教师大致都会经历从职初期、成长期、挫败期到稳定期的变化,乡村幼儿园教师社会情绪能力在不同教龄上的差异,也与此观点相符。刚入职的幼儿园教师,伴随着教龄时间的增长,会从日常工作实践中不断积累工作经验,事业的"上升期"也让教师增加了对工作的热情和满意度,对自我的优势与不足有了清晰的认识与了解,也能够妥善处理好与幼儿的关系,明白不同的幼儿以及家长和同事的需求,更能处理好工作中的各种事务。工作 11~15 年的幼儿园教师,其情绪调节与管理的能力明显下降,迎来职业发展的倦怠期。一方面是工作中的因素,由于幼儿园教师面对的 3~6 岁的幼儿,各方面能力发展水平较低,需要幼儿园教师付出更多的情绪劳动。同时,乡村幼儿园的环境与条件具有很大的局限性,且乡村幼儿园教师获得的激励因素和保障因素也较少,比如发展晋升空间有限、薪资待遇低等,这会导致乡村幼儿园教师增加对职业的倦怠等消极情绪。另一方面可能是由于教龄在 11~15 年的乡村幼儿园教师难以将更多精力投入到工作中,此时家庭成为教师的重心,各方面的能力相较于事业"上升期"都会有所下降。在访谈中,有教师提到:"乡村幼儿园本来工作量就比较大,我刚进入幼儿园时还对这个职业充满热情,对职业发展充满期待,时间长了发现,各方面待遇、条件、发展前景都看不到了,渐渐这个工作热情就下降了。"

四、不同学历的乡村幼儿园教师社会情绪能力差异

根据调查研究结果分析,乡村幼儿园教师的社会情绪能力在不同学历水平上不存在显著差异。这表明,乡村幼儿园教师学历水平的高低并不影响其社会情绪能力的水平。可能存在其他影响乡村幼儿园教师社会情绪能力水平的因

素,比如幼儿的发展水平、幼儿园管理者的领导风格等内部因素,以及一些社会因素。[1] 这些因素使得学历水平较低的乡村幼儿园教师也对自我有一个较为清晰的认知,知道自己的不足以及优势,并且与乡村幼儿园环境具有较强的相容性及相适应性,在工作中能增强其自我效能感与自信心,积极友好地与幼儿、家长和同事相处。即便工作中有所不愉快,也会积极调整自己,并且利用业余时间不断学习专业知识,为自己设定发展目标,提高自己的专业水平与学历,实现自我价值。另外,学历较高的乡村幼儿园教师,更对自己所处的乡村幼儿园工作环境、生活环境有清晰的了解,不易受外界干扰,能将更多精力投入到工作中。同时,幼儿和家长的需求易于满足,幼儿园的工作也不会给乡村幼儿园教师带来太多的压力,这让乡村幼儿园教师的情绪较为平静,波动较少。在访谈中,有教师提到:"其实我自己的学历水平也就是专科,虽然说也教了很多年了,但是社会在发展啊,而且每年都有考核,乡村幼儿园就这个条件,学习的机会也不多,所以就必须通过自己在网上找资源学习,给孩子们提供更好的资源,好在我们这里家长事情比较少,家园工作比较好做。"

五、不同执教年龄段的乡村幼儿园教师社会情绪能力差异

根据差异分析结果发现,乡村幼儿园教师的社会情绪能力及各维度在不同执教年龄段上均不存在显著差异。于书洋对小学教师社会情绪能力进行差异分析,也得到了相似的研究结果。[2] 这表明,在乡村幼儿园里托班、小班、中班、大班的乡村幼儿园教师社会情绪能力水平都较为均衡。很大一部分原因在于,乡村幼儿园里教师普遍较缺乏,教师所教年龄段并不是一成不变的,可能是在轮流变换的,小班的教师可能兼任中班、大班教师。同时,在乡村幼儿园里普遍存在小学化现象,不同的教师带不同的科目,教师在不同的年龄班级上课,每天会接触到不同年龄段的幼儿,这对乡村幼儿园教师了解不同年龄段幼儿的身心发展规律与特点具有一定积极的作用,也利于其了解幼儿的个体差异性,识别幼儿的优势与劣势。加上乡村幼儿园里幼儿的流动性较小,较多为祖辈在抚养,对乡村幼儿园教师不会有过多的要求,这会在一定程度上减轻其工作压力,

---

① 张璇.基于扎根理论的幼儿园社会情绪能力研究[D].上海:上海师范大学,2019.

② 于书洋.小学教师社会与情绪能力发展及与职业幸福感关系研究[D].吉林:东北师范大学,2019.

有利于与家长建立起友好的合作关系。另外，与城市幼儿园教师相比，乡村幼儿园教师在教学中做决策的自主性相对更大一些，受羁绊的因素更少。因此在不同执教年龄段这一人口学变量上，社会情绪能力总体情况及各维度均不存在显著差异，在未来的研究中还需要进一步验证。在访谈中，有教师提到："我们这个幼儿园现在是很缺乏老师，根本做不到'两教一保'，好在孩子不是很多，甚至一个幼儿园的孩子我们每个老师基本都认识。如果有个别老师请假，那么剩余老师的工作量也会增大，我们老师可能既要做保育又要教育工作，或者如果大班老师请假，中班老师可能就要临时被放在大班。"

第五章

乡村幼儿园教师社会情绪能力和
职业倦怠的关系

第一节 问题提出

一、乡村幼儿园教师职业倦怠

1. 乡村幼儿园教师职业倦怠的相关研究

职业倦怠感由美国临床心理学家费登伯格(Freudenberger)在 1974 年首先提出,该研究者将从事医疗救护的人员长时间超负荷劳动后身体和心理上产生倦怠,即经受过度的工作时间与工作量的服务行业人员经历的一系列负面状态称之为职业倦怠。本研究采用马斯拉奇(Maslach)对职业倦怠感的界定,即人们在工作中感到情绪衰竭、去个性化和个人成就感低落的综合症状。[①]

通过对乡村幼儿园教师职业倦怠相关研究进行梳理发现,乡村幼儿园教师普遍存在职业倦怠、专业认同感低、挫败感和孤独感较强等不同程度的心理问题。李春良等人以广西地区的农村幼儿园教师为研究对象调查其心理压力,研究结果显示大部分乡村幼儿园教师心理压力水平较高,且心理压力源主要是社会压力、家园配合压力、职业生活压力、自我调控能力等方面。[②] 戴佳坪采用个案研究方法,对福建省新生代农村公办园教师进行考察,研究发现由于硬件设

---

① MASLACH C. A multidimensional theory of burnout[J]. Theories of organizational stress, 1998, 68(85):16.

② 李春良. 农村幼儿教师心理压力解析[J]. 教育导刊, 2019(8):53 – 58.

施不完善,同事之间人际交往等,教师感到挫败感和孤离感,自我效能感较低。[①]
刘慕霞以乡村幼儿园教师为研究对象,调查乡村幼儿园教师职业倦怠现状,结
果发现乡村幼儿园教师普遍存在着职业倦怠感,情感衰竭比较突出,并且工作
压力、人际关系等心理因素与乡村幼儿园教师职业倦怠显著相关。[②] 王慕寒的
研究显示乡村幼儿园教师普遍表现出较高的职业倦怠感,且其心理资本显著负
向预测职业倦怠。[③] 综上,可能由于工作任务重、教学环境与条件的简陋、成长
发展空间的局限等因素,乡村幼儿园教师存在着不同程度的职业倦怠等消极情
绪,并对其心理健康等方面造成了负面影响。

2. 乡村幼儿园教师职业倦怠的预测作用

通过对已有研究进行综述,可以发现幼儿园教师的职业倦怠水平较高便会
产生一系列的不良后果,对教师个人、幼儿发展以及教学质量造成负面影响。

对教师个人的影响方面。职业倦怠主要表现为情绪衰竭、去个性化以及个
人成就感低落三个方面。与幼儿园教师的具体工作经历结合起来探讨可以发
现,职业倦怠直接作用于乡村幼儿园教师个人发展的各个方面。于乡村幼儿园
教师而言,情绪衰竭具体表现为个体情感枯竭,产生疲劳感;去个性化则指的是
在人际关系方面,个体表现出对他人的冷漠、缺乏同情心,在工作中,具体表现
为幼儿园教师在面对幼儿和家长时,态度冷淡、彼此关系生疏;个人成就感低
落,则是从自我评价的角度而言,指在工作中,教师得不到满足感,教学效能感、
工作满意度低。综上,职业倦怠对幼儿园教师个体的身心健康、工作方面均会
产生较大的影响,已然严重阻碍了教师个人的身心健康发展以及教师的专业
成长。

对幼儿发展的影响方面。幼儿园教师的职业倦怠不仅影响着自身的发展,
也与幼儿的身心健康、全面发展密切相关。教师职业倦怠通过师幼互动对幼儿
的发展产生影响,产生了职业倦怠的教师会将其负面情绪带到工作之中,可能
无意识地将情绪倾注于幼儿身上,从而影响幼儿的情绪状态,且不利于良好师
幼关系的形成。另外,如果师生间的关系紧张,缺乏温暖,往往会使幼儿产生抵

---

① 戴佳坪.福建省新生代农村公办园教师精神生活个案研究[D].漳州:闽南师范大学,2020.

② 刘慕霞.乡村幼儿教师职业倦怠现状及其心理应对策略[J].陕西学前师范学院学报,2019,35(7):112-118.

③ 王慕寒.乡村幼儿教师心理资本、核心自我评价与职业倦怠的关系[D].西安:陕西师范大学,2021.

触心理,损害幼儿的身心健康,阻碍其成长发展。

对教学质量的影响方面。已有研究表明职业倦怠对教师的工作热情、人际关系和教学质量均具有消极影响。在工作中,受到职业倦怠困扰的教师缺乏工作的热情,工作积极性降低,在与幼儿园、家长、幼儿之间相处的过程中也充满消极情绪。教师的这一系列不良状态将阻碍其教育教学工作的正常组织与开展,使教学质量得不到应有的保障,严重阻碍了教育目标的实现,最终影响优质教育对幼儿的影响。这不但降低了教学质量,而且对幼儿的成长和发展造成了阻碍。

3. 乡村幼儿园教师职业倦怠的影响因素

已有研究从多方面对影响幼儿园教师职业倦怠的因素进行了探索,总体上可以分为教师个体内部因素以及外部组织环境因素两个方面。其一,教师个体内部因素,如教龄、学历、教学效能感等;其二,外部组织环境因素,如园所性质、编制、组织气氛、人际交往、社会支持等。

教师个体内部因素方面。不同教龄的幼儿园教师职业倦怠水平有显著差异。结合费斯勒(Fessler)的“教师生涯循环论”,从教前几年的“引导阶段”和从教十五年后的“生涯挫折阶段”是教师职业倦怠的易发时期。孙晓露、周春燕的研究发现幼儿园教师受教育程度越高,职业倦怠水平也越高。[①] 不同学历的幼儿园教师自身期望与社会期望不同,学历越高,期望越高,当期望受到现实的阻碍,学历高的幼儿园教师会产生更多的消极情绪,职业倦怠的水平也会相对更高。教学效能感在影响教师职业倦怠的自身因素中一直以来备受关注,已有研究发现,幼儿园教师的教学效能感可以显著预测其职业倦怠。艾洛伊(Aloe)等人通过对16项研究进行的元分析也表明,教师教学效能感与职业倦怠的情感枯竭、非人性化和低成就感显著相关,同时,具有高水平教学效能感的教师呈现较低的职业倦怠。[②] 此外,多项实证研究指出,工作满意度与工作倦怠负相关。康勇军通过探究高校教师的工作满意度、职业倦怠、心理契约三者的关系发现,高校教师的工作满意度能够显著负向预测其职业倦怠感,高水平的工作满意度有利于工作的开展,在压力背景下,个体更愿意继续对工作进行

① 孙晓露,周春燕.人岗匹配程度对幼儿园教师职业倦怠的影响:工作满意度的中介和组织支持感知的调节[J].学前教育研究,2020(1):42-53.

② ALOE A M, AMO L C, SHANAHAN M E. Classroom management self-efficacy and burnout:a multivariate meta-analysis[J]. Educational psychology review,2014,26(1):101-126.

投入与付出,进而降低了职业倦怠感产生的可能性。[①] 并且张建人的研究显示上述研究结果在中小学教师群体同样得到验证,提高教师满意度水平,有助于降低其职业倦怠感。[②] 在王淇的乡村幼儿园教师研究群体中,该研究结果同样适用。[③]

外部组织环境方面。其一,园所性质。已有研究结果显示,公办园教师在情感枯竭维度的均分显著高于民办园教师,公办园和民办园教师的职业倦怠水平有显著差异,这表明不同的办园性质会对就职其中的教师的职业倦怠水平产生影响。其二,编制。黄恒等人通过对城乡教师职业倦怠感影响因素进行差异分析,是否有编制对乡村教师职业倦怠产生的影响较大。[④] 其三,组织气氛。组织气氛是组织环境的一种持久特性,也是影响教师职业倦怠的重要因素。幼儿园的组织气氛是通过幼儿园园长和教师行为的交互作用所形成的,组织气氛会对成员的态度和行为产生影响,良好的组织气氛能减轻教师的职业倦怠。其四,人际交往。当教师与园长和同事之间互相尊重、精诚团结、和睦相处、人际关系融洽、园所氛围和谐时,有助于降低教师的职业倦怠感,利于教师身心健康。其五,社会支持。已有研究表明,社会支持可以抵消工作压力带来的负面影响,进而避免职业倦怠的产生。同时,良好的社会支持系统是个体心理健康的保障,特别是对于乡村幼儿园教师而言,从增加经济收入、提升专业素质以及完善职业晋升机制方面,对其予以充分的保障和社会支持,可以有效减少乡村幼儿园教师职业倦怠的产生。

二、乡村幼儿园教师社会情绪能力与职业倦怠的关系

1. 社会情绪能力与职业倦怠的关系的相关研究

一项对来自不同教育背景的教师进行的研究证实,社会情绪能力是职业倦

---

① 康勇军,屈正良.高职院校教师心理契约与职业倦怠的关系:工作满意度的中介作用[J].中国临床心理学杂志,2011,19(2):234-236.

② 张建人,阳子光,凌辉.中小学教师工作压力、工作满意度与职业倦怠的关系[J].中国临床心理学杂志,2014,22(5):920-922.

③ 王淇.农村幼儿教师职业认同、工作满意度与职业倦怠的调查研究[D].黄石:湖北师范大学,2017.

④ 黄恒,张天雪.城乡教师职业倦怠感的影响因素及其差异研究:基于中国教育追踪调查数据[J].成都师范学院学报,2023,39(3):83-90.

怠的预测因素,且教师的社会情绪能力被认为是对抗压力情况的保护因素。另外,根据已有研究可知,教师情绪能力还可以负向预测教师的负向情绪体验、情绪衰竭、工作压力和职业倦怠。

教师社会情绪能力有助于推动社会情感学习项目的有效实施。① 通过康罗伊(Conroy)等人的研究可知,社会情绪能力是提高教育质量的决定因素。提升社会情绪能力有助于改善师生关系和课堂气氛,积极调控情绪、与人沟通、转换负面情绪以及排解负能量,从而缓解教师自身的职业倦怠。② 同时,惠特利(Wheatley)等人的研究表明教师的情绪还会影响教师的内在动机、课堂管理以及学生的动机与行为。并且社会情绪能力高的教师更利于与他人建立友好的关系,为学生提供支持、树立榜样。③ 鉴于这些积极的影响,社会情绪能力间接地提高了学生的学习成绩。最具有代表性的是詹宁斯(Jennings)和格林伯格(Greenberg)的亲社会课堂理论模型。

2. 亲社会课堂理论模型

国外研究者詹宁斯(Jennings)和格林伯格(Greenberg)曾提出了教师亲社会课堂理论模型(Prosocial Class Theoretical Model)④,该模型以教师的社会情绪能力为组织框架,深入探究在实际的教学中教师社会情绪能力的作用机制,指出其能够对学生和课堂结果产生影响,并描述了相关变量及其关系。该模型还解释了教师社会情绪能力的不足如何引发"倦怠级联",进而对师生关系、班级管理和课堂氛围产生消极影响。图5-1展示了教师的社会情绪能力和幸福感如何影响亲社会课堂氛围及学生成绩。

---

① 张佳伟,陆婧炎. 国际视野下职前教师社会情感能力框架与培养策略研究[J]. 教师教育研究,2023,35(4):122-128.

② CONROY M A, SUTHERLAND K S, ALGINA J, et al. Outcomes of the best in class intervention on teachers' use of effective practices, self-efficacy, and classroom quality[J]. School psychology review, 2019, 48(1):31-45.

③ SUTTON R E, WHEATLEY K F. Teachers' emotions and teaching: a review of the literature and directions for future research[J]. Educational psychology review. 2003, 15(4): 327-358.

④ JENNINGS P A, GREENBERG M T. The prosocial classroom: teacher social and emotional competence in relation to student and classroom outcomes[J]. Review of educational research. 2009, 79(1):491-525.

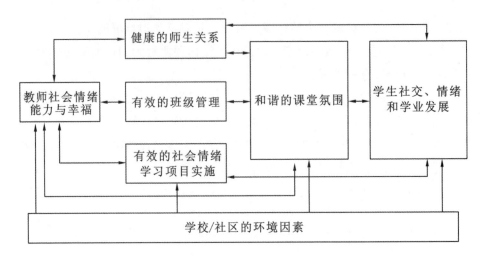

图 5 - 1　亲社会课堂理论模型

首先,教师是发展支持性、积极师生关系的重要贡献者。如果教师能够识别和理解学生的情绪,那么就可以分析与这些情绪有关的认知评价,从而有效地回应学生的个别需求,对积极的师生关系的建立起到促进作用。其次,社会情绪能力较高的教师在课堂教学中更能表现出有效的课堂管理行为,因为他们能够通过情感表达和语言来调动学生学习的热情,更积极地指导学生的行为。最后,社会情绪能力水平高的教师能够更有效地实施社会情绪项目,成为学生学习的积极榜样。正是因为他们具备高水平的社会情绪能力,可以支持他们在日常情境下有效地运用情绪智能,并在课堂环境中自然而然地得到体现。

此外,该模型的这三个方面与健康课堂气氛的结果之间具有相互作用关系。反过来,健康的课堂氛围直接促进学生的社交、情绪等方面的发展。课堂气氛的改善可以提升教师的教学兴趣、教学效能和职业承诺,从而创造一个积极的反馈循环,以此预防并减少教师职业倦怠。

由此可见,社会情绪能力强的教师自我意识强,他们认识到自己的情绪状态、情绪模式和反应倾向,知道如何使用快乐和热情等积极情绪来激励自己和儿童的学习。教师可以控制、调节自己的行为,即使是在有挑战的情境下,也能采用积极的态度管理与调节自我的情绪,促进积极的课堂效果,进而建立积极的人际关系。

同时,教师社会情绪能力与其情绪情感体验(幸福感、满意度、职业倦怠感)有关。正如哥达德(Goddard)等人的研究所表明的,与许多其他职业不同,教师经常暴露在情绪挑衅的情况下,当教师能够应对这些社会和情绪挑战时,教学会变得更加愉快,他们也会感觉更有教学效能感。[①] 然而,教师的职业倦怠会对教学、师生关系、课堂管理和课堂氛围造成消极的影响。因为消极情绪可能会影响教师的认知功能和教学动机,导致他们分散注意力,从而对教学产生负面影响。经常经历挫折、愤怒、内疚和悲伤等负面情绪还会降低教师的内在动机和自我效能感,从而加剧职业倦怠。

3. 社会情绪能力与教学效能感

已有研究发现,教师的情绪能力与教学效能感具有密切联系,不仅可以预测教学效能感,还可以通过教师对自我情绪能力的正确认知,提高教学效能感,进而采用积极的教学策略。佩里(Perry)和鲍尔(Ball)为了进一步探究教师社会情绪能力对其教学效能感的影响,比较了高、低社会情绪能力水平的教师在不同情境下的情绪反应,结果显示高社会情绪能力的教师即便在消极情境下,也能提供更具创造性的反馈,而低社会情绪能力水平的教师在消极情境下获得的反馈很少,对反馈也很难具有积极反应,所以难以促进自我效能感的发展。[②]另外,教师的社会情绪在其长期的职业发展中体现出重要的作用,已有研究发现教师的社会情绪能力与多个职业相关的变量有显著的相关关系,如职业认同、教学水平、社会支持、社会关系等。聚焦于幼儿园教师群体,幼儿园教师情绪智力对情绪劳动、工作投入、工作绩效均具有重要作用。一方面,具有较高社会情绪能力的教师在工作中善于排解不良情绪,建立并维持良好的人际关系,在工作中有较强的愉悦感,进而正向预测教学效能感;另一方面,相关研究也指出,低社会情绪能力的幼儿园教师,工作家庭冲突可以负向预测其工作投入程度。另外,通过梳理相关文献发现,有研究表明幼儿园教师的情绪劳动能够预测教师的工作满意度,并且情绪劳动中的表层行为与一般教学效能感的关系为显著负相关,深层行为与个人教学效能感则呈显著正相关。

此外,王隽等人对乡村幼儿园教师的自我效能感进行调查后发现,过半的

① GODDARD R D, HOY W K, HOY A W. Collective efficacy beliefs: theoretical developments, empirical evidence, and future directions[J]. Educational researcher, 2004, 33(3):3 – 13.

② PERRY C, BALL I. Emotional intelligence and teaching: further validation evidence[J]. Issues in educational research, 2005, 15(2):175 – 192.

乡村幼儿园教师对自身缺乏自我效能感。[①] 事实上,通过刘锦涛等人对心理资本、工作投入与自我效能感三者关系的研究发现,教师的自我效能感对其工作有重要影响,心理资本水平高的农村幼儿园教师,情绪调节方面表现出更多优势,并且还会间接影响幼儿园教师的工作投入。[②]

4. 社会情绪能力与师幼关系

教师社会情绪能力对自身以及课堂教学均具有重要影响,同时,詹宁斯(Jennings)和格林伯格(Greenberg)的研究表明教师情绪能力在师生关系构建和学生发展中也具有重要作用。

具体而言,拥有较高水平情绪能力的教师更能促进学生身心各方面的健康发展。一方面,拥有较高的情绪能力有利于教师管理和调节自身的情绪,在教学中的满意度和积极性也更高。另一方面,教师能以平和的态度对待学生,从而利于发展友好的师生关系,对学生的发展起到促进作用。拥有较高水平社会情绪能力的教师善于营造愉悦的氛围,在这种氛围中会使个体产生愉悦的情绪,利于个体之间建立良好的人际关系,减少问题行为。塔克斯(Taxer)等人的研究表明教师大多都了解他们的情绪对学生的影响,并有意识地调节个人的情绪体验和表达,以促进学生情绪和行为的变化。[③] 当教师采取消极的态度时,正如刘易斯(Lewis)通过中小学课堂研究发现,教师运用消极情绪的表达方式(如大声斥责)会显著正向预测学生的分心和问题行为。[④] 多项研究指出教师的情绪智力水平影响知识的传递效果,还影响学生接受知识的效果,进而影响教学目标的实现,从而对师生关系乃至整体教育质量均产生消极影响。

学生学习的一种重要方式是通过模仿教师而进行的,同样,社会情绪能力学习也不例外。李明蔚等人对834名教师进行问卷调查,发现教师的社会情绪

① 王隽,余珊珊.农村幼儿园教师教育理念及自我效能感调查[J].幼儿教育,2004(7):41-42.

② 刘锦涛,周爱保.心理资本对农村幼儿教师工作投入的影响:情绪调节自我效能感的中介作用[J].中国临床心理学杂志,2016,24(6):1069-1073.

③ TAXER J L, GROSS J J. Emotion regulation in teachers: the "why" and "how" [J]. Teaching and teacher education, 2018, 74:180-189.

④ LEWIS R. Classroom discipline and student responsibility: the students' view[J]. Teaching and teacher education, 2001, 17(3):307-319.

能力直接预测学生的社会情绪能力。① 在幼儿园教师社会情绪能力对幼儿的影响研究中,已有的研究表明,拥有高水平幸福感的教师对幼儿的社会和情绪发展有较强的影响。提高幼儿园教师社会情绪能力的课程也有利于提高幼儿的社会情绪能力,对教师进行干预后,幼儿的社交能力有了显著改善,其焦虑退缩和愤怒攻击也减少了。由此可知,幼儿园教师的情绪能力能够显著正向预测幼儿的情绪能力,发展儿童的情绪能力特别需要幼儿园教师具有社会情绪能力。反之,幼儿园教师的消极情绪也会显著预测幼儿的消极情绪。具体来说,当幼儿园教师有负面情绪时,幼儿也能够及时地意识到教师的情绪并受到该情绪的影响。另外,教师的情绪也会影响教师的行为,具体表现为幼儿园教师的负面情绪通过斥责等形式,作用到幼儿身上,使幼儿产生伤心、羞愧的情绪。林文婷等人研究了教师情绪智力对儿童的影响,发现在儿童适应幼儿园生活、获得良好的活动表现、增强儿童的学习动机等方面都具有重要的作用。②

综上,具有高水平社会情绪能力的教师能够更加友好地与幼儿进行沟通、交流,利于建立积极的师幼关系,更利于培养具有高情绪能力的幼儿,对幼儿的长期发展起到促进作用。

5.社会情绪能力与工作满意度

教师是对情感要求较高的职业之一,教师的社会情绪能力与他们的心理健康相关,已有研究表明,教师社会情绪能力对个体的幸福感具有积极影响,能够正向预测个体的工作满意度和积极情绪。有研究者对农村特岗教师展开满意度调查,显示该地区教师工作满意度水平较低,教师对工作存在多处不满。李敏等人调查乡村幼儿园教师的工作满意度,结果也显示乡村幼儿园教师的工作满意度普遍不理想。③

依据赫茨伯格(Herzberg)的双因素理论(保健因素和激励因素)分析教师职业倦怠感问题可以更清楚地探究教师职业倦怠感的成因。乡村幼儿园教师与城市幼儿园教师相比,无论是幼儿园的晋升制度还是成长机会均不如城市幼

---

① 李明蔚,毛亚庆,顾欣.教师社会情感能力对学生社会情感能力的影响:多重中介效应分析[J].教师教育研究,2021,33(6):24-30.

② 林文婷,简淑真,郭李等.教师情绪智力与幼儿情绪能力之相关研究[J].幼儿保育论坛,2008(3):86-114.

③ 李敏,杨晓萍."三年行动计划"调查研究后农村幼儿教师工作满意度:以S县为例[J].教育与教学研究,2015,25(9):23-28.

儿园,缺乏这些"激励因素"会挫伤幼儿园教师的工作积极性,长期下来导致成就感下降,对自身和幼儿园产生否定情绪,形成消极的工作心态,产生职业倦怠感,这为讨论工作满意度对职业倦怠感的影响提供了理论支撑。

工作满意度可能直接受到人格/情感特质的影响,也可能通过人格/情感特质到目标与效能相关的环境支持,例如,资源与阻碍、自我效能预期或者工作条件和结果,间接对其产生影响,所以本研究将探究教学效能感和师幼关系在乡村幼儿园教师社会情绪能力与工作满意度间的中介作用。

综上,通过对教师的社会情绪能力与其教学效能感、师生关系、工作满意度、职业倦怠感五个变量之间的关系进行梳理,结合亲社会课堂理论模型和赫茨伯格(Herzberg)的双因素理论,本研究将探究乡村幼儿园教师社会情绪能力对职业倦怠感的作用机制和教学效能感、师幼关系、工作满意度的中介作用。

第二节　研究设计

一、研究目的

通过问卷调查,以"亲社会课堂模式"为理论框架,探索乡村幼儿园教师的社会情绪能力与职业倦怠感的关系,以及检验教学效能感、师幼关系、工作满意度在教师社会情绪能力与职业倦怠感之间的中介作用。

二、研究对象

本研究选取来自陕西、四川、新疆三地的部分乡村幼儿园教师为被试,有效样本量为 429 份。

三、研究工具

1.《乡村幼儿园教师社会情绪能力问卷》

《乡村幼儿园教师社会情绪能力问卷》包含 34 个题目,采用 Likert 5 点计分。1 表示"非常不符合",5 表示"非常符合",通过探索性因素分析、验证性因子分析和信效度分析,各项模型拟合指标都符合标准($\chi^2/df = 2.438$,RMSEM = 0.058),在本研究中,该量表的内部一致性信度系数为 0.953,其中自我认知、自我管理、社会认知、人际交往、负责任决策的信度系数分别为 0.725,0.827,

0.868,0.848,0.798,以上表明该问卷具有良好的信效度。

2.《教学效能感量表》

在本研究中,教学效能感侧重幼儿园教师教学活动表现以及与幼儿互动等方面,所以采用钦内·莫兰(Tschamen – Moran)等人的概念定义,即教师成功实施特定情境中某个具体教学任务所需的能力信念。[①] 并采用由吴量、詹浩洋修订的钦内·莫兰、霍伊(Tschannen-Moran & Hoy)的教师自我效能感量表(Teacher Self-Efficacy Scale,TSES)来测量幼儿园教师的教学效能感。量表共两个维度,即教师在课堂管理上的效能感和教师在学与教上的效能感。采用Likert 5 点计分法,1 表示"非常不符合",5 表示"非常符合",得分越高表示幼儿园教师的效能感越高。已有研究将量表应用于幼儿园教师群体,并证明有良好的信效度。在本研究中量表的内部一致性系数为0.825。

3.《师幼关系量表》

本研究借鉴王耘、张晓等人对师幼关系的定义,认为师幼关系是教师与幼儿之间以情感、认知和行为交往为主要表现形式的心理关系,具体包含三个维度:亲密性、冲突性和依赖性。其中亲密性指师幼间温暖的情感联结;依赖性是指幼儿依赖于教师;冲突性是教师与幼儿在互动过程中发生的不和谐。[②] 采用张晓根据中国文化特点修订的皮安塔(Pianta)和斯滕伯格(Sternberg)的师幼关系量表,具有较好的信效度。采用Likert 5 点计分法,1 表示"非常不符合",5 表示"非常符合"。在本研究中,该量表的内部一致性信度系数为0.875。

4.《工作满意度量表》

本研究借鉴何伯克(Hoppock)对工作满意度的定义,他将个体在工作情形中所体验到的主体性感觉定义为工作满意度,即个体的心理与生理两方面对环境因素产生的一种满足性感受。[③] 并采用Ho & Au 编制的教师工作满意度量表,采用Likert 5 点计分法,1 表示"非常不符合",5 表示"非常符合",得分越高,表示教学满意度越高。在本研究中,该量表的内部一致性信度系数为0.855。

---

① WU L, ZHAN H. The short-form teacher efficacy scale:a study of reliability and validity [J]. Psychology techniques & applications,2017, 5(11):672 – 679.

② 张晓. 师幼关系量表的信效度检验[J]. 中国临床心理学杂志,2010,18(5):582 – 583.

③ HO C L, AU W T. Teaching satisfaction scale:measuring job satisfaction of teachers[J]. Educational and psychological measurement,2006, 66(1):172 – 185.

5.《职业倦怠量表》

本研究采用马斯拉奇（Maslach）编制的 MBI-Educator Surver（MBI－ES）量表，该量表包含三个维度：情感衰竭、去个性化和个人成就感。量表共包含 9 个题目，其中 3、6、7 为反向计分题目。采用 Likert 5 点计分法，1 代表"非常不符合"，5 代表"非常符合"，得分越高表示教师职业倦怠感越高。在本研究中，该量表的内部一致性信度系数为 0.710。

四、数据分析

采用 SPSS Statistics 26.0 和 AMOS 24.0 对收集的数据进行描述性统计分析和中介效应检验。首先，计算研究变量之间的皮尔逊相关关系。其次，为了确定路径模型中的潜在协变量，计算了人口学变量与中介变量和因变量之间的相关关系，确定了学历为潜在协变量。并且，使用 AMOS 24.0 对路径模型进行了检验，检验乡村幼儿园教师的社会情绪能力是否通过教学效能感、师幼关系和工作满意度影响职业倦怠感。

第三节　研究结果

一、共同方法偏差检验

由于此次对乡村幼儿园教师社会情绪能力的问卷调查采用的是自陈问卷的形式，可能会因为同一测量环境、题目语境以及题目本身使得数据形成人为的共变，因此需进行共同方法偏差检验。将问卷题目进行 Harman 的单因子检验，结果显示未旋转的探索性因子分析结果提取出 10 个公因子，第一个公因子的方差解释率是 33.810%，低于 Harman 单因素检验的标准 40%，说明数据不存在共同方法偏差。

二、描述性统计和相关分析

对乡村幼儿园教师社会情绪能力、教学效能感、师幼关系、工作满意度、职业倦怠感五个变量进行描述性统计和相关分析，结果见表 5－1。社会情绪能力与教学效能感（$r = 0.725, p < 0.01$）、师幼关系（$r = 0.686, p < 0.01$）、工作满意度（$r = 0.546, p < 0.01$）均呈显著正相关，教学效能感与师幼关系（$r = 0.696, p <$

0.01)、工作满意度($r = 0.583, p < 0.01$)显著正相关,师幼关系与工作满意度($r = 0.587, p < 0.01$)显著正相关;而职业倦怠感与社会情绪能力($r = -0.479, p < 0.01$)、教学效能感($r = -0.461, p < 0.01$)、师幼关系($r = -0.427, p < 0.01$)、工作满意度($r = -0.450, p < 0.01$)均呈显著负相关。

此外,还分析了人口学变量和研究变量之间的相关性,以确定应该包括在路径模型中的潜在协变因素。职业倦怠感与乡村幼儿园教师学历显著相关($r = -0.21, p < 0.01$)。因此,在研究中,乡村幼儿园教师的学历被作为控制变量引入模型。

表 5 - 1　各变量的描述性统计与相关分析

变量	M	SD	社会情绪能力	教学效能感	师幼关系	工作满意度	职业倦怠感
社会情绪能力	141.750	14.098	1				
教学效能感	20.917	2.561	0.725**	1			
师幼关系	21.680	2.564	0.686**	0.696**	1		
工作满意度	19.795	3.122	0.546**	0.583**	0.587**	1	
职业倦怠感	15.902	4.018	-0.479**	-0.461**	-0.427**	-0.450**	1

注:* 代表 $p < 0.05$, ** 代表 $p < 0.01$, *** 代表 $p < 0.001$。

三、教学效能感、师幼关系、工作满意度在社会情绪能力与职业倦怠感间的中介作用

在描述性统计与相关性分析的基础上,进一步探讨五个变量之间的关系,主要采用 AMOS 24.0 验证中介作用,若中介效应的95%置信区间中不含0,则表明中介作用显著,95%置信区间包含0,则表明中介作用不显著。

该模型表现出较好的模型拟合系数:$\chi^2/df = 2.891$,RMSEA $= 0.066$,CFI $= 0.991$,IFI $= 0.991$,NFI $= 0.986$,TFI $= 0.973$,见图 5 - 2。社会情绪能力到职业倦怠感的总效应显著,效应值为 -0.136,95%的置信区间为 $[-0.164, -0.108]$。具体直接效应与间接效应见表 5 - 2,其中社会情绪能力到职业倦怠感的直接效应为 -0.065,95%的置信区间为 $[-0.108, -0.020]$,占总效应比48%,除了师幼关系到职业倦怠感不显著,其余直接效应均显著。在间接效应中,乡村幼儿园教师的教学效能感和工作满意度在社会情绪能力与职业倦怠感间起中介

作用,效应值为 -0.012,95% 的置信区间为[-0.022, -0.005],占总效应比为 8.8%。师幼关系和工作满意度在社会情绪能力与职业倦怠感之间起到中介作用,效应值为 -0.013,95% 的置信区间为[-0.022, -0.006],占总效应比 9.6%。工作满意度在社会情绪能力与职业倦怠感之间起到中介作用,效应值为 -0.009,95% 的置信区间为[-0.020, -0.002],占总效应比 6.6%;教学效能感在社会情绪能力与职业倦怠感之间起到中介作用,效应值为 -0.028,95% 的置信区间为[-0.053, -0.002],占总效应比 20.6%。而师幼关系在社会情绪能力与职业倦怠感之间的路径,效应值为 -0.009,95% 的置信区间为[-0.035, 0.018],置信区间包含 0,师幼关系不起中介作用。

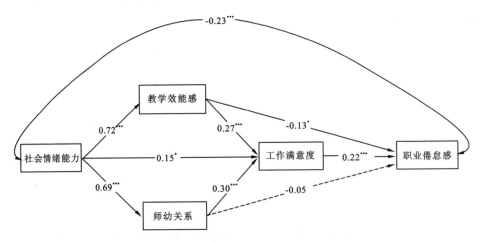

图 5-2　乡村幼儿园教师社会情绪能力与职业倦怠感关系的路径图

表 5-2　乡村幼儿园教师社会情绪能力与职业倦怠感之间的直接与间接效应

	路径	效应值	标准误	p	95% 置信区间
直接效应	社会情绪能力→教学效能感	0.132	0.006	0.000	[0.120, 0.143]
	社会情绪能力→师幼关系	0.125	0.007	0.000	[0.110, 0.138]
	社会情绪能力→工作满意度	0.032	0.015	0.036	[0.002, 0.062]
	社会情绪能力→职业倦怠感	-0.065	0.023	0.006	[-0.108, -0.020]
	教学效能感→工作满意度	0.328	0.079	0.001	[0.169, 0.475]

	路径	效应值	标准误	p	95% 置信区间
直接效应	师幼关系→工作满意度	0.365	0.076	0.000	[0.209, 0.512]
	工作满意度→职业倦怠感	−0.281	0.064	0.001	[−0.404, −0.158]
	教学效能感→职业倦怠感	−0.210	0.097	0.031	[−0.403, −0.018]
	师幼关系→职业倦怠感	−0.075	0.108	0.514	[−0.282, 0.144]
间接效应	社会情绪能力→教学效能感→工作满意度	0.043	0.011	0.000	[0.023, 0.065]
	社会情绪能力→师幼关系→工作满意度	0.046	0.010	0.000	[0.026, 0.064]
	社会情绪能力→工作满意度→职业倦怠感	−0.009	0.005	0.021	[−0.020, −0.002]
	社会情绪能力→教学效能感→职业倦怠感	−0.028	0.013	0.031	[−0.053, −0.002]
	社会情绪能力→师幼关系→职业倦怠感	−0.009	0.014	0.512	[−0.035, 0.018]
	社会情绪能力→教学效能感→工作满意度→职业倦怠感	−0.012	0.004	0.001	[−0.022, −0.005]
	社会情绪能力→师幼关系→工作满意度→职业倦怠感	−0.013	0.004	0.000	[−0.022, −0.006]
	教学效能感→工作满意度→职业倦怠感	−0.092	0.032	0.001	[−0.167, −0.040]
	师幼关系→工作满意度→职业倦怠感	−0.103	0.033	0.000	[−0.181, −0.050]

第四节　研究讨论

一、乡村幼儿园教师社会情绪能力和职业倦怠感的关系

研究结果显示,乡村幼儿园教师的社会情绪能力显著负向预测职业倦怠感,即乡村幼儿园教师的社会情绪能力水平越高,其职业倦怠感的水平就越低。已有研究显示社会情绪能力以情绪智力为基础,可能是职业倦怠感的前因变量。情绪智力就是指个体感知、理解、调节自我及他人情绪的能力。结合资源保存理论的相关内容来看,该理论认为个体会尽最大努力获取、保护与维持他们现有的包括个体和情境的资源,并将损失视为外在威胁,从而根据外部环境进行自我调整。个体会从资源的投入与产出的角度去对工作事件做出评估,并根据资源的数量、质量采取不同的分配和投资策略,从而产生不同的心理情绪、工作态度和行为。面对具有挑战性的事件,社会情绪水平较高的教师能够调节自己的情绪,接收积极的信息资源,利于他们有效应对该挑战性事件,减少压力,进而降低产生职业倦怠感的频率。

职业倦怠感的本质就是一种情绪疲惫,幼儿园教师从事的工作是以各方面还未发展成熟的幼儿为教育对象,再加上与城市幼儿园相比,乡村幼儿园工作环境、教学条件与薪资福利待遇方面均存在一些差距。"工作需求－资源模型"是基于资源保存理论发展而成的理论,用以解释压力、职业倦怠等问题的产生机制,该模型强调长期过高的工作要求容易引发心理资源耗竭,同时,工作资源的缺乏会对个体的动机和行为产生决定性影响,最终导致从工作中的脱离和自我效能感的降低。没有一个良好的"工作环境"作为支撑来缓解工作中的消极情绪,教师的工作热情就会削弱。且有研究者发现,教师在工作中主要应对的人际关系包括学生、同事及上级领导。人际关系自我评价不满意的教师更易出现强迫、抑郁、偏执、人际关系敏感、躯体化和敌对等心理问题,这表明教师的人际关系与心理健康状态密切相关。[1] 另外,乡村幼儿园里缺乏广阔的成长与发展空间,薪资福利待遇也不充足,保健因素和激励因素的缺失或是不完善,均会带来教师在物质和精神层面的空虚,导致乡

---

[1] 李晶,刘根义,隋桂英,等.中小学教师人际关系与心理健康的相关性研究[J].济宁医学院学报,2003(3):8－9.

村幼儿园教师在工作中逐渐产生消极的情绪,进而不利于教师的身心健康,产生职业倦怠。但如果教师拥有高水平社会情绪能力,即便是面对压力的情境时,也有利于其调动情绪,感知到社会的帮助与支持,进而提高自信心。因此,教师拥有社会情绪能力是缓解教师职业倦怠感的有效因素,乡村幼儿园教师自身可以通过培养、发展积极的情绪体验来调节消极情绪,进而有效削弱工作中的倦怠情绪。

二、乡村幼儿园教师的教学效能感、师幼关系与工作满意度的中介作用

结合教学效能感和师幼关系的分析结果来看,乡村幼儿园教师社会情绪能力与教学效能感、师幼关系、工作满意度具有显著正相关关系,这与已有的研究相一致。[1] 同时,教学效能感在乡村幼儿园教师社会情绪能力和职业倦怠感间起到中介作用,乡村幼儿园教师社会情绪能力可以通过增强幼儿园教师的教学效能感,间接对职业倦怠感产生影响。这一发现既验证了教学效能感的中介作用,同时也为"亲社会课堂理论模型"在乡村幼儿园教师群体中的应用提供了实证研究的支持,为缓解乡村幼儿园教师的职业倦怠情绪提供了新的思路。教师是教学活动的主要实施者,其自身的社会情绪能力对塑造积极的师幼关系、建立有效的课堂管理以及幼儿社会情绪的发展均有积极的促进作用。另外,教师的社会情绪能力对他们自身的幸福感、动机和表现都很重要。[2] 拥有高水平的社会情绪能力的教师可以在课堂上创造一个积极的、支持性的氛围,以更充分的方式有效地应对压力情境,促进自主性、选择性和创造力的发展,并成功构建高质量的师幼关系。他们能够准确识别并调节自身的情绪,深刻理解情绪如何影响课堂行为,展现出更高的同理心。此外,他们能够做出负责任的决策,有效解决问题,并因此产生较强的效能感。这些能力不仅有助于满足他们的心理需求,而且与更高水平的幸福感密切相关。

---

① TOM K M. Measurement of teachers' social – emotional competence：development of the social – emotional competence teacher rating scale［D］. United States – – Oregon：University of Oregon，2012.

② WANG H，BURIĆ I，CHANG M L，et al. Teachers' emotion regulation and related environmental，personal，instructional，and well – being factors：a meta – analysis［J］. Social psychology of education，2023，26（6）：1651 – 1696.

相反,社会情绪能力水平较低的教师工作满意度较低,压力、负面情绪和倦怠程度较高。正是因为具有社会情绪能力的乡村幼儿园教师具有较强的同理心和移情能力,所以他们能够深入理解并分析儿童行为背后的深层需求。这种能力促使教师从内在调整自己的情绪状态,以积极的态度回应幼儿的需求,避免采取训斥等消极的教育方法。教师这种积极的教育回应不仅有助于营造一个积极的课堂氛围,促进教学活动的顺利进行和教学成效的提升,而且增强了教师的教学效能感。此外,积极的师幼互动有助于建立和维护良好的师幼关系,而高质量的师幼关系对于提升教师和幼儿的幸福感具有重要作用。当乡村幼儿园教师拥有社会情绪能力时,能更好地感知自己的情绪,对当前的工作更为满意,充满工作热情与动力,能将更多精力投入到工作当中,塑造积极的课堂氛围,构建良好的师幼关系,提高教师的教学效能感,进而促进教师个体内部幸福感的提升,帮助教师保持积极情绪和较高的工作满意度水平,不易产生职业倦怠,提升和保障教育教学质量。因此,社会情绪能力能够显著正向预测教师的教学效能感、师幼关系与工作满意度。同时也利于缓解教师的消极情绪体验,比如职业倦怠感。

而在本研究中,师幼关系对职业倦怠感不具有显著负向预测作用,可能是因为教师职业倦怠感的近端影响因素包括个体内部因素和其他外部组织环境因素①,如个体内部的因素有幸福感、年龄和情绪智力等;外部组织环境因素可能包括领导风格、薪资待遇、组织氛围、职业晋升等,而对于乡村幼儿园教师群体,师幼关系可能是影响其职业倦怠感的远端变量,二者之间的关系有待进一步考证。

为此,培养乡村幼儿园教师社会情绪能力,有利于教师在心理情绪中储存较多积极的心理资本,在工作生活中拥有更多积极的情绪体验,即便工作中遇到消极事件,也能采取积极的方式应对,减少消极情绪,以此在工作中收获更多的幸福感,减少职业倦怠感的产生。

---

① 蔡永红,朱爱学.中学教师职业倦怠现状及其组织影响因素研究[J].教育研究与实验,2013(6):29–33.

第六章

乡村幼儿园教师社会情绪能力干预设计

第一节 教师社会情绪能力的干预项目

一、国外教师社会情绪能力干预项目的相关研究

国外对教师社会情绪能力的培训关注较早,对教师社会情绪能力干预研究更为深入和广泛。作为社会情绪学习运动的先导者,美国联邦政府、高等院校、地方学区以及专业组织在教师专业标准、职前教师培养、在职教师专业训练和评估等方面为提升教师社会情绪能力提供了许多经验。

社会情绪学习是美国学业、社会和情绪学习合作组织倡导的一种情绪能力培养模式。[①] 2006 年布拉克特(Brackett)和卡图拉克(Katulak)等人将社会情绪学习运用于教师,开发了"高情绪智力教师(The Emotionally Intelligent Teacher,EIT)"培训项目,该项目帮助教师了解情绪直觉、运用、理解与管理方面的知识,通过情境活动、实践模拟和合作讨论的形式提升教师能力。[②]

美国耶鲁大学的情感智力中心(Yale Center for Emotional Intelligence)开发了社会和情感学习的系统方法——RULER 社会情绪学习实践(可简称为RULER),包括五项技能:识别自己和他人的情绪、了解情绪的原因和后果、用细致入微的词汇给情绪贴上标签、根据文化规范和社会背景表达情感、用有

---

① ZINS J E, ELIAS M J. Social and emotional learning: promoting the development of all students[J]. Journal of educational&psychological consultation,2007,17(2):233-255.

② BRACKETT M A, KATULAK N A. Applying emotional intelligence: a practitioner's guide [M]. New York: Psychology Press,2006:27.

用的策略调节情绪,是专为提高社会情绪能力而开发的项目,有针对教师、学生、家长的全面完善的计划。在实施过程中使用的工具为:(1)情绪智力锚定系统,将共同宣言、情感测量表、情感调整方法、问题解决策略整合到学校管理中,融入教师的教学过程,应用于家庭活动中,提高教师和学生的情感能力,从而改善学校和班级的情感氛围,改善学生的家庭情感氛围。(2)情感词汇课程,通过个体关联、学术联系、家校合作、创造性联系、决策五个教学环节将描述、表达、控制情绪等社会情绪能力的词汇与英语学习的听说读写相结合,练习准确地描述情感,加强学生的情感智能技巧。① 对教师的培训目的:一是培养教师的社会情绪能力;二是利用社会情绪能力成为良好的教育专业人员;三是帮助教师应对压力;四是建立并构建将 RULER 集成到学校教育课程中的要求。

此外,职前教育中也有对教师社会情绪能力培养的课程,如布拉克特(Brackett)和卡图拉克(Katulak)通过设计研讨会,要求实习生预测未来课堂教学中可能遇到的情绪问题,并以书面形式写出有效的应对策略,这种适应性培训为职前教师提供了进一步提升自己社会情绪能力的机会。② 全人教育与实现联合会(Collaborative for Reaching and Teaching the Whole Child, CRT-WC)和各学区共同开发了教与学的社会情感(social and emotional dimensions of teaching and learning, SEDTL)能力模型、CRTWC 课堂观察标准等工具,帮助职前教师明确教学目标,反思自身的教学理念和教学实践。③ 哈佛大学的分类学项目(Harvard University Taxonomy Project)与其他相关组织机构合作,共同组成 SEL 评估工作组,联合开发了在线测评工具——"SEL 测评指南"。该工具通过"准备评估""选择评估"和"使用评估数据"3 个步骤,提供 K – 12 学生的 SEL 测量数据,帮助教师反思和改善 SEL 教学实践,从而提升他们的

---

① 曹慧,毛亚庆.美国"RULER 社会情感学习实践"的实施及其启示[J].比较教育研究,2016,38(12):73 – 79.

② 杨柳叶,陈时见.美国提升教师社会情绪能力的路径与经验[J].教师教育学报,2021,8(3):70 – 80.

③ 梅佳敏,邱莉.教师 CRTWC 社会情感能力项目及其启示[J].教育进展,2023,13(8):6091 – 6097.

社会情绪能力。①

此外,一些学者对情绪的调节和控制能力进行了研究,如施瓦泽(Schweizer)等人基于情感认知控制与工作记忆(working memory,WM)任务依赖相同的额顶叶神经回路这一已有研究结果,提出假设:在情感背景下进行的系统性 WM 训练有可能增强情感控制能力。然后研究者采用实验法,对两组被试进行了系统性 WM 训练,完成记忆回溯任务(N - back)任务,并进行行为和fMRI 评估。实验结果显示,20 天的新型情绪 WM 方案训练成功地提高了情绪控制能力。② 修利超等人关于工作记忆训练的实验研究也证明了工作记忆训练可以提高情绪调节能力。③ Alice 等人则将辩证行为治疗技能训练(dialectical behavior therapy skills training,DBT - ST)作为干预方式,评估这种方式在学校环境中对教师社会情绪能力发展的影响,结果表明短期 DBT - ST 在特定环境中是有贡献的。④ 还有研究者对教师的情绪和情绪调节策略进行了研究,结果表明:以前因为中心的情绪调节(情境选择、情境修正、注意力部署、认知改变)可能比以反应为中心的情感调节(抑制)更可取。特别是,在增加积极情绪的表达和减少消极情绪的表达方面,重新评价似乎比抑制更有效。⑤但以上项目计划或研究更多侧重增强教师改善社会情绪能力意识,而未明确更为具体便捷的操作方式,正念练习在这方面提供了新的视角和途径。

基于"正念"的干预措施(mindfulness - based interventions,MBI)是帮助教师提升社会情绪能力非常有效的新形式。Britta 等人从概念和神经机制的角度探讨了正念的作用机制,在正念练习过程中发挥作用的几个组成部分是:

① 杨柳叶,陈时见.美国提升教师社会情绪能力的路径与经验[J].教师教育学报,2021,8(3):70 - 80.

② SCHWEIZER S,GRANHN J,HAMPSHIRE A,et al. Training the emotional brain:improving affective control through emotional working memory training[J]. Journal of neuroscience,2013,33(12):5301 - 5311.

③ XIU L C,ZHOU R,JIANG Y H. Working memory training improves emotion regulation ability:evidence from HRV[J]. Physiology & behavior,2016,155(6):25 - 29.

④ JUSTO A R,ANDRETTA I,ABS D. Dialectical behavioral therapy skills training as a social - emotional development program for teachers[J]. Practice innovations,2018,3(3):168 - 181.

⑤ JIANG J W,VAURAS M,VOLET S,et al. Teachers' emotions and emotion regulation strategies:Self - and students' perceptions[J]. Teaching & teacher education,2016,54(3):22 - 31.

注意力调节、身体意识、情绪调节(包括重新评估和暴露,消退和重新巩固),以及对自我的看法的改变。[①] 教师通过训练习得深呼吸、反思、瑜伽和冥想等"正念"策略,学会管理自己的情绪和人际关系,有效提高自身的社会情绪能力和幸福感。舒斯勒(Schussler)等人基于正念的专业发展计划"教育中培养意识和韧性(Cultivating Awareness and Resilience in Education,CARE)"项目进行了研究,研究结果显示,参与者培养了更强的自我意识,提高了减少情绪反应的能力。[②] 泰勒(Taylor)等人利用混合实验的方式检验 MBI 减轻教师压力的四种潜在方式。结果显示,教师的效能信念和宽恕倾向在干预前后发生了变化,并在一定时间内部分缓解了压力。并且,参与 MBI 练习的教师倾向于报告更具适应性地应对工作压力的策略,并倾向于从更积极的情感角度评估具有挑战性的学生。[③] 在帮助教师提高情绪调节能力方面,正念可以采取有效的压力应对策略。正念训练项目会教授正念技能和应对策略(如身体扫描、呼吸冥想、仁爱冥想),引导练习者将注意力以身体感觉、心理图像的形式有意而非评判地集中在当下的身体、心理、社会体验和思想上以进行情绪调节。

二、国内教师社会情绪能力干预项目的相关研究

国内的教师社会情绪能力研究起步较晚,但近年来也取得了一定的进展。自 2009 年起,上海市开始在部分幼儿园及小学试点实施"社会与情绪学习项目"。2010 年,我国尝试引入了美国的 SEL 计划,开始启动了"儿童社会与情绪训练效果评估项目"。2011 年,教育部与联合国儿童基金会合作开展"社会情绪学习与学校管理"项目,并在我国广西等五个省市的多所小学开展项目实验。项目组结合中国实际编制了中国社会情绪学习相关问卷,并通过

---

① HÖLZEL B K,LAZAR S W,GARD T,et al. How does mindfulness meditation work? Proposing mechanisms of action from a conceptual and neural perspective[J]. Perspectives on psychological science, 2011,6(6):537 – 559.

② SCHUSSLER D L,JENNINGS P A,SHARP J E,et al. Improving teacher awareness and well – being through CARE:a qualitative analysis of the underlying mechanisms[J]. Mindfulness,2016,7(1):130 – 142.

③ TAYLOR C,HARRISON J,HAIMOVITA K,et al. Examining ways that a mindfulness – based intervention reduces stress in public school teachers:a mixed – methods study[J]. Mindfulness,2016,7(1):115 – 129.

实证研究手段,了解学生的社会情绪能力发展现状,分析了学校制度与管理、课堂、教学、学校氛围、家校合作等相关影响因素。还开发了用于校长培训的"社会－情绪学习"培训教材和培训者手册以及社会情绪学习项目的系列校本教材。同时也开发了对学生社会情绪学习发展现状以及校长、教师素质、学校制度与机制、学校氛围建设等方面的诊断工具。2012 年以来,我国教育部教师工作司与联合国儿童基金会合作,在我国西部五个省(市、自治区)实施了为期 5 年的"社会情感学习与学校管理改进项目",立足我国文化背景与教育发展现实需要,国内的一些学者进行了社会情感学习的相关实证研究,如我国西部地区学生的社会情绪能力及其相关因素研究等。① 施忠禄在《县域团队研修促进"社会情感学习"项目课程教学》一文中指出:要组建县域研修团队来研修教材,把握课程逻辑体系,并邀专家引领指导,不但可以提高教师的思想认识,丰富专业理论,掌握相应教学策略,而且还可提升教师的实际教学能力,为有效实施课程创造了有利条件。组织教师外出培训,向有经验的地区和学校观摩学习,开展项目经验交流会。组建教师团队不断磨课,并邀请专家指导,提高社会－情绪学习课程质量。②

整体而言,国内关于教师社会情绪能力具体干预策略的研究一方面是关于国内外各种干预措施的综述。如郭绒基于 23 项国际教师社会情绪能力实证研究进行了综述,指出当前教师社会情绪能力的干预措施主要有三类:职前教师社会情绪能力培养、基于正念练习的教师专业发展项目、其他教师社会情感学习项目。③ 宫然对现有教师情绪的能力的干预研究进行综述,总结了两种理论模型干预模式:①梅耶(Mayer)和萨洛维(Salovey)的能力取向模型的培训项目,包括教师情绪能力提升项目和情绪智力训练项目;②巴昂(Baron)的特质取向模型的培训项目。④ 陈煦海和张蓓分析了国内外教师情

① 王树涛,毛亚庆.寄宿对小学生社会情绪能力发展的影响:基于西部 11 省区的实证研究[J].教育学报,2015,11(5):111－120.

② 施忠禄.县域团队研修促进"社会情感学习"项目课程教学[J].宁夏教育,2019,470(10):18－20.

③ 郭绒.国际教师社会情感能力的实证研究:理论模型、研究设计和研究成果:基于 23 项核心实证研究的领域综述[J].比较教育学报,2022,337(1):108－126.

④ 宫然.教师情绪能力干预研究的综述及其理论取向[J].科幻画报,2021,311(9):63－64.

绪能力的研究,并总结了教师情绪能力的培养方案:①"高情绪智力教师"计划,即美国"学业、社会和情绪学习合作组织"倡导的社会情绪学习;②正念训练,通过训练个体对自我情绪和他人情绪的觉知,提升调控负面情绪的能力,并增强同理心;③情绪调节训练,通过改变生理、行为和认知等方面来调整自己的情感体验和情绪表达;④工作记忆训练,利用记忆回溯任务,对工作记忆进行训练,以提升情绪能力,特别是情绪调节能力;⑤积极心理学框架下的训练,积极心理学以促进人们的积极体验和幸福为目的,该框架下的突出优势、感恩和心流等都可以作为情绪能力训练的有效手段。①

另一方面,也有一些研究者尝试利用干预实验的方式评估某种干预措施对教师社会情绪发展的效果。如余粤通过个案分析,研究了元认知心理干预技术在青年教师群体情绪调适中的运用,通过认知调整让教师对自己产生的厌烦情绪有了更理智的认识,看到自己程序性知识运行的过程;进而运用临床心理技术进行渐进性放松练习,让其体验情绪平静、身体放松所带来的愉悦感;在此基础上向其输入新的程序性知识,并运用暗示技术调动其积极的心理状态。进行为期四周的临床干预后取得了明显效果,说明运用元认知心理干预技术可以有效阻断潜意识的条件性情绪反射,帮助青年教师建构一种新的心理结构或新的积极的情绪反应,促使青年教师形成积极的正性情绪。②江西师范大学刘萱采用认知重评团体辅导对幼儿教师的情绪劳动进行了干预研究,通过设计团体辅导方案的整体框架和流程,对实验组进行干预。结果发现,认知重评团体辅导可以导致较多消极影响的表层行为减少,带来较多积极影响的深层行为增加,进而提高了幼儿教师的情绪劳动技能,在一定程度上改变了幼儿教师处理情绪事件的模式。③梁红对运用创造性绘画心理辅导活动干预小学教师群体的不良情绪进行了思考,发现让教师在轻松愉悦的氛围中积极参与绘画活动,心理辅导者可以对教师在创作绘画作品的练习、修改和完善过程中投射的心理问题进行识别和干预,引导教师重新审视

---

① 陈煦海,张蓓.教师情绪能力及培育路径分析[J].当代教师教育,2019,12(1):58-65.

② 余粤.元认知心理干预技术在青年教师情绪调适中的运用[J].中小学心理健康教育,2010,151(8):4-6.

③ 刘萱.认知重评团体辅导对幼儿教师情绪劳动策略的干预研究[D].江西:江西师范大学,2015.

自我、整合自我、提高自信,从而降低焦虑、抑郁等不良情绪。运用创造性绘画疗法可以帮助教师输出和修复不良情绪、解除心理危机、提高自我调适能力和抗压能力。①

第二节　正念项目促进幼儿园教师社会情绪能力发展概述

长期以来,幼儿园教师的社会地位较低,收入相对较少,工作繁杂,压力大,这已成为幼儿园教师群体普遍的生存状态。② 在压力及超负荷的工作状态下,幼儿园教师难免会产生负面情绪,若得不到适当的缓解,则会表现出职业倦怠等心理健康问题。因此,培养幼儿园教师情绪调节、管理能力和发展其社会情绪能力是至关重要的。幼儿园教师发展领域往往重视专业知识与技能素养,忽视社会情绪情感能力的培养。在如何促进幼儿园教师社会情绪能力的发展方面,正念为其提供了新的视角和途径。正念可以帮助教师提高情绪调节能力,采取有效的压力应对策略。已有研究表明正念练习与幼儿园教师教育的结合可以提高幼儿园教师的社会情绪能力,帮助幼儿园教师管理情绪、缓解压力,提高心理健康水平。

目前,将正念应用到幼儿园教师社会情绪能力的发展正处于起步阶段,还需要更多的实证研究提供支持。本研究拟回顾国内外正念与教师正念的相关研究,重点介绍基于正念的教师"社会情绪能力"训练项目及其作用效果与机制,通过以上实践经验为促进幼儿园教师社会情绪能力的发展提出启示,以期为提高我国幼儿园教师群体心理健康水平提供参考。

一、正念与教师正念的内涵

1. 正念的内涵

卡巴金(Kabat – Zinn)把正念(Mindfulness)定义为:有意识地、不加判断地、对当下的注意。即有意识地对当下所发生的经验,比如情绪、身体感觉、

---

① 梁红. 用创造性绘画心理辅导活动干预中小学教师不良情绪的思考[J]. 广西教育,2023,1282(22):30 – 33.

② 程秀兰,张慧,马颖等. 幼儿园教师教学正念与职业倦怠的关系:情绪智力和自我效能感的链式中介效应[J]. 学前教育研究,2022(3):65 – 78.

思维等方面以一种持续的并且不加判断的方式进行觉知。① 毕夏普(Bishop)等人认为正念主要包含两个维度:一是对注意力的自我调控,把注意力放在当下的时刻;二是对个体的经验保持好奇、开放和接纳的态度。② 我国学者也认为正念的核心要素包括觉察或者注意当下、非评判性接纳、开放的态度等。③ 正念包含三个和心理机能与特质相关的方面:集中注意力在此时此刻(而不是任由思绪不停回忆过去或者担忧未来);能够清晰地感知情绪和投入的行为(而不是情绪化、自动化或者无意识);以开放、接纳和不加评判的态度体验当下的状态(而不是对没有真实发生的事情有过多的期望或者恐惧)。④

2. 教师正念的内涵

以往的正念相关研究都只关注了个体内在的正念特质水平,包括对当下的关注,对个体的思维、感受以及行为不加评判的态度等。但是正念不止指向个体对自身经验的觉知,还包括对他人经验的觉知。弗兰克(Frank)等人提出教师正念包含两个维度:个体内在的正念水平以及人际正念水平,并且开发了教师正念量表(Mindfulness in Teaching Scale)。⑤ 个体内在的正念强调对自身经验此时此刻的觉知和关注,人际正念更强调以开放、接纳、非评判的态度参与师生互动。个体内在的正念和人际正念可以帮助教师实现有效的教学管理。也就是说,有效的教学管理不仅需要教师自身保持对教学过程以及教学环境的觉知。同时,教师还需要对每个学生保持关注。事实上,教师花费大量的时间精力关注教学过程中发生的事件,可能会忽略自己的情绪感受。与此同时,教师的职业面临来自学生、家长以及学校管理者等各方面的压力,超负荷的工作压力常常会导致教师高水平的职业倦怠。如果教师能够

---

① KABAT - ZINN J. Wherever you go, there you are: mindfulness meditation in everyday life[M]. New York: Hyperion, 1994.

② BISHOP S R, LAU M, SHAPIRO S, et al. Mindfulness: a proposed operational definition [J]. Clinical psychology: science and practice, 2004, 11(3): 230 - 241.

③ 徐慰,刘兴华. 正念训练提升幸福感的研究综述[J]. 中国心理卫生杂志, 2013, 27(3): 197 - 202.

④ ROESER R W, SCHONERT - REICHL K A, et al. Mindfulness training and reductions in teacher stress and burnout: results from two randomized, waitlist - control field trials[J]. Journal of educational psychology, 2013, 105(3): 787 - 804.

⑤ FRANK J L, JENNINGS P A, GREENBERG M T. Validation of the mindfulness in teaching scale[J]. Mindfulness, 2016, 7(1): 155 - 163.

正念地观察自身的情绪体验,也许可以帮助他们理解自己在教学过程中的情绪反应,进而调节自己的情绪反应以促进更有效的教学管理。另外,教师如果能够以接纳的态度来全神贯注倾听学生的想法和感受,也可以反过来促进学生的学习过程。人际正念还强调以接纳和共情的态度对待自己和他人,这样可以帮助教师接纳学生的情感体验,了解学生的需求,进而为学生提供更多的支持和包容。越来越多的研究表明,正念可减轻教师的压力、人际问题、倦怠情绪、心理困扰,包括人际关系敏感、焦虑和抑郁。有研究表明,为期4周的正念训练能有效缓解幼儿园教师职业倦怠,改善幼儿园教师固有的认知方式,提高幼儿园教师的情绪调节能力,改善幼儿园教师的注意朝向,缓解焦虑。教师个人内心正念有利于其识别当下自身的情绪和想法,有效调节与管理情绪,影响教师的关怀能力和人际关系构建,培养教师的善心与对他人的同情,使教师接纳学生的想法与感受,进而支持、理解学生。这种能力对于促进班级管理、改善班级氛围具有积极作用,有利于良好师生关系的形成,进而促进教师的自我效能感以及课堂组织能力和教学实施效果。

3. 正念干预

卡巴金(Jon Kabat-Zinn)博士创立正念减压疗法(Mindfulness-based Stress Reduction,MBSR),用于帮助病人缓解疼痛并取得疗效,开创了正念干预的先河。其课程是通过身体扫描、呼吸训练、正念伸展运动等练习方式对团体进行为期8周、每周一次、每次2.5~3小时的正念干预。该疗法主要用于患者正确看待、处理生活中的压力以及自身的疾病,以平静、旁观的心态接纳它们,感受它们在身体中的变化,并与之和平共处。随后,正念减压疗法在美国医疗系统内成为应用最为广泛的、研究最深入的正念干预疗法,并在此基础上发展出了正念认知疗法(Mindfulness-Based Cognitive Therapy,MBCT)。随后,辩证行为疗法以及接纳与承诺疗法逐渐被提出且广泛运用于治疗抑郁症、焦虑症的复发,边缘性人格障碍的情绪失控和情绪管理,以及慢性病和精神类疾病。其中,正念认知疗法与正念减压疗法课程相似,但前者更注重注意力的训练。除以上4种主要疗法外,还可将正念融入生活,进行每日正念,随时随地不受空间限制进行正念的日常练习。正念干预目前主要应用于以下领域:

(1)正念干预在临床中的应用

由于卡巴金博士开设了"正念减压课程"以满足患者的需求,正念最早被应用于临床研究,且在我国临床上的运用也较为广泛。高儒等研究者采用便利取样法,对79例恶性肿瘤患者进行研究,结果显示正念减压法能够有效减轻癌症患者的治疗疲劳,缓解压力。[①] 不仅如此,研究发现正念干预对普通民众情绪、睡眠都有积极作用。[②]

(2)正念在不同职业群体中的应用

正念不仅在医学中运用广泛,也逐渐运用在各个职业、领域中。戴浩以探究正念干预对IT行业新人的工作压力的影响为目的,采用混合研究法,对IT行业职场新人进行8次、共计6周的长期团体干预,研究结果显示正念训练对改善IT行业职场新人工作压力水平及压力症状有明显效果,主要体现在认知的改变、情绪和躯体的改善等方面,但该实验样本较小。[③] 此外,研究者通过实验的方式验证正念对管理者自我领导力的影响,最终得出结论:正念训练可有效提高管理者的自我领导力水平,并在一个月后的追踪期得到一定程度的有效保持。有研究者发现一线社会工作者在工作过程中容易出现厌倦情绪,产生情感衰竭问题,因此,以59名一线社会工作者为研究对象,对其进行为期5天的短期训练,并选择了一名情绪衰竭水平极高的工作人员为个案进行后期长达一个月的干预和心理治疗。研究结果表明,正念训练能有效降低一线社会工作者的情感衰竭水平,提高积极情绪。

(3)正念在学生群体中的应用

在正念相关研究中,现有研究者目前主要聚焦于正念对低年龄段孩子认知的作用。2020年研究者在某所幼儿园筛选出中、大班各10名幼儿为研究对象,进行每周1次、共计9次、每次20~30分钟的正念干预训练,研究结果显示幼儿注意力的干预效果显著,尤其是在注意稳定性、注意广度和注意转移品质上有着积极作用。[④] 同年,研究者采用类似方法,对小学生的注意力也进行正念干预,得出类似结果,正念对小学生注意力训练的效果显著。对于中学年龄段的孩子,现有研究者目前正探索正念对其考试焦虑等心理健康方面的作用。徐恩

① 高儒,朱天丽,韦云.正念减压法对妇科恶性肿瘤患者癌因性疲乏的影响[J].齐鲁护理杂志,2017,23(8):76-78.

② 李卫红,刘典英.正念减压对新冠疫情下普通民众情绪和睡眠的干预效果研究[J].江西医药,2020,55(7):824-825.

③ 戴浩.正念训练对IT行业职场新人工作压力的干预研究[D].南京:南京师范大学,2015.

④ 李玉花.幼儿注意力的评定与干预研究[D].长沙:湖南师范大学,2020.

秀以厦门市某中学79名初三年级学生为研究对象,通过坐姿、站姿正念呼吸等活动,进行为期4周的正念教育实验,研究结果显示正念降低了学生的考试焦虑情绪,提升了积极情绪。[①] 郭炳豪采用实验法,对60名高中生进行8周正念干预训练,结果显示正念干预降低学生焦虑情绪,提高觉知力。[②] 对于高年龄段的学生群体,现有研究多探索正念对其情绪调节的作用。研究者对大学生情绪调节能力以及自我效能感进行干预,结果表明正念训练对提高大学生情绪调节能力以及自我效能感有一定积极效果。类似地,陈秋研通过正念取向团体辅导也得出团体成员的积极情绪总分显著提高、消极情绪总分显著降低的结论。[③]

（4）正念在家长群体中的应用

国内在家长群体中的正念干预研究并不多,国外学者对正念教养的研究目前集中在对特殊儿童父母的干预。国外研究者本恩(Benn)等人采用以正念减压疗法为基础而改编的正念管理和放松技术,实施了为期5周、共计11次的正念干预,首次验证了正念干预对自闭症儿童家长缓解压力具有显著效果。[④] 同样地,戴肯斯(Dykens)等人以116位自闭症儿童或其他疾病儿童的母亲为研究对象,实施6周、每周1次1.5小时的正念干预,研究结果显示母亲的焦虑水平显著下降。[⑤] 贝格尔斯(Bögels)等人对特殊儿童父母进行为期8周、每周1次、每次3小时的正念训练,研究结果表明正念训练一定程度上可以提高父母的正念教养水平,对父母的教养压力有所改善且具有持续作用。[⑥]

（5）教师正念的相关研究

教师工作繁琐,社会期望大,其心理健康水平和情绪调节能力逐渐被大家

[①] 徐恩秀.正念教育对初三学生考试焦虑影响的实证研究:以厦门市某中学为例[J].集美大学学报(教育科学版),2021,22(2):14-19.

[②] 郭炳豪.正念训练对高中生考试焦虑影响的实验研究[D].南宁:南宁师范大学,2019.

[③] 陈秋研.正念取向的团体辅导对大学生情绪调节的作用[D].上海:上海师范大学,2016.

[④] BENN R,AKIVA T,AREL S,et al. Mindfulness training effects for parents and educators of children with special needs[J]. Developmental psychology,2012,48(5):1476.

[⑤] DYKENS E M,FISHER M H,TAYLOR J L,et al. Reducing distress in mothers of children with autism and other disabilities:a randomized trial[J]. Pediatrics,2014,134(2):454-463.

[⑥] BÖGELS S M.,HELLEMANS J,VAN DEURSEN S,et al. Mindful parenting in mental health care:effects on parental and child psychopathology, parental stress, parenting, coparenting, and marital functioning[J]. Mindfulness,2014,5(5):536-551.

所重视。在国外教师正念相关研究中,萨拉(Sarah)等人通过正念减压课程对教师进行实验干预,结果表明教师压力管理水平有效提高,更能合理应对各种教学实践,情绪调节能力提高,有利于师生关系的改善。[①] 弗兰克(Frank)以高中教育工作者为研究对象,同样进行正念减压干预,结果显示参与 MBSR 的教育工作者在自我调节、自我同情和觉察、调节情感方面取得了显著的进步,同时能有效改善教师的睡眠质量。[②] 泰勒(Taylor)等人使用随机对照的实验研究,招募 59 名公办学校的教师进行正念干预,内容包括身体扫描、正念行走等,结果表明正念干预对提高教师的情绪调节、情绪运用、情绪管理能力有积极作用。[③]

国内也逐渐对教师进行正念相关的实验干预,何元庆以 78 名幼儿园教师作为研究对象,实施为期 8 周的正念团体训练,研究结果发现教师处于正念状态时,与积极情绪及认知变化有关的脑区会更活跃从而促进教师心理健康状况的改善,更好地应对环境。[④] 陈丽娟等人以 62 名教学一线的小学教师为研究对象进行实证研究,开展为期 8 周的正念训练,每周训练一个主题,每个主题进行两次训练,每次时长 45 分钟。研究发现正念训练对提升小学教师的教学正念及情绪调节自我效能,改善负性情绪,缓解工作压力有显著的促进作用。[⑤] 徐敬选取 10 位未参加过正念训练的高中教师实施为期四周、每次持续一个半小时、每周一次的正念训练课程。结果显示正念训练对降低高中教师职业倦怠水平有显著积极作用。[⑥] 秦立霞扩大样本量,通过正念减压疗法对高校教师知觉压力及职业倦怠进行干预,以高校教师 116 人为研究对象进行 8 周的长期正念减

① SARAH G,LUONG M T,STEFAN S. Students and teachers benefit from mindfulness – based stress reduction in a school-embedded pilot study[J]. Frontiers in psychology,2016(7):590.

② FRANK J L,REIBEL D,BRODERICK P,et al. The effectiveness of mindfulness – based stress reduction on educator stress and well-being:results from a pilot study[J]. Mindfulness,2015,6(2):208 – 216.

③ TAYLOR C,HARRISON J,HAIMOVITZ K,et al. Examining ways that a mindfulness-based intervention reduces stress in public school teachers:a mixed – methods study[J]. Mindful-ness,2016,7(1):115 – 129.

④ 何元庆,翟晨觐,曹晓燕,等.正念团体咨询对幼儿教师心理健康的干预效果[J].中国卫生事业管理,2018,35(8):631 – 632.

⑤ 陈丽娟,陈秀琴.正念训练在小学教师压力及负性情绪调节中的应用研究[J].心理月刊,2020,15(12):32 – 33.

⑥ 徐敬.正念训练降低高中教师职业倦怠的干预研究[D].锦州:渤海大学,2017.

压训练,结果显示正念减压疗法能有效降低高校教师知觉压力水平,减轻职业倦怠感。[1] 正念干预是提升教师情绪能力,有效降低教师职业倦怠感,提升教师心理健康水平的有效途径和方法。

（6）正念线上干预相关研究

以往研究表明,正念干预对各种疾病患者以及正常人群在一定程度上都产生不同的效果和积极影响,缓解各种群体的消极情绪,但是线下正念干预却有耗时、学员聚集困难、难以坚持、场地受限、地域限制等缺点。近年来,由于互联网的发展,各网络平台的广泛运用以及网络操作便利、成本低、聚集快、不受限等优点,正念网络干预课程逐渐发展起来。王春梅对疫情期间100名临床一线护理人员进行为期4周的正念干预,在小组微信群、钉钉群及院内企业微信群上传自制网络正念减压课件,研究结果发现线上正念干预可以降低疫情期间护理人员焦虑、抑郁水平,提升其积极情绪,且可广泛推广。[2] 朱美娟采用在线正念干预方法,对血液透析病人进行6周干预且跟踪调查,研究结果同样显示微信群、小组公众号的正念干预对患者有积极作用,能缓解其焦虑情绪。[3] 顾洁招募普通人群付费参与在ZOOM平台由资深MBSR导师带领的正念线上课程,结果同样显示线上正念对其有积极作用。[4] 陈施羽以大学生为研究对象,进行为期4周的自悯正念线上练习,并且基于网络分析方法,综合群体、时间、个体层面分别对其进行评估,从另外一个角度展示了线上正念干预的积极效果。[5]

二、基于正念的教师"社会情绪能力"训练项目内容介绍

国内外相关研究均表明,正念训练可以作为有效的方法来帮助各类人群减少压力,减少消极情绪,促进积极情绪、自我认知和自我调节,提高生活满意度

---

① 秦立霞,罗涛,王省堂,等.正念减压疗法对高校教师知觉压力及职业倦怠的影响[J].山东医药,2020,60(2):67－69.

② 王春梅,陈希.基于互联网的正念减压疗法对疫情期间护理人员心理状况的干预研究[J].中国社区医师,2020,36(29):145－146.

③ 朱美娟,陈丽燕,林亚妹,等.基于互联网的正念减压疗法在血液透析患者中的应用[J].中西医结合护理(中英文),2019,5(10):113－116.

④ 顾洁,童慧琦,孙晓明.中文网络正念减压课程对普通人群正念水平和心境状态的影响研究[J].中国全科医学,2019,22(5):581－585.

⑤ 陈施羽.基于网络分析方法的项目干预效果评估[D].广州:中山大学,2020.

等。近些年,正念训练逐步向其他非临床领域扩展,比如情绪发展、职业倦怠、家长教育、学校正念干预等方面。目前没有专门针对幼儿园教师群体的正念训练项目,现有的教师正念训练项目也主要是基于 MBSR(Mindfulness – Based Stress Reduction)或者 MBCT(Mindfulness – Based Cognitive Therapy)项目发展而来[①],并且经过实证验证的教师群体"社会情绪能力"正念训练项目主要包括 MT(Mindfulness Training)和 CARE(Cultivating Awareness and Resilience in Education)项目。

1. MT 项目

图 6 – 1 描述了教师正念训练项目(MT)的模型。[②] 该模型强调通过正念训练帮助教师提高正念水平并且改变思维的习惯(比如注意力的调控、认知的灵活性以及情绪调节),进而提高教师的情绪能力、职业健康水平和幸福感。而教师情绪能力、职业健康水平和幸福感的提升又能促进教师的职业投入和工作满意度,有助于减少职业倦怠和离职率。教师自身的情绪状态进一步影响师生关系、课堂管理和课堂气氛,从长期发展的角度最终对学生的发展和学习带来积极的影响,而且 MT 模型还假设积极的课堂结果和学生结果又会反过来促进教师的情绪发展、职业健康、幸福感和满意度等。总之,正念训练会促进教师、课堂和学生之间积极的相互作用。MT 项目可以给教师提供一系列的心理资源来帮助他们有效应对教学过程中面临的社会情绪和认知资源方面的挑战,利于教师保存更多的生理和心理能量,将更多的精力投入到课堂管理以及教学当中。

MT 项目持续时间为 8 周,包含 11 期内容,一共 36 小时。该项目通过多种方法和活动来培养教师的正念觉知和自我同情,主要包括五个核心的教学活动:正念和瑜伽练习、小组正念练习讨论、真实生活情境中的正念应用、讲授和家庭练习、家庭作业。贯穿整个项目的基本活动包括身体扫描、集中注意力的冥想、开放的冥想以及友善冥想。此外,该项目还包含两次讲授课程,帮助教师

① FRANK J L, REIBEL D, BRODERICK P, et al. The effectiveness of mindfulness – based stress reduction on educator stress and well – being: results from a pilot study[J]. Mindfulness, 2015,6(2):208 – 216.

② ROESER R W, SKINNER E, BEERS J, et al. Mindfulness training and teachers' professional development: an emerging area of research and practice[J]. Child development perspectives, 2012,6(2):167 – 173.

了解如何有效运用正念来调节、管理情绪和缓解压力。① 每周关于家庭作业和日常正念练习的讨论,有助于教师将正念应用于工作当中。家庭作业也可以帮助教师在日常教学和生活中,通过正念方法来调节自己的情绪。此外,教师需要记录情绪日记,以探究课堂中引发负面情绪的因素,这些日记内容将在每周的小组讨论中加以交流。

罗伊瑟(Roeser)等人用随机对照组实验来考察正念训练项目(MT)对教师职业压力和职业倦怠的作用。样本来自加拿大和美国的 113 名中小学教师。在项目开始前、结束时以及结束三个月后分别收集数据。结果显示,有 87% 的教师完成了该项目,MT 组的教师在正念水平、情绪调节能力、注意力集中水平、工作记忆水平、自我同情方面显著高于对照组,在职业压力和职业倦怠方面显著低于对照组。还有一些研究表明,MT 项目可以提高教师的正念水平,通过正念练习有利于教师进行压力管理、情绪调节,满足教学过程中的社会情绪需求,促进教师的专业发展。②

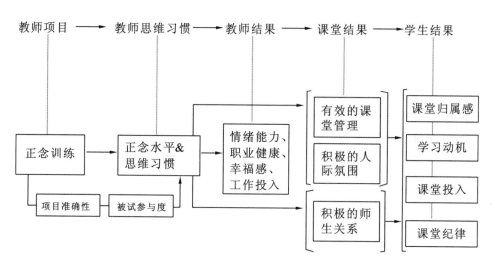

图 6-1　教师正念训练项目 MT 模型

---

① BLSHOP S R, LAU M, SHAPIRO S, et al. Mindfulness: a proposed operational definition [J]. Clinical psychology: science and practice, 2004, 11(3): 230 - 241.

② ROESER R W, SCHONERT - REICHL K A, et al. Mindfulness training and reductions in teacher stress and burnout: results from two randomized, waitlist - control field trials[J]. Journal of educational psychology, 2013, 105(3): 787 - 804.

2. CARE 项目

国外研究者珍妮丝（Jennings）和格林伯格（Greenberg）曾提出教师"亲社会课堂理论模型"（Prosocial Class Theoretical Model）[①]，该模型强调，具有高水平社会情绪能力的教师不仅有利于自身的情绪调节，也会促进建立积极的课堂气氛和良好的师生关系，进而影响学生的社交情绪发展以及学习成绩等方面。教师作为教学活动的主导者，教师自身的社会情绪能力对于塑造良好的师生关系、建立有效的课堂管理以及促进学生社会情绪的发展都有重要的作用。[②] 良好的师生关系和课堂氛围又可以进一步促进学生的深度学习，让学生在温暖的人际关系氛围中更愿意接受挑战性的任务。相反，如果教师缺乏一定的社会情绪能力，那么学生就会出现更多的不良行为。

越来越多的研究开始关注正念训练可以作为提高教师社会情绪能力的有效干预方式。[③] 正念训练能够提升教师的自我意识和自我调节能力，这两种能力对于增强其社会情绪能力至关重要。经常进行正念训练可以增强情绪的自我意识，并通过提高深入的自我反思能力和观点采择能力来促进认知和情感的调节。[④] 正念训练还可以帮助教师更有效地对压力情境进行重新评价，评价的过程利于教师进行反思，提高自我意识水平，进而发展社会情绪能力。

基于正念训练和亲社会课堂模型，珍妮丝（Jennings）等人发展了 CARE（Cultivating Awareness and Resilience in Education）项目来促进教师的社会情绪能力和身心健康的发展。图 6 - 2 描述了教师正念训练项目（CARE）的模型。该项目包含四个主要的目标：①提高教师的整体幸福感；②促进教师为学生提供情感的、行为的和指导性的支持；③促进师生关系和课堂氛围的发展；④增加

---

① JENNINGS P A,GREENBERG M T. The prosocial classroom:teacher social and emotional competence in relation to student and classroom outcomes[J]. Review of educational research, 2009,79(1):491 - 525.

② SCHONERT - REICHL K A. Social and emotional learning and teachers[J]. The future of children,2017,27(1):137 - 155.

③ JENNINGS P A,BROWN J L,fRANGK J l,et al. Impacts of the CARE for Teachers program on teachers' social and emotional competence and classroom interactions[J]. Journal of educational psychology,2017,109(7):1010 - 1028.

④ GARNER P W,BENDER S L,FEDOR M. Mindfulness - based SEL programming to increase preservice teachers' mindfulness and emotional competence[J]. Psychology in the Schools, 2018,55(4):377 - 390.

学生的亲社会行为。该项目还包括三个要素：①情绪技能指导；②正念以及压力缓解练习；③倾听和共情练习。将以上三个要素融入以下三个方面的正念练习：情绪调节技能；压力缓解练习；倾听和慈悲练习。① 其中，第一部分正念情绪调节技能指导占整个项目的比重约为40%，通过一些指导和体验式的活动帮助教师了解自身情绪，同时提高对学生需求的敏感度，更能够感知教室里的情绪氛围。例如，通过探索不同情绪状态带来的身体感受，使用正念觉知来认识和管理强烈的情绪。第二部分压力缓解练习占整个项目的比重约为40%，重在培养教师对当下经验的觉知、反思以及专注力。压力缓解练习包括对呼吸的觉知，通过正念站立、正念行走、正念倾听等练习活动实现。压力缓解练习可以提高教师的元认知能力，加强自我意识、认知的灵活性以及自我调节的能力。② 同时，压力缓解练习可以帮助教师提高对课堂的管理以及和学生之间互动的非评判性觉知。第三部分倾听和共情练习占整个项目的比重约为20%，旨在培养教师对自己和他人的慈悲、友爱之心。正念倾听练习强调在倾听的过程中不要急于打断、提出建议或者做出评判，有利于提高教师的共情能力，从而帮助教师更有效地倾听学生，对学生的需求更加敏感。此外，CARE项目还包含一些特殊的策略，来帮助教师提升课堂管理、师生关系以及教学指导。整个项目的主要教学过程大约持续30小时，在4~6周的时间内集中四天授课练习，同时还会通过电话指导日常练习。

现有实证研究表明，CARE项目可以有效提高教师的社会情绪能力、缓解教师压力并提高教学质量。③ 例如，珍妮丝（Jennings）等人选取36所城市小学的224名教师进行CARE项目训练。在项目开始前和结束后，分别收集了教师自评数据以及学生评价数据。结果表明，CARE项目可以显著提高教师的积极情

① JENNINGS P A,FRANK J L,SNOWBERG K E,et al. Improving classroom learning environments by cultivating awareness and resilience in education（care）:results of a randomized controlled trial[J]. School psychology quarterly,2013,28(4):374-390.

② JIMENEZ S S,NILES B L,PARK C L. A mindfulness model of affect regulation and depressive symptoms:positive emotions, mood regulation expectancies, and self-acceptance as regulatory mechanisms[J]. Personality and individual differences,2010,49(6):645-650.

③ JENNINGS P A,SNOWDBERG K E,et al. Improving classroom learning environments by cultivating awareness and resilience in education（CARE）:results of two pilot studies[J]. Journal of classroom interactions,2011,46(1):37-48.

感、情绪调节能力、正念水平以及教师对课堂的积极情感支持。[①] 克莱恩(Crain)等人通过随机对照组研究发现,113名中小学教师在参加完 CARE 项目后负面情绪减少,对工作和家庭生活的满意度提高,而且晚上的睡眠质量也有显著提高。[②] 一项质性研究表明,CARE 项目可以通过以下三个方面来缓解教师的压力和职业倦怠:对当下情绪的觉知;对情境的重新评价;使用隐喻(metaphor)的方式来调节情绪。[③] 但是,现有研究尚缺乏大样本支持,需要更多设计严格的随机对照研究以及长期追踪研究,为正念训练提高教师社会情绪能力提供实证支持。

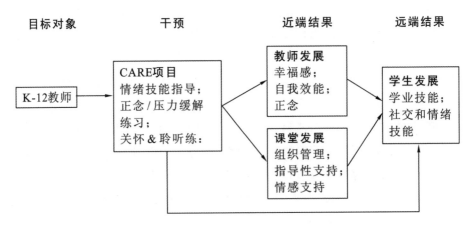

图 6 - 2　教师正念训练项目 CARE 模型

三、教师正念训练的作用机制及其效果

教师正念训练指的是将正念练习以专业化项目或课程的形式运用到教师群体,帮助教师解决自身和教学中面临的困难,促进教师的身心健康发展并提

① JENNINGS P A,BROWN J L,et al. Impacts of the CARE for teachers program on teachers' social and emotional competence and classroom interactions[J]. Journal of educational psychology, 2017,109(7):1010 - 1028.

② CRAIN T L,SCHONERT - REICHL K A,ROESER R W. Cultivating teacher mindfulness: effects of a randomized controlled trial on work, home, and sleep outcomes[J]. Journal of occupational health psychology,2017,22(2):138 - 152.

③ SHARP J E,JENNINGS P A. Strengthening teacher presence through mindfulness:what educators say about the cultivating awareness and resilience in education (CARE) program[J]. Mindfulness,2016,7(1):209 - 218.

高工作能力。已有的一些实证研究表明,正念训练可以显著提高教师的正念水平并减少人际交往问题①,减少教师的负面情绪包括焦虑、抑郁和压力。针对教师群体正念训练的一项元分析研究表明,正念训练可以有效帮助教师群体缓解压力、提高情绪调节能力和自我效能感。② 正念训练主要从三个方面对教师群体提供帮助:①自我关怀;②成为一个正念的反思型教师;③以正念的态度和方式来促进师生关系、支持学生的学业成绩和社会情绪能力的发展。首先是教师的自我关怀方面,教师如果缺乏自我关怀更容易导致职业倦怠。非评判性的自我觉知是自我关怀的基础,对于成功的教学非常重要。教师如果不能够满足自身的基本需求,那么就很难向学生传递有效的指导和关怀。正念帮助老师提高自我同情(self-compassion)的态度,使老师能够更加接纳自己作为一个"不完美"的人而存在,而不是苛求自己,从而减少对自己的错误和缺陷的过度自责。③当面对一些自己难以控制的事情或者意料之外的结果时,教师可以运用正念的态度来对待自己和学生,而不是过分苛责自己和学生。因此,正念所包含的自我接纳和自我同情的态度可以有效提升教师的自我关怀,从而减少职业压力感和职业倦怠。

其次,正念训练可以促进教师的自我反思,帮助教师培养对此时此刻的觉察,促进教师觉察学生在课堂互动中的反应和情绪状态,进而采用更有利于师生关系以及学生发展的课堂策略。④ 罗伊瑟(Roeser)等人提出正念可以为教师提供一种心理资源来帮助他们更快速、更有效地应对教学过程中面临的社交和情绪方面的挑战。⑤ 总之,正念训练可以帮助教师在做出压力应对策略前意识到自己在压力情境下的情绪以及身体感受,从而避免自动化的冲动行为或者陷

① SARAH G,Luong M T,Schmidt S,et al. Students and teachers benefit from mindfulness-based stress reduction in a school-embedded pilot study[J]. Frontiers in psychology,2016(7):590-608.

② EMERSON L M,LEYLAND A,et al. Teaching mindfulness to teachers:a systematic review and narrative synthesis[J]. Mindfulness,2017,8(5):1136-1149.

③ SHAPIRO S L,CARLSON L E,ASTIN J A,et al. Mechanisms of mindfulness[J]. Journal of clinical psychology,2006,62(3):373-386.

④ ALBRECHT N J,ALBRECHT P M,COHEN M. Mindfully teaching in the classroom:a literature review[J]. Australian journal of teacher education,2012,37(12):1-14.

⑤ ROESER R W,SCHONERT-REICHL K A,et al. Mindfulness training and reductions in teacher stress and burnout:results from two randomized, waitlist-control field trials[J]. Journal of educational psychology,2013,105(3):787-804.

入旧有的不良反应模式。

最后,教师可以把正念的态度和方式应用到与学生沟通的过程当中,以更加真诚的态度和学生分享内心的感受和体验,鼓励学生分享自己当下的感受和想法,并以友好的、非评判的态度来对学生表达的内容进行反馈,从而构建师生之间积极的沟通氛围。正念觉知有利于教师选择更具有适应性的应对压力的策略,提高其社会情绪能力。具有高水平社会情绪能力的教师可以用自己的积极情绪来激励学生,同时,他们能够觉察并理解他人的情绪,从而和学生之间建立紧密的、支持性的关系,并营造积极的课堂氛围。

目前,将正念训练应用于幼儿园教师群体的研究虽然还不够广泛,但是近些年也在快速发展。研究表明,通过情绪智力的中介作用,正念训练有助于缓解幼儿园教师的心理困扰,具有较高正念水平的幼儿园教师会经历较低水平的心理困扰。① 加纳(Garner)等人对 87 名具有学前教育经验的教师进行了基于正念训练的干预,结果表明正念训练可以有效提高幼儿园教师的正念水平以及情绪调节能力,另外,正念训练还可以让教师更深刻地认识到教师课堂上的不良行为会给儿童的认知和社会发展带来负面影响。何元庆等人在中国幼儿园教师群体中验证了正念团体训练可以有效促进幼儿园教师的心理健康水平。实验组包含 45 名幼儿园教师,实施 8 周的正念团体训练;对照组选取 33 名幼儿园教师。研究结果表明,实验组的幼儿园教师正念水平显著高于对照组,心理症状自评量表(SCL - 90)的总分显著低于对照组,也就是说,正念训练可以改变幼儿园教师的惯性思维和行为,从而改善其心理健康状况。② 还有研究者以幼儿园教师为研究对象,并将其分为正念训练组和对照组,对正念训练组的教师实施为期 4 周的正念训练,结果表明正念训练组的教师在情绪智力和正念教学分数上显著优于对照组,职业倦怠和抑郁

---

① CHENG X L, MA Y, LI J, et al. Mindfulness and psychological distress in kindergarten teachers:te mediating role of emotional intelligence[J]. International journal of environmental research and public health,2020,17(21):8212.

② 何元庆,翟晨靓,等. 正念团体咨询对幼儿教师心理健康的干预效果[J]. 中国卫生事业管理,2018,35(8):631 - 632.

分数显著下降。①

总之,教师正念训练首先从自身开始进行正念练习增强自我关怀、自我反思以及人际交往的基本能力。然后将正念的积极特质比如自我觉知、共情、情绪调节平衡能力融入教学过程中,成为学生的榜样,并且以正念的态度与方式和学生相处。

四、正念对培养幼儿园教师社会情绪能力的启示

通过已有研究发现,幼儿园教师正念水平与其社会情绪能力的发展存在显著的关系,基于正念训练的教师干预项目也切实可行,其对教师的发展、课堂管理以及学生的发展均具有积极的作用。因此,教师正念训练将是促进幼儿园教师社会情绪能力发展的重要手段之一,同时也为培养幼儿园教师的社会情绪能力提出启示。

1.形成幼儿园教师正念训练的多元合作机制

由于幼儿园教师的专业发展受政府、幼儿园、教师培训机构等多方面的影响,因此,幼儿园教师正念训练的合作机制可从以下层面进行建立。第一,高素质的教师队伍必须要具备情绪管理与调节能力,因此政府教育部门应建立幼儿园教师情绪的考核评估体系,可考虑将其纳入到幼儿园教师招聘过程中。同时,幼儿园管理者也可以利用考核评估标准对幼儿园教师的社会情绪能力进行评价,通过反馈提高幼儿园教师的情绪能力。除了建立考核评估指标,实施效果也需要运用多种方法来进行测评②,例如通过生理指标的测量(皮质醇、心率等),或从幼儿的角度来测量,进而反映教师的社会情绪能力。第二,政府应加强与幼儿园、高校等的联系,在幼儿园教师的培养、培训过程中,强化正念意识培养,并提供网络教学及视频教学资源,让更多的教师群体参与到正念训练当中,使正念训练的效益最大化。同时,搭建共享平台,供幼儿园教师随时随地分享当下的正念体验,提高其对当前情绪的注意力,提高其正念特质水平。第三,

① CHENG X L,ZHANG H,MA Y,et al. The effect of mindfulness – based programs on psychological distress and burnout in kindergarten teachers:a pilot study[J]. Early childhood education journal, 2022,50(7):1197 – 1207.

② ROESER R W,SKINNER E,BEERS J,et al. Mindfulness training and teachers' professional development:an emerging area of research and practice[J]. Child development perspectives, 2012,6(2):167 – 173.

在幼儿园教师的培训过程中,应提供专门的正念训练场所和充足的正念训练时间,邀请专业人员对幼儿园教师进行正念训练,以提高其社会情绪能力,使其以更好的情绪状态进入工作岗位。

2. 幼儿园建构幼儿园教师正念训练的支持系统

幼儿园作为幼儿园教师的主要工作场所,也需要建立相应的支持系统。第一,幼儿园应针对不同阶段教师的情绪特点采取不同的支持策略,比如针对成长期的幼儿园教师,幼儿园应引导他们通过正念的方式掌握情绪调节、管理技巧,不断提升情绪管理水平。第二,幼儿园可建构正念支持系统以丰富幼儿园教师的情绪管理途径。比如定期为教师开展正念培训,在园本培训中增加正念训练内容,并尝试将正念训练融入其他传统校园项目当中①,通过综合性训练或将正念整合到其他项目,提高干预的成功率。通过融合的方式指导幼儿园教师掌握具体的正念练习方法,并在教学工作和日常生活中进行实践练习。此外,针对个别出现情绪枯竭、职业倦怠的幼儿园教师,可围绕 CARE 或 MT 项目进行适当的正念训练,帮助其缓解消极情绪。第三,幼儿园内可组建正念练习共同体,通过练习和相互学习帮助教师提高正念水平,同时也便于教师之间可以分享正念练习心得,以及在练习过程中存在的困惑,从而不断发展其情绪管理能力,促进自身的专业发展。

3. 提高幼儿园教师自身的正念与情绪管理水平

与其他职业相比,幼儿园教师需要付出更多的情绪劳动,而幼儿园教师的情绪状态不仅影响自身的专业发展和教学的质量,还影响幼儿的身心健康发展。因此,幼儿园教师首先要始终保持良好、积极的工作心态,在工作和生活中增强情绪调节、管理的意识,学会自我减压。遇到情绪失控时,尝试运用正念的方式有意识地注意、觉察自身情绪状态并加以调控,客观地看待事情发生、发展,情绪平复后,积极地进行自我评价反思,从而形成一套适合自己的情绪调节方式,不断管理自身的情绪状态。② 第二,幼儿园教师应积极主动学习正念知识,例如阅读相关书籍,积极参与正念的相关讲座与活动,并将自己所学的正念知识运用到实践中,在正念练习中反思总结,促进自身情绪情感的发展。第三,

---

① 段文杰,冯宇. 学校正念干预的应用与特点[J]. 心理科学,2018,41(1):85-90.

② 周晓芸,彭先桃. 正念训练:幼儿教师专业发展的现实之需[J]. 科教导刊,2018,(18):78-79.

除了关注正念对幼儿园教师群体社会情绪能力发展的作用外,也可以将其延伸到特殊儿童的教师群体。事实上,特殊教育对老师的社会情绪情感挑战更大,已有研究表明正念项目可以有效帮助这些教师减少压力并且增加积极情绪。本恩(Benn)等人针对特殊儿童的家长和教师进行了5周的正念训练,发现正念训练可以显著提高特殊儿童教师的正念水平、同情心以及教学水平,可以帮助照顾者保持情绪情感的平衡,提高有效应对压力的能力,进而提升幸福感。[1]

第三节　乡村幼儿园教师社会情绪能力
干预课程设计

研究者查阅正念相关书籍和文献,与团队研究者多次开展线上讨论以及面对面交流,将正念与幼儿教师紧密结合,依据正念、社会情绪能力等相关理论,充分考虑当代幼儿教师的情况,结合在线课程的特点,基于《正念教养》从教学内容、方法及练习等方面对传统经典正念课程进行了改编设计、罗列课程框架、制作PPT课件等,并与团队研究者共同录制为期6周、每周4节课、每节10~15分钟的课程,上传至学习通软件,共计24节课程。同时,在该平台上传每周2~3次的课后个人正念练习音频以及讨论题,包括对正念练习的感悟、觉察、正念资料的阅读及正念活动的日常记录等,将正式练习与非正式练习相结合,把正念活动融入日常生活。为便于参与者回顾思考,特在每节视频下方呈现文字版。课程理论与实践紧密结合,每周围绕一个主题进行理论学习和正念练习,且以实践教学为主,以被干预者习练、领悟为重点。授课内容以串联式为主,并将正念理论以及静坐冥想、呼吸等经典正念练习同步贯穿于课程始终,遵照正念体系进行课程内容设置。

整个干预活动内容制定标准为:①所有正念活动以及概念介绍均参考成熟的正念干预项目,确保内容质量;②有关正念的理论讲解均以幼儿教师当下社会环境为基础举例说明,以便教师理解分析如何将正念运用于所处社会环境;③干预活动与幼儿园教师工作环境紧密相连,且教师可自主选择时间参与课程;④每次课程均有各自的主题、目标、课程内容、课后练习等。具体

---

① BENN R,AKIVA T,AREL S,et al. Mindfulness training effects for parents and educators of children with special needs[J]. Developmental psychology,2012,48(5):1476.

内容见表6-1：

表6-1 六周正念课程内容

课程名称	目标	课程设计	个人课后练习
第一期：正念初体验，感受教育的自动反应模式	对正念有简单的了解，进行简单的正念练习，感知觉察自己无意识的反应	正念的概念、作用、自动反应模式；葡萄干练习；身体扫描；行动模式与存在模式	正念阅读；身体扫描；被忽视的日常活动
第二期：正念初进阶，回归正念教育初心	进一步觉察动态中的身体感受，以慈悲的态度与初心看待孩子	撕掉标签；情景设想：观察班里的孩子；身心一体；静坐冥想；呼吸训练	静坐冥想；师幼正念日常练习；记录喜悦时刻
第三期：与身体重新建立联结，慈悲地对待自己	觉察愉快压力反应，意识并接纳工作和生活中的压力，主动应对压力	与身体产生联结：正念伸展活动；自悯练习：压力设想并自我悦纳；三分钟呼吸空间练习；高山冥想	正念伸展活动；记录压力时刻
第四期：辨认教育模式和图式，做正念教师	与强烈的情绪同在，辨别愤怒、脆弱的儿童模式和惩罚与苛刻的成人模式	模式辨认练习；拥抱你的情绪；室内行走冥想；静坐冥想：与情绪同在	压力情境下的三分钟呼吸空间练习；静坐冥想
第五期：修复教育冲突，设置爱的界限	与儿童换位思考，产生情绪共振，设置爱的界限	破裂和修复练习；STOP练习；慈爱冥想；设置爱的界限	自己设置30分钟日常练习；师幼正念日
第六期：坚持正念练习，做正念教师	友善地对待自己和孩子；总结6周练习，展望未来	负责任决策（一）；负责任决策（二）；回顾冥想	记录6周正念感悟

第一期：正念初体验，感受教育的自动反应模式

1. 课程目标

①对正念有简单的了解，熟悉正念、正念干预的概念及作用；

②知道正念干预的方法，并进行简单的正念练习；

③了解自动反应模式、行动模式和存在模式，感知觉察自己无意识的反应。

2. 课程内容

1）了解正念

（1）正念

什么是正念？简单来说，正念是一种注意方式。美国的卡巴金（Jon Kabat - Zinn）博士提出：正念是一种有意识的、此时此刻的、不评判的注意方式，个体不带任何判断地把注意力完全地集中在当下自己对内外的体验上。

经过心理学的研究以及去宗教化，正念在各个国家地区广为流传。比如著名的 Google 公司，开发了名为"搜寻内在自我"正念课程。在西方国家，正念已经成为和跑步、健身一样可以衡量健康指数的标准。在我国，正念也逐渐受到关注。

（2）正念干预

卡巴金（Jon Kabat - Zinn）博士建立"正念减压"门诊，开设一系列正念减压课程，创立了正念减压疗法（Mindfulness - based Stress Reduction, MBSR），用于帮助病人缓解疼痛并取得疗效，开创了正念干预的先河。其课程是采用身体扫描、呼吸训练、三分钟呼吸空间等练习方式对团体进行为期 8 周、每周一次、每次 2.5 ~ 3 小时的正念干预。主要用于患者正确看待处理生活中的压力以及自身的疾病，以平静的心态看待这些体验，与压力和疾病同在，感受它们在身体中的变化，接纳它们并与它们和平共处。

随后，正念减压疗法在美国医疗系统内成为应用最为广泛、研究最深入的正念干预疗法。以此为基础的正念认知疗法（Mindfulness - Based Cognitive Therapy, MBCT）、辩证行为疗法（Dialectical Behavioral Therapy, DBT）以及接纳与承诺疗法（Acceptance and Commitment Therapy, ACT）被提出并且广泛运用于临床，例如治疗抑郁症、焦虑症的复发。

（3）正念的作用

正念最早运用于临床中。正念可以缓解焦虑、抑郁等不良心理情绪，从而提升自我管理效能，有利于患者康复。同时，正念也运用于不同职业群体中。如国内外各大企业积极引进正念练习课程，以缓解工作者的工作压力、负性情绪，提高他们的积极情绪。

正念被运用到教育领域，对学生、家长以及教师都有积极作用。有研究者对幼儿和小学生进行正念训练，结果发现正念训练对其注意力和专注力都有显著提高。对于高年级学生，目前现有的研究聚焦于对学生的学业压力和倦怠情绪的调节。对于家长，正念可运用于父母养育。同时，正念对于教师缓解职业倦怠同样有积极作用，可以帮助其提升情绪调节、运用、管理能力。

2）三种反应模式

（1）自动反应模式

作为幼儿园教师，可能会在压力情境下产生快速、强烈的自动反应。例如，你刚给所有的孩子盛好午饭，正打算坐下休息一会。这时，只听见"哐"的一声，"老师，XX 小朋友撒饭啦……"，你走近一看，孩子的全身和地上都是刚刚撒的饭汤。你可以想象到伴随这一幕会出现怎样的压力感，甚至可以感受到自己的无奈、焦虑和愤怒。

此外，工作中教师对幼儿很多方面的教育也是自动完成的。比如老师一边给小班的孩子喂饭，而心智却投入在下午的工作思想汇报上。老师的身体与孩子在一起，情绪却在另外一处。这会影响我们真正地理解孩子、与孩子产生共情，以及对孩子进行及时回应，会错过充分体验与孩子共处当下的机会。

（2）行动模式

幼儿园教师时刻处于行动之中，习惯于在纸上详尽列出诸多待办事项，或是干脆将这些任务铭记于心，随时携带于思绪之中。即便在处理当前事务之际，其脑海中亦会预先筹划紧接着需完成的几项任务。幼儿园教师时常面临繁重的工作负担，这往往令他们感到压力重重，难以释怀。卡巴金使用"行动模式"来描述这一现象，指的是使用问题解决、目标导向的心智模式来完成事情或达成目标。如果过多地处于行动模式，会让人精疲力尽，产生被驱使感。在行动模式中，目标是最重要的，我们不需要关注完成的过程。

（3）存在模式

正念则提供了另一种可能——"存在模式"。如果专注于每时每刻的体验，那就是存在模式:事情发生的时候我们就去体验所发生的一切,而不是跳到前面去展望目标或者思考接下来要做的事情。在"存在模式"中,我们可以更充分地体验当下时刻发生的一切。达到目标的最好方式就是放弃对结果的追逐,而是每时每刻都认真专注地观察和接纳事物的本来面目。

例如,当老师组织午睡时,看起来完成了所有的动作,还一一检查了孩子的被子是否盖好,可是心里却想着能不能赶紧弄完吃饭准备会议材料。其实在那个时刻,老师可以只是陪伴着孩子,而不是规划、想着接下来的事情。老师可以只是感受自己和他们所做的一切,这实际上不会占用什么时间。当老师真正和孩子们同在时,会注意到孩子们的眼睛或者身体动作,或者他们的呼吸快慢。当老师可以以存在模式与孩子们一起做事情时,就会有额外的收获——有机会真正与孩子们那一刻的生命同在。

3. 课堂练习

本期课程中的练习有:

(1)葡萄干练习

这个练习介绍了一种可能性:以一种全新的方式去体验一些普通和日常的东西,可以让我们体验到这种新方式如何真正地改变我们对经验的认知。(表6-2)

表6-2　葡萄干练习

拿	首先,拿起一颗葡萄干,放在手掌中或者用手指捏着它。专注于这颗葡萄干,想象自己刚从火星来,之前从未看到过这种东西
看	花点时间真正地看它,认真仔细、全神贯注地注视着它。用眼睛去探索它的每个部分,看看光线如何照射到它上面,看它亮的部分、灰暗的部分,它的凸起和褶皱,以及任何对称的或者是独特的地方
触	在指尖转动葡萄干,探索它的触感,可以闭上眼睛以强化触觉
闻	把葡萄干放到鼻子下,每次吸气时都感受它可能出现的气味、香味,同时觉察自己这样做的时候,嘴巴或胃部有没有什么有趣的反应
放	现在慢慢将葡萄干拿到嘴边,觉察自己的手、胳膊是否能准确地感知嘴的位置。温和地把葡萄干放到嘴里,不要咀嚼,觉察它刚刚放进嘴里的感觉。花几分钟体会一下,葡萄干在嘴里的感觉,用舌头去探索

尝	准备好以后,开始咀嚼葡萄干,觉察自己咀嚼的位置和方式。然后,有意识地咬一两口,看看接下来会发生什么,体验由于持续咀嚼而带来的味觉冲击。不要咽下去,体会嘴巴里面的味觉感受和触觉感受以及它们随着时间推移而发生的变化,还有葡萄干本身所发生的变化
咽	准备吞咽时,看看自己能否在第一时间探查到想要咽下去的那个意向,在真的咽下去之前,先有意识地体验它
继续	最后,看看自己是否能够感受到葡萄干进入胃部的感觉,在完成这个正念吃葡萄干练习后,去体会整个身体的感觉

(2)身体扫描练习

以下是身体扫描练习的具体指导语:

①请找一个温暖而不会被打扰的地方,仰面舒适地躺下来。你可以选择躺在地板的垫子或者地毯上,也可以躺在自己的床上。然后,轻轻地闭上眼睛。

②花一点时间去觉察呼吸的运动和身体的感觉。当你准备好了的时候,将觉察放到身体的生理感觉上,特别是身体所接触的地板或者床垫带来的触感和压力。随着每一次的呼吸,让你的身体更加沉入垫子或者床垫里。

③为了集中意志,你要提醒自己这是一个"进入清醒"的时间,而不是"进入睡眠"的时间。此外,还要提醒自己,不论当前的情景如何,你要做的只是单纯地去觉察当前的时刻。这个练习并非要你改变体验世界的方式,也不是让你变得放松或者冷静,它的目的是让你系统性地对身体的每一部分轮流进行关注,然后能够觉察到所有的感官(包括之前觉察不到的感官)。

④现在把你的注意力放到腹部,随着呼气和吸气进行,注意腹壁的起伏变化。用几分钟的时间去注意腹部随着吸气而膨胀,随着呼气而收缩的情形。

⑤在保持着对腹部觉察的同时,把注意的焦点转移到左腿,顺着腿部一直到脚部,然后再延伸到每一个脚趾上面。依次关注每一个脚趾,用轻轻的、温柔的注意去探索你的感觉,也许你会注意到脚趾之间瘙痒、温暖或者麻木的感觉,也可能什么感觉都没有,不论怎样,用心去感觉就行了。事实上,不论你体验到的是什么,你已经活在当下了。

⑥在准备好的情况下,尝试在每一次吸气的时候,体会或者想象气息进入

肺部之后顺着流向全身,通过左腿一直到达左脚的脚趾。而在呼气的时候,则体会或者想象气息从脚趾和脚上面流回来,顺着左腿和躯干从鼻孔里面出去。用这种方式呼吸几次,每一次的吸气都直灌脚趾,每一次的呼气也都从脚趾开始回流。当然,要进入这种状态有一定的难度——你只要尽量去尝试这种"深度呼吸"的练习,慢慢地就能接近那种状态。

⑦现在,当准备好了之后,在某次呼气的时候,把注意力从脚趾转向左脚的底部——轻轻地去探索脚掌的感觉,然后是脚后跟(比如,你可以注意脚后跟与垫子或者床接触的感觉)。尝试着让"呼吸灌注"到所有的感觉——在探索脚底的感觉时,把呼吸作为一种觉察的背景。

⑧现在把注意力放到脚的其他部位——脚踝、脚背以及骨头和关节。深深地吸一口气,让气息灌注于整只左脚,然后随着气息的吐出,将注意力从左脚上完全移开,再依次转移到左腿的小腿部分——腿肚、胫骨、膝盖等。

⑨继续扫描全身,依次在身体的某个部位停留一段时间:左小腿、左膝盖、左大腿;右脚趾和右脚以及右脚踝、右小腿、右膝盖、右大腿;盆骨部位——大腿根部和臀部;下背和腹部,上背和胸部以及肩部。然后我们转移到手部,首先感受放松手指和拇指的感觉,再是手掌和手背,小臂和肘部,还有上臂;然后又回到肩部和腋下;脖子;脸部——下颌、嘴巴、唇、鼻子、脸颊、耳朵、眼睛、前额;然后就是整个头部。

⑩当你注意到身体的某个部位紧张的感觉时,你可以通过"深度呼吸"来消除这种感觉——首先通过吸气,把注意力放到那个部位,尽量去体会它的感觉变化,然后随着每一次的呼气使它慢慢放松下来。

⑪思维有时难免会从呼吸和身体上游离开。那是很正常的事情,也是思维的一个特点。当你发现这种情况时,请承认它的合理性,并留意思维的去向,然后把注意力拉回到你原来关注的部位。

⑫当你用这种方式扫描完全身之后,花几分钟的时间体会一下全身的感觉,以及气息在身体自由来去的感觉。

⑬此外,对于大部分长期遭受轻度失眠的现代人来说,有一点非常需要注意,因为我们是在躺着的状态下进行全身扫描的,因此,很容易就会睡着。如果你发现自己睡着了,可以用枕头把自己的脑袋垫起来,睁开双眼,或者采取坐姿来进行这个全身扫描练习。

4.课后练习

①完成正念资料阅读、正念书写练习、身体扫描练习。

②选择一项日常忽视的活动,专注正念地进行,并记录自己的体验,如:扔垃圾、刷牙、洗澡等,将正念融入日常生活中。(表6-3)

表6-3　个人练习记录表

您的编号_____,您的姓名_____			
日期	身体扫描练习（是/否）	练习次数、时间	效果怎么样（开放题）
例:星期三　2021.4.3	√	2次,一共30分钟	感到全身放松,注意力集中
星期____			
星期____			
星期____			
星期____			
星期____			

第二期:正念初进阶,回归正念教育初心

1.课程目标

①简单了解正念感知身体意识对于心理意识的作用机制,进一步觉察动态中的身体感受;

②明确正念练习的基本态度,觉察教师会无意识地给孩子贴标签;

③学习并进行感恩练习,以慈悲的态度与初心看待孩子。

2.课程内容

(1)正念练习基本态度

卡巴金(Kabat-Zinn)提出关于正念的七个基本态度是:①不带评价;②耐心;③初心;④信任;⑤不强求;⑥接纳;⑦顺其自然。人都是不完美的,在犯错的时候不要去批判自己,接纳、不评价、允许事物以真实面貌存在。温和、慈悲等基本态度,可以帮助教师们去对抗那些来自外界的、对自己和孩子们的评价性态度。

（2）撕掉标签

成人有时候会不自主地给孩子们贴标签。一旦我们下了结论,比如孩子"不是学习的料""不够听话、不够专注",那么我们就很容易关注到与这个标签相符的事例,忽视与其相反的表现。这一点对于孩子来说影响很大,因为有时孩子会认同自己的标签,认为自己就是个有问题的孩子、失败者、不完美的孩子。

我们的期望深刻地影响着我们的认知,更重要的是,这些期望常常阻碍我们,让我们无法认知一些东西,而正念练习可以帮助我们。首先,要觉察到我们对经验、对孩子的"认知"并不是那么纯粹,甚至不一定完全准确。我们会觉察到,我们认知体验中的事物如果不符合我们的期望或解释,就会被我们无视或忽略。其次,有意识地减少我们只看到自己期望的事物的倾向。正念练习帮助我们拓宽对孩子的认知,在某时某刻全然地看待孩子那些奇特的、不符合看法的特征。

教师之所以容易对幼儿形成刻板印象或狭隘的看法,是由于其工作的特殊性,幼儿园教师工作是由很多重复的互动模式和事件构成的,它们已经发生过千百次,这些互动已变成了日常惯例。但是,这种可预见性和重复性的副作用就是,教师失去了初心的能力,不能真正地去体验这一天、这一时刻、这个孩子。其实孩子只存在于当下,他已经不同于上一刻的他或者昨天的他。正念告诉我们,如果我们能认真对待初心,那么每个时刻都蕴含着改变的种子,无论是对孩子还是对我们自己。

（3）感恩练习

感恩练习是感恩研究领域的奠基人埃蒙斯（Emmons）等在一项关于感恩对主观幸福感影响的研究中,发展出的感恩的干预策略,就是让被干预者按照一定的周期列举一些令自己感激的人或事。其作用机理是通过对事件予以感恩地解读,从而体验到他人给予自己的照顾和关爱,心中升腾起一种被爱的感觉,便心生喜悦,实现主观幸福感的提升。[①]

---

① 贾平.改善大学生主观幸福感的感恩练习干预研究[J].冶金与材料,2019,39(4)：25－28.

例如,你刚刚给孩子们分发完早餐,就看到一个朋友拽着孩子的手,之后她告诉你:"你不知道我早上都经历了什么。早读时间,这孩子死活不肯跟大家一起看书,因为那不是他最喜欢的绘本。然后又哭又闹不吃早餐,尖叫着说再也不来幼儿园了。然后我就完全失控了,我对她大吼,说把他送到 XX 班去。最后,我把他拖出了门,而班里的孩子看到了这一切。这真是太可怕了。"

现在请思考这些问题:你觉察到身体出现了什么反应? 你有什么样的情绪? 你又有什么想法? 你想说些什么或者做些什么?

请进一步思考:你是否可以像对待朋友那样友好地对待自己? 我们可能对朋友比对自己更加宽容。但同样处在压力情境下,我们有没有用同样慈悲的态度对待自己呢? 为孩子和自己而感恩,它可以有效地医治我们只关注孩子与自身问题的偏见。当我们对孩子感到不耐烦或者烦躁时,可以回想一下,自己曾经无数次地呵护他们。当我们有意识地向那些需要感恩的事物、向自己、向孩子打开注意力时,我们就可以用更为开阔和仁慈的视角去看待自己作为教师所面对的困难。当我们太容易关注问题,就会让自己所拥有和珍惜的东西蒙上了阴影。

3. 课堂练习

本期课程中的练习有:

(1)感恩练习

舒适地坐下,闭上眼睛,将意识集中于自己的身体姿势、感觉和呼吸。

让孩子们的形象浮现在脑海中。问自己,对孩子们的哪些方面觉得感恩? 想出三件值得感恩的事情,无论它多么微小,不要过多地思考。

现在,将意识集中于自身,让自己的教师形象浮现出来。然后问自己,对自己的哪些方面觉得感恩? 同样,作为幼儿园教师,想出三件值得自我感恩的事情。让答案像泡泡一样自动地冒出来,不要刻意去思考。

准备好以后,可以睁开眼睛。分别将对孩子、对自己感恩的三件事情记下来分享。

(2)静坐冥想:呼吸

通过静坐冥想呼吸训练觉察到身体反应,发现自己分心,觉察到一些念头或情绪的出现并描述自己的感受。

4. 课后练习

完成静坐冥想呼吸训练,记录日常生活中的喜悦时刻,以及选择一件日常

与幼儿进行的事情,专注正念地进行,并记录自己的体验,如:为幼儿梳头发、穿衣服、讲故事等,并进行记录。(表6-4)

表6-4　愉悦事件记录表(一)

愉悦事件	身体反应	情感	想法
例:早上,孩子钻进了我的怀里	放松、伸展、微笑;与孩子亲密接触,享受她身体的感觉和味道	温暖、愉悦	开心、幸福、爱;她好可爱,好温暖

第三期:与身体重新建立联结,慈悲地对待自己

1.课程目标

①明白幼儿园教师与身体产生联结的重要性,进行正念伸展运动;

②了解自悯,通过自悯练习与他人产生共情;

③感觉愉快、压力反应,意识并接纳工作和生活中的压力,主动应对压力。

2.课程内容

(1)与身体产生联结

我们总是用理性思维、目标、计划指导着我们的经验,只是偶尔才察觉身体的变化。更多时候,只有在因为疼痛而尖叫时,我们才会听到身体的呼喊:"我受不了了!"但这可能是一个危机点,即在感觉到疼痛之前,我们已经越过了身体的极限。忽视自己的身体会给身体和精神健康带来严重的后果。如果可以知晓自己身体的极限,我们就可以用身体的智慧来照顾自己。学会聆听自己的身体,与身体协调一致,我们就可以收获很多。

作为幼儿园教师,为何与身体的重新联结如此重要呢?因为教师需要大量的行动模式。身体可以为我们提供简单的途径,让注意力快速地重返当下的体验。例如教师在喂一个孩子吃饭的过程中,会同时叫另一个孩子去洗手上厕所,还会匆忙去打扫卫生,这反映了我们自动化的行动模式。为了满足孩子的

需求,我们会把自己的身体搁置一旁,稍后再去考虑它。但当我们把注意力重新放到身体上,无论是呼吸还是其他身体感觉,这会让我们立刻与当下时刻的身体感觉联结。这有助于我们从行动模式转向存在模式,还会让我们立刻觉察到涌现出的想法和情绪,进一步帮助我们与自己的体验以及与孩子的互动体验联结。

如果我们尊重自己的身体界限,就会接纳它们的本来面貌,放弃试图改变它们的想法。这其实就是接纳自我、接纳自我体验在身体上的体现。我们的身体就是它现在的样子,我们需要做的,就是更加密切地聆听它的情愫。

（2）自悯

克里斯汀·内夫(Kristin Neff)是一名发展心理学家,也是一个关注自悯的研究者,她教授自悯时,总是会问:当我们看到一个朋友身处痛苦之中时,我们的自然反应是什么? 事实上,我们对朋友自然流露的慈悲反应正是我们在压力时刻应该给予自己的。

自悯是一种简单有力的方法,可以矫治我们努力成为完美教师的倾向。通常当我们陷入挣扎时,会严苛地进行自我评判,然后会感到孤独。自悯练习提醒我们,所有的人类都会经历痛苦的时刻,这样,我们在痛苦时就能与他人更密切地联结。作为家长、伴侣、朋友、同事,面对自己的缺点时,可以提醒自己"人非圣贤,孰能无过"。从这个意义上讲,自悯类似于宽容,它是对人性的接纳。如果我们可以自悯地对待自己而不是评价,那么我们就转向在痛苦的时刻安慰自己,就像我们在朋友做出懊悔的事情后所做出的反应那样。

自悯包括:

①意识(此刻的负面情绪);

②自我宽容(对自己的痛苦给予宽容的反应);

③与共同的人性相联结(所有的老师都会有负面情绪)。

3.课堂练习

本期课程中的主要练习有:

（1）正念伸展练习

练习指导语如下:

首先,选择站立的姿势,光脚或者穿着袜子站立。膝盖可以放松些,双腿保持微微弯曲的姿势,双脚相互平行。

然后,吸气时,缓慢而专注地向身体两侧抬起双臂,与地板保持平行。呼气时,继续吸气时抬臂,动作缓慢,意念专注,直至双手超过头顶。双臂移动时,注意你是否能充分感觉举起双臂并保持伸展状态过程中肌肉的动作。

按自然节奏顺畅呼吸,继续双臂上举,指尖轻轻推向天空,双脚稳稳立于地板。用一点儿时间感受身体肌肉和关节的伸展感觉,包括身体的任何部位:从双脚、双腿往上,穿过躯干和双肩,让意念转移到胳膊、手掌和手指。

让伸展姿势保持一段时间,观察呼吸变化,让气息自由进出。如果你的双眼刚才是张开的,现在你可以闭上眼睛,感受可能会更加深刻。保持伸展姿势的同时,以开放的心态接受每次呼吸时身体感觉和感受的任何变化。如果感到压力和不舒服感增强,同样以开放的心态接受这些现实。

在某个时间点,当你准备好以后,慢慢地——非常缓慢地——在呼气时,放下双臂。动作要缓慢,同时注意肌体感受到的变化,甚至包括衣服在肌肤上的移动。聚精会神地跟踪身体感受,直至双臂完全放下,从肩膀自然下垂。完成这一系列动作后,将注意力放在呼吸的运动和身体各部位的感觉和感受上,或许还能察觉伸展之后产生的效果。

(2)自悯练习:仁慈地对待自己

练习指导语如下:

舒适地坐下,闭上双眼。想象一个自己觉得不那么愉快的困难的或压力性的师幼互动场景。(尽可能生动地想象这个场景,就像此刻正在发生一样。有谁在那里,他们说了或者做了些什么,你自己说了或做了些什么?)

如果你已经有了清晰的图景,那么就将注意力聚焦于此刻并检查:你此刻怎么样? 觉察到哪些东西出现了? 你有没有什么身体知觉、情绪、想法和紧张感?

告诉自己:无论此刻我有什么感觉,没关系,让我去感受它。去觉察任何出现的反应——有没有批评或者评价性思维? 有没有悲伤感、愤怒感或者内疚感? 身体有紧张感吗?

现在,看自己是否能够用宽容和仁慈的态度对待自己,就好像对待一个朋友那样。承认这些对自己而言是个痛苦的时刻。安慰自己比如告诉自己"这确实很艰难"或者"亲爱的(名字),你那么努力地想要做一个好老师,但有时这确实太困难了"。

如果可以,试着进行身体放松,把双手放在胸口,去体会双手的温暖或者尝试安抚身体觉得不适的部位,比如胳膊、面部……

现在,是否能够回想起那些所有老师都会觉得挣扎、内疚或者失败的时刻?是否可以提醒自己,其他老师也会为自己的所作所为感到苦恼或懊悔?提醒自己,是人都会犯错,将自己与其他老师联结,他们像你一样在尽自己的最大努力却依然犯错。

4.课后练习

完成正念伸展练习,记录生活中的压力时刻并在觉察到压力的时刻做三分钟呼吸空间练习。

(1)记录喜悦时刻(表6-5)

表6-5 愉悦事件记录表(二)

愉悦事件	身体反应	情感	想法
例:早上,孩子钻进了我的怀里	放松、伸展、微笑;与孩子亲密接触,享受她身体的感觉和味道	温暖、愉悦	开心、幸福、爱;她好可爱,好温暖

(2)记录压力时刻(表6-6)

表6-6 压力事件记录表

压力事件	身体反应	情感	想法
例:孩子对我撒谎	呼吸加快,头皮发紧	很生气,也感到很失望	不知道还应不应该相信她

第四期:辨认教育模式和图式,做正念教师

1. 课程目标

①辨别愤怒、脆弱的儿童模式和惩罚与苛刻的成人模式;

②进行正念静坐练习,观察情绪;

③通过室内行走练习,感知对身体当下的觉察建立正念。

2. 课程内容

1) 辨认图式模式

(1) 图式模式

由于幼儿园教师职业的特殊性,在压力之下或者在跟孩子的互动中有强烈的情绪被激发时,我们就倾向于回到自己的早年体验——也就是我们被养育的方式中。图式模式就是成人身上被激活的一些思维、情感和行为模式。在这些模式中,个体要么处于孩童模式,要么处于成人模式。强烈的情绪反应或过度反应都意味着早年的图式被激发。在教育过程中会激发三种模式:

①健康成人。

②作为孩童的教师——例如愤怒和脆弱孩童。

③作为内在成人的教师——例如苛刻或惩罚式教师模式。

例如,一位老师开始时是健康成人模式,但是在互动过程中,她可能会被孩子的行为或语言激怒,这可能会触发她的愤怒孩童模式。愤怒孩童模式可能接着激发惩罚式成人模式,然后她就会对孩子发作,变得比平时更加苛刻。随后孩子的反应就会更加愤怒和反抗,会说出“我恨你!你是最糟糕的老师”这样的话。这可能又会激发教师的脆弱孩童模式,她会因此觉得被伤害、抛弃,而不是用健康成人模式去理解,孩子只是在表达愤怒。最后,惩罚式教师模式会被再次激发。

(2) 反应式教养及图式模式练习

我们应该学习觉察自己在师幼互动过程中的自动化模式或行为倾向,在愤怒或脆弱孩童模式被激发,或者惩罚式成人或苛刻式成人模式被激发时,保持觉知。

当情绪反应与情境不匹配时,就可能是脆弱或愤怒孩童被激活了。你要对此做出标识。“哦,我进入了愤怒孩童模式”或者“哦,这是我的惩罚式成人模式”。简单地对模式做出标识,就会在你和体验之间创造出距离,增加自己将想

法、情绪和感受与"现实"做出区分的可能性,因而不会进行自动化反应。在头脑中标注"想法只是想法而已"或者"图式模式只是图式模式而已"。将它看作是和自己分开的某个东西,我们就不会认同这个声音。

2)拥抱你的情绪

在觉察自己的孩童模式和成人模式的基础上,我们还应用开放、接纳和欢迎的态度去对待自己的愤怒或脆弱孩童模式。欢迎所有的情绪,允许它们存在,要学会拥抱自己的情绪,就好像它是我们的婴儿一样,走向它,拥抱它。

我们可以用语言来欢迎自己的愤怒或脆弱孩童,并和它们对话。例如"我看到你了,我在这里。你的情绪是真实的,我理解它们。但是我们现在长大了,我们不再是孩子了,我们可以照顾自己了。阳光照耀,世界如此美好。来,靠近我,我们抱一抱吧!"你可以试着给孩童模式一些安慰和慈悲。

不需要否认这些情绪,也不需要迷失在对过去的反刍之中。过去和现在,在当下时刻轻轻地拥抱在一起。如果你感到愤怒,那么就去寻找孩童模式。你的孩童需要你的关注,就像妈妈会丢下手头的所有事情奔向哭泣的孩子一样,你也需要投入你的孩童模式(你的愤怒)。拥抱你的孩子,安抚它,照顾它。

3.课堂练习

本期课程中的练习有:

(1)正念行走

练习指导语如下:

①找一个地方(室内或室外),可以在通道上来回走动,要保证这个场所有足够的保护,避免让别人以奇怪的眼光看待自己。

②站在通道的一端,双脚平行,与身体同宽,膝盖"放松",以便灵活走动。胳膊在身体两旁放松地垂下,双手在身体前或身体后轻放。目光柔和地直视前方。

③将意识集中于脚底,感知脚部与地面接触的感觉以及身体重量经过双腿和双脚传递到地面的感觉。如果之前能够活动膝盖几次,那么你就会更加清晰地感受到双脚和腿部的感觉。

④允许左脚跟慢慢地离开地面,觉察小腿的感觉,然后继续让整个左脚轻柔地离开地面,将身体重量全部转移到右腿。将意识带入左脚和左腿的身体感觉上,仔细地向前移动,然后让左脚接触地面。步伐最好小一点儿、自然一些。左脚与地面接触后,在右脚离开地面时,去体会身体重量转向左腿和左脚的

感觉。

⑤待身体重量转到左腿后,右脚全部离开地面,向前移动,觉察脚部和腿部感觉的变化模式。在右脚跟接触地面时,将注意力专注于脚跟。现在,当右脚全部接触地面时,去觉察体重转移到右脚的感觉,然后再抬起左脚。

⑥如此缓慢地一步一步向前,尤其要在脚底和脚跟接触地面时专注于这些部位的身体感觉,以及腿部向前跨出时的肌肉感觉。你也可以将意识拓展到自己关注的部位,可以的话,去觉察走动时呼吸产生的感觉——何时吸进、何时呼出以及呼吸的身体感觉。你还要将身体看作一个整体,去觉察行走和呼吸以及每个步伐中脚部和腿部的感觉变化。

⑦来到行走通道的一段,停留几分钟,觉察站立的感觉,然后慢慢地转身,通过身体方向的改变去觉察并欣赏身体移动的复杂模式,然后继续正念行走。你也可以觉察不同时刻眼睛所看到的一切未知变化以及接收到的视觉刺激。

⑧继续这样来回走动,尽量对整个行走体验以及每个时刻的感觉保持觉知,包括脚部、腿部的感觉以及脚部与地面接触的感觉。目光始终温和地直视前方。

⑨如果你觉察到自己的心智从行走体验中游离,温和地将注意力转回行走时关注的目标上,以此为锚将注意力转回身体和行走上来。如果心智非常活跃不安,那么停下来站一会儿会有所帮助,双脚与身体同宽,将呼吸和身体作为一个整体,与它们联结,直到心智和身体都回归原位,然后重新开始正念行走。

⑩继续进行 10~15 分钟的正念行走,或者根据自己的意愿增加时间。

⑪开始时,步伐要比平时缓慢,给自己更好的机会全然地觉察。可以带着意识慢速行走,如果有急躁的情绪,可以在开始时走快一些,带着觉知,安顿好以后再放慢到自然速度。

⑫记住行走时每一步要小一些。不需要看着自己的脚,它们知道自己的位置。你可以去感觉它们。

尽可能地将正念行走练习时的注意力带入正常的行走过程,每天都去体验。当然,如果你跑步的话,可以将自己在正念行走练习中出现的高品质的注意力带入到自己跑步的每一步中,带入每时每刻、每个呼吸中。

(2)静坐冥想:与情绪同在

你可以在正式静坐冥想(无论是呼吸冥想、身体扫描,还是思维觉察)的结尾练习与情绪同在;或者在结束时练习专注于情绪;或者在冥想时以静坐开始,专注于呼吸,然后专注于情绪。

练习指导语如下：

①准备好以后，将意识带入情绪中。觉察自己每时每刻的情绪基调。

②情绪基调可能是负面的：你可能会觉察到焦虑、不安或者一丝悲伤，也可能是更加强烈的负面情绪：恐惧感、愤怒感或者悲痛。你的情绪基调也可能是积极的：一点兴奋、开心，或者是非常强烈的积极情绪：愉悦的、轻松的、自豪的。但最重要的是，情绪基调是中性的，没有好坏之分。

③看看自己是否能够接纳自己当前的情绪基调，放下任何试图改变情绪状态的想法，只是去觉察自己当下的情绪基调以及它每时每刻的变化。

④你可能会发觉情绪基调有点无聊或空虚。但是看自己是否能够欣赏这种中性情绪基调，就像是一个栖身之处、一个家一样的港湾、一个滋养的状态。

4. 课后练习

①完成静坐冥想以及压力情境下的三分钟呼吸空间练习。

②填写师幼互动压力日历，辨识自己的图式。（表6-7）

在本周内，对自己的强烈情绪保持觉察，尤其是当你的愤怒或脆弱孩童模式、惩罚或苛刻式内在成人模式被激发时，你是否能够在此刻温柔、宽容和接纳地对待自己？

表6-7 压力日历

时间	描述压力情境	你的自动化反应模式是什么？有没有辨别出图式模式？	你是否进行呼吸空间或者自悯练习？	这是否对情境有所改变？
例：2021.7.20	一个孩子因自己弄坏了作品，在班上哭闹不止，尖叫、大喊。无论怎么安慰都停不下来。	反应：过快妥协（为了避免争斗），但最终却进入了愤怒模式：先是脆弱孩童，然后是健康成人，最后是愤怒孩童。	我没有在妥协时刻进行呼吸空间，在接收到孩子不停的哭闹时进行了呼吸空间，并且进行了自悯练习。	我应该对我们双方给予慈悲，然后对她表示理解而不是愤怒地回应。

第五期:修复教育冲突,设置爱的界限

1. 课程目标

①了解日常生活中的冲突与修复;

②学习在与孩子的相处过程中设置爱的界限的方法,与儿童换位思考,产生情绪共振,设置爱的界限;

③了解 STOP 练习,学习通过 STOP 练习进行情绪调节;

④通过慈爱冥想与他人产生共情,加强感同身受的能力。

2. 课程内容

(1)破裂和修复

彼此相爱的人之间肯定会产生冲突,而冲突也是让人们变得亲密的绝好机会,因为冲突之后,事情可能会得到解决,称为"破裂和修复"。冲突也可以为老师提供良好的机会,趁机对孩子进行重要的冲突教育:冲突会在相爱的人之间发生,而且冲突是可以解决的。通过观察如何解决冲突,孩子们也会学到重要的认知、社会和人际技能。

"修复"的重点不是逃避冲突,而是要用非破坏性的方式去应对和解决冲突。如果老师能够和孩子一起,敞开地讨论所发生的一切,用不带评判的、充满爱的方式,那么冲突就可以对关系和孩子带来转变。未解决的冲突,无论是"小破裂"还是大的创伤,都会对依恋关系造成破坏,从而留下幼儿独自去应对情绪痛苦。

在修复过程中,要从对方的角度看待事物,注重对方的感受。换位思考需要我们从另一个人的视角看待情境,能够想象他人的思维、感受和需要。孩子在成长过程中通过与他人的互动来学习这种技能。那些能够从孩子的角度看待世界的老师,敏于感受孩子的需要,有利于孩子形成换位思考以及感受他人需要的能力,与他人产生共情。

(2)STOP 正念练习

STOP 的正念练习是训练我们在烦乱生活中"止"的能力。

在教育中,我们经常处于惯性反应并陷入一种不良循环中,比如:对于孩子的一些不良行为,成人往往生气苛责,越防越严,但孩子不良行为的表现频率反而越来越高。一旦面临教育情境压力时,我们很容易被内心强烈的情绪和想法驱使,常常做出一些既伤害孩子,又伤害自己的事情。

STOP 正念练习,就是针对将要落入这种惯性教育模式的时候,让我们能够稍微停一停的方法。听一听自己内心的需要,往内看一看自己在教育压力中所承受的痛苦,然后试着对自己释放友善和关爱,慢慢打开内心的空间,去体会一下孩子的感受和需要。而一旦我们能够看到这些,也许会发现更多的可能性和真正的转机。

"S" – stop,简单地从字面上理解,就是停止。停止你正在做的事情,给自己一点时间来休息,暂停和找回自己。

"T" – take a conscious breath,代表有意识地呼吸,留意"处在当下"的感觉。当停顿下来时,深呼吸一两次,同时感受腹部的起伏,关注脚与地面接触的感觉,感受地面的支撑以及放松地呼吸。

"O" – observe,代表觉察内心升起的事物,包括任何想法、情绪或身体感觉。然后将觉察扩展到周围的环境,留意如何安住于环境之中而不受其约束。

"P" – proceed,提醒有意识地继续前行,从这一力量、智慧和当下并存的地方迈出下一步。

STOP 练习可以在我们感到情绪低落时提供帮助,为我们觉察和调整情绪创造空间,并调动内在更深层次的资源,提高情商和心理的灵活度,以更好地应对挑战。当需要转移强烈的情绪时,STOP 练习也可以让我们觉察并暂时把它们放在一边,以期稍后对它们进行更深入的思考时,更清晰地恢复到正常状态。

3. 课堂练习

本期课程中的练习有:

(1)破裂与修复的练习

破裂的激烈冲突,会时不时地在相爱的人之间、共同生活的人之间发生,下面的练习要探索如何解决这些冲突。

用舒适的坐姿坐好,注意力集中于身体在这个姿势下的感觉以及身体与椅子、垫子和地板接触部位的感觉。

让脑海中浮现出这样的情境:班上的孩子们,让你非常气愤,或者你对自己的某个行为感到不快,比如自己爆发或者失控的情形。尽可能生动地想象这个冲突,就好像它正在发生一样。你和谁在一起?你在做(说)什么?另一个人在做(说)什么?你有什么情感?你觉察到身体的什么反应?你脑海中出现了怎样的想法?你有怎样的行为倾向?

在这个冲突情境的生动意象出现之后,将注意力转移到此时此刻,去觉察你有怎样的身体感觉、情绪和想法？你是否对自己怀有仁慈之心？告诉自己，无论我有怎样的感觉，都没关系，就让我去感觉它欢迎任何情绪的出现，不管它是恐惧、悲伤、愤怒，还是痛苦……

将注意力转向呼吸，以及身体的呼吸运动，带着全然的意识进行三次呼吸。然后将注意力拓展到整个身体上，拓展到自己的坐姿上，去觉察身体的任何紧张的感觉。

准备好以后，呼气一次，尽可能地将注意力转移到孩子身上，去觉察另一个人有什么感觉，他正在体验怎样的情绪，他的身体感觉、想法、行为倾向、需求是什么。

尝试一下是否可以做到，不只是去感受对方的情绪，还要允许对方如此去感受。你是否允许对方感到愤怒、悲伤、痛苦、恐惧？你是否可以告诉对方，无论他有怎样的感受，都是可以的？你是否可以从对方的角度去理解他？你是否能够对他此刻的状态抱有慈悲的态度？出于这种理解和慈悲，你想对对方说些什么？你是否可以放下自己的骄傲并且真正发自内心地为自己的错误道歉？因为，如果你自己都做不到，那孩子们又怎能做到？

（2）慈爱冥想练习

有意识地锻炼自己的慈悲和善良的心智状态，我们就可以培育对自己和孩子的慈悲和爱。如果我们以慈悲之心行事，就会培育出更加慈悲的心；如果我们以愤怒之心行事，就只能培育出更加愤怒的心。我们选择哪种心灵模式，会决定我们的体验，这反过来又会决定我们的行为模式。正念可以帮助我们去实践这种爱与慈悲。

指导语部分如下：

舒适地坐下或躺下，闭上眼睛，去觉察自己的身体。此时此刻，就在这间屋子里，自己正坐着或躺着。将注意力集中于自己，不要关注自己喜欢或讨厌的特质，只是去关注一个事实，你是一个人，一个生命，会呼吸，会有痛苦。记住，所有的人都希望得到幸福，摆脱痛苦。我们要祝福自己：

祝我幸福。

祝我没有痛苦。

自然地抛出词语，觉察出现的反应，你可以重复这些字句，或者其他类似的字句。

（4）意象练习：界限

所有的孩子都需要爱和界限。界限是一种"严格的慈悲"，是出于对孩子的爱而做出的行为。有时候，这对于他们和我们自己来说都是困难的。我们往往很清楚如何正确地与孩子互动，但是我们自己的压力、情绪反应和过去的经历，有时会干扰我们执行这些已知的想法。界限设置也是如此。正念地设置界限意味着我们要全然地觉察自己重视什么，哪些东西是重要的、要教给孩子的，以及我们是否能够有效地传达这些观念。

①在脑海中回想一下自己与孩子间的困难互动情境，当时你感觉到自己的界限被侵犯了，或者孩子的特定行为让你觉得必须进行有效的规范（例如发脾气、打架）。看看自己是否能够尽可能生动地回想当时的场景：当时都有谁？发生了什么？谁说了什么或者做了什么？

②现在，看看自己是否能够想起当时的身体感觉、情绪和想法，你想要说什么或做什么？你是否能觉察到自己的心境（愤怒、伤心、恐惧等）？你是否觉察到自己的内在孩童模式被激发出来？是愤怒孩童还是脆弱孩童？惩罚式还是苛刻的成人模式？同时觉察自己现在的体验。现在你的身体有什么感觉？你有什么想法？你的情绪如何以及你有怎样的行为倾向？

③让这些情境消失，进行3分钟呼吸空间。看看你是否能够对自己的痛苦给予关照？可以的话，你可以想象着对自己说一些什么。将双手放在胸口或者轻拍自己，给自己一个小小的拥抱或者只是对自己给予慈悲。如果你感觉到脆弱或愤怒孩童的存在，你可以安抚他。

④思考：你是否能够在孩子侵入你的界限之前或之后辨识自己的界限？当试图设置界限时，事情是什么样子的？当你不想设置界限时，是在逃避什么？你现在想做什么？

4. 课后练习

完成自主正念练习以及选择一天为师幼正念日，与孩子、同事共处时一整天都要保持正念，以便将之前学到的正念实践和技术应用于日常生活。

第六期：坚持正念练习，做正念教师

1. 课程目标

①了解负责人的决策能力概念，学习利用POOCH工具训练负责任的决策能力技能；

②友善地对待自己和孩子,总结六周练习,展望未来。

2.课程内容

作为幼儿园教师,我们常面临各种选择,比如孩子哭闹不止,是继续安抚还是爆发? 在眼花缭乱的工作任务中,该如何选择? 能够做出"好"的选择是我们生活幸福、事业成功的基础。

有研究表明人类的大脑在25岁才能真正发育成熟。25岁以上的人会依赖于"前额皮质"(大脑中负责理智的区域)做决策。而25岁以下的孩子和青少年更倾向使用"杏核仁"(大脑中负责情感的区域)做决策,所以孩子们的选择往往会情绪化、不考虑后果。

能够做出"好"的选择的人,是具有负责任决策能力的人。负责任决策是指综合考量安全因素、道德标准和社会行为规范后,做出的关于如何行动以及和别人交流互动的选择。也就是能够做出"好"的选择的能力。具有负责任决策能力的人,通常做事不冲动,思虑更周全;做事不被动,会主动思考准备多个解决方案;做事情遵循社会道德和行为规范,更容易被他人接受。

我们将负责任决策的能力进一步拆解,包括六个方面技能:

①找出问题(identifying problems);

②分析现状(analyzing situation);

③伦理道德(ethical responsibility);

④解决问题(solving problems);

⑤衡量评价(evaluating);

⑥思考反馈(reflecting)。

首先要能意识到问题并且找出问题所在,然后对问题进行多维度的分析,在考虑到社会伦理和道德规范的情况下,找到最合理的策略和方法并予以实施解决问题。最后,对整个过程进行评价和反思,是不是采用了最优的解决方案,有什么成功之处,有什么遗憾之处,为今后再遇到类似的问题积累经验教训。

我们可以借助于POOCH工具训练负责任的决策能力的六个方面技能:

P代表"problem",是我们遇到的问题;

O代表"options",是可以怎么做的可选项;

第二个O代表"outcomes",是各个可选项相对应的结果;

C代表"choose",是思考衡量后最终的选择;

H代表"how",是对整个决策过程和结果的评价和反思。

POOCH 是一个梳理复杂局面的工具,像一个漏斗,将复杂无序的问题梳理出最终的解决方案。

3. 课堂练习

本期课程中的练习主要使用 POOCH 工具进行负责任的决策练习:

(1)问题

我们要培养自己在工作、生活及与人交往中发现问题的能力,我们可以这样问自己,准确识别问题所在:

①这么做有没有问题? 有什么问题?

②这是个什么类型的问题? 会带来什么样的麻烦?

③这是谁的问题? 会影响到哪些人?

④这个问题受到哪些因素的影响? 会怎么变化?

(2)选项

一旦我们意识并找到了问题,就需要进行思考和探索,因为在具体行动的时候会面临很多选择,要做负责任的决策,需要从长远着想,不要急于做出冲动的决定。可以通过以下的问题辅助自己分析不同的解决方案:

①以前有没有遇到过类似的问题? 我是怎么做的? 有什么经验教训?

②这个问题有哪些应对方式? 每种方式会带来什么结果?

③如果要解决问题,需要谁的帮助? 具体要怎么做?

(3)结果

当我们能够罗列出所有解决问题的可选项以后,就可以评估相应的结果。在做出选择之前,要尽可能全面考虑,不同的选择会带来不同的成果和后果。我们需要学习如何评估现状,分析各种可能性。

我们可以通过以下问题帮助自己评估选择:

①我列出的可选项是否都能解决问题?

②每个可选项都会有什么成果,会带来什么负面的后果?

③我能不能承受这些后果? 我做好准备承受了吗?

④我的决定会不会影响到别人? 别人会怎么看待,如何反应?

(4)选择

只有尽可能多地罗列出潜在的可选项并且评估了相应的结果后,才有可能做出明智的选择。当然,选择的时候需要再次仔细衡量得失,才能选出最合理的方案。

但要注意的是，很多时候没有十全十美的选择，鱼和熊掌只能选其一。想要享受某个方案带来的好处，就要准备好接受它的劣势和潜在的危险。

做完选择就需要付诸行动。在通过行动解决问题的时候我们可以：

①设置一个小奖励，促进自己坚持完成；

②预测能完成的时间，如果出现了意外，可以及时调整；

③设定评价和反馈机制，为今后的决策积累经验教训。

（5）评价和反思

最后一步是对解决方案的评价和反思。就算经过慎重地思考和衡量，也有可能做出不合适的选择。也许遗漏了某个重要的因素，也许在做出选择后又发生什么新变化，都会导致我们没能做出最佳选择。有时候在选择时我们认为自己可以承担相应的后果，但到头来却发现高估了自己的承受能力。会产生"如果再给我一次机会，我一定不会这么做"的想法。

表 6 - 8　POOCH 工具图

P	O	O	CH
问题	可选项 （有哪些选项）	结果 （每个选项对应的结果）	决定 （做什么决定）
	选项 1	—————— ——————	
	选项 2	—————— ——————	
	选项 3	—————— ——————	
反思			

可以通过这些问题进行评价和反思：

①我的选择好不好？有没有解决问题？

②中途有没有出现意外情况需要调整选择？

③需要小幅调整还是推翻原来的选择？需要重新进行 POOCH 的整个流程吗？

④如果再让我选择一次，我还会这么做吗？我会怎么决策？

可以用下面的 POOCH 工具图表来训练自己解决问题，做负责任的选择的能力。

4. 课后练习

记录 6 周正念的感悟与体验。回顾冥想和总结本课程所学的主题，在未来的生活中带着正念的态度去生活，将正念融入日常生活中。

第七章

线上正念干预项目对乡村幼儿园教师
社会情绪能力的提升作用

第一节 乡村幼儿园教师社会情绪能力
线上干预研究设计

互联网的快速发展为生活带来诸多便利,各个领域也因此受益。传统的线下团体正念干预受时间、场地、人员等多种因素的制约,而线上干预时间自由灵活,其以被干预者为中心,被干预者可以自由选择上课时间、地点,利用碎片化时间学习,减少组织教学的成本以及租赁费用,并且可以缓解资源不均现象,实现教育公平。线上干预能查阅被干预者的干预时长、作业次数、讨论次数,留存干预数据等。基于以上内容,本研究将基于线上正念项目探究其能否提升乡村幼儿园教师的社会情绪能力,并提出相关的建议,为幼儿园教师社会情绪能力培养路径提供借鉴意义。

一、研究目的

本研究将正念与教师的社会情绪能力相结合,对乡村幼儿园教师进行线上干预。对干预组前后测与对照组前后测进行配对样本 t 检验、干预组与对照组后测差值独立样本 t 检验以及重复测量方差分析,以探讨基于正念练习的线上干预项目对乡村幼儿园教师社会情绪能力的影响。实验结束后对教师进行深度访谈,了解基于正念练习的线上干预对乡村幼儿园教师社会情绪能力以及心理健康产生的影响。据此,本研究的研究目的为:

第一,开发针对提升乡村幼儿园教师社会情绪能力发展的线上正念课程。

第二,运用实验研究方法以及访谈法探讨线上正念练习在乡村幼儿园教师社会情绪能力培养中的作用及机制。

第三,探索乡村幼儿园教师社会情绪能力提升的线上干预项目有效性,均衡教师教育发展的资源建设,提高乡村幼儿园教师线上培训和学习的有效性。

二、研究对象

本研究采取方便抽样法,以电话咨询、线下到园宣传的方式招募被试,招募要求为:乡村幼儿园教师、未来 6 周有足够的时间参与线上正念干预课程。最终共招募 H 省 3 个公办园、2 个民办园共计 97 名乡村幼儿园教师参与该项目,把研究对象分为干预组 50 人、对照组 47 人,干预组开展以线上正念训练为主的课程,对照组在干预组课程完成后自愿参与,在控制期间对其不做任何干预,干预课程时长为期 6 周。干预组有 10 名教师由于个人原因缺席线上正念干预课程 1 周及 1 周以上,最终没有被纳入干预结果分析研究中,对照组有 5 名参与者未完成后测问卷。最终,后续参与者人数为:干预组 40 人,对照组 42 人。干预组和对照组在性别、年龄、园所性质、任教年级、学历、学校所在地上不存在显著差异。被试基本情况如表 7 - 1 所示:

表 7 - 1   被试基本情况表($n = 82$)

变量	分组	干预组($n = 40$)	对照组($n = 42$)	t/χ^2
年龄	—	31.95(岁)	29.71(岁)	0.15
性别	男	2(5%)	2(4.8%)	0.96
	女	38(95%)	40(95.2%)	
园所性质	公立园	32(80%)	27(64.3%)	0.28
	民办园	8(20%)	15(35.7%)	
任教年级	托班	0(0%)	1(2.4%)	0.67
	小班	19(47.5%)	16(38.1%)	
	中班	9(22.5%)	10(23.8%)	
	大班	12(30%)	15(35.7%)	

续表

变量	分组	干预组($n=40$)	对照组($n=42$)	t/χ^2
学历	初中	1(2.5%)	3(7.1%)	0.35
	(中专)高中	14(35%)	18(42.9%)	
	大专	21(52.5%)	20(47.6%)	
	本科	4(10%)	1(2.4%)	
学校所在地	乡镇	36(90%)	36(85.7%)	0.56
	农村	4(10%)	6(14.3%)	

三、研究内容

①通过配对样本 t 检验分析干预前后干预组教师社会情绪能力、情绪智力、师幼关系、职业倦怠的结果是否存在显著差异,对照组是否不存在显著差异,验证线上正念干预效果。

②通过独立样本 t 检验分析干预组和对照组线上正念干预后教师社会情绪能力、情绪智力、师幼关系、职业倦怠的后测差值差异,验证线上正念训练是否取得预期效果。

③通过重复测量方法分析探讨干预组、对照组干预前、后在社会情绪能力、情绪智力、师幼关系、职业倦怠水平变化的差异,验证线上正念干预的效果。

④通过干预反馈问卷探究乡村幼儿园教师对线上正念干预的满意度以及建议。

⑤通过访谈提纲探究线上正念干预对乡村幼儿园教师社会情绪能力、情绪智力、师幼关系以及职业倦怠的干预效果以及内在机制。

四、研究假设

在对以往相关研究梳理分析的基础上,本研究提出以下假设:

假设1:干预组干预前后其社会情绪能力、情绪智力、师幼关系、职业倦怠的得分存在显著差异,对照组不存在显著差异。

假设2:干预组和对照组乡村幼儿园教师的社会情绪能力、情绪智力、师幼关系、职业倦怠后测差值结果有显著差异，线上正念干预能提升乡村幼儿园教师社会情绪能力、情绪智力、师幼关系，降低职业倦怠水平。

假设3：2×2的重复测量方差分析中被试内×被试间交互作用显著，干预组和对照组的乡村幼儿园教师在社会情绪能力、情绪智力、师幼关系、职业倦怠上存在显著差异，线上正念干预项目取得预期效果。

五、研究方法

1. 实验法

实验法是指控制某一因素，并对由这一因素引起的某种变化进行研究的方法。本研究将采用准实验研究法考察线上正念课程对提升乡村幼儿园教师社会情绪能力、师幼关系及减缓职业倦怠的效果如何，在控制其他无关因素干扰的情况下开展线上正念干预。首先对两组乡村幼儿园教师进行社会情绪能力、情绪智力、师幼关系、职业倦怠的前测，以了解乡村幼儿园教师社会情绪能力、情绪智力、师幼关系水平、职业倦怠水平；其次对干预组教师实施线上正念干预，对照组不实施，继续正常的园所学习教研活动。在6周的线上正念干预实施结束后，对两组教师社会情绪能力、情绪智力、师幼关系水平、职业倦怠水平进行再次的观察评定，通过比较前测和后测的数据，分析验证该线上正念干预方案的有效性并得出研究结论。

2. 问卷法

本研究以乡村幼儿园教师为研究对象进行问卷调查，包括被试基本信息表和干预反馈问卷。

3. 访谈法

访谈法是指通过研究者与被试的交流讨论获取资料与信息的方法。本研究主要利用电话访谈的方式进行个别深入式访谈，访谈工具为访谈提纲，访谈内容多为量表问题的延伸与开放。采取目的抽样的方法，选取干预效果最好和最差的、具有代表性的12位教师进行访谈，以探讨线上正念对乡村幼儿园教师社会情绪能力的影响。

4. 测量法

测量法是指通过专业量表对被试的某些特性进行实际测定以获取数值的研究方法。本研究以乡村幼儿园教师为研究对象进行问卷调查，包括课题组自编社会情绪能力量表、情绪智力量表、师幼关系量表、职业倦怠量表。在线上正念干预前、后对被试进行测量,均征得幼儿园负责人及教师同意。

六、研究工具

1. 社会情绪能力量表

本研究使用自编的乡村幼儿园教师社会情绪能力量表,测量了幼儿园教师社会情绪能力的 5 个维度,分别是自我认知、自我管理、社会认知、人际交往、负责任决策。量表均为 Likert 5 点计分法,1 代表"非常不符合",5 代表"非常符合"。量表总分越高表明个体的社会情绪能力水平越高。在本研究中,该量表的内部一致性信度系数为 0.96,其中自我认知、自我管理、社会认知、人际交往、负责任决策的信度系数分别为 0.73,0.82,0.88,0.89,0.81。

2. 情绪智力量表

本研究采用广泛使用的 Wong 和 Law 编制的情绪智力量表①,具有良好的信效度,采用 Likert 5 点计分法,1 ~ 5 分代表从"非常不同意"到"非常同意"5 个等级。问卷包括自我情绪评价、情绪调节、他人情绪评价、情绪运用 4 个维度,共有 16 个项目。在本研究中,该量表的内部一致性信度系数为 0.91。

3. 师幼关系量表

本研究采用张晓根据中国文化特点修订的皮安塔(Pianta)和斯腾伯格(Sternberg)的师幼关系量表②,具有较好的信效度。采用 Likert 5 点计分法,1 ~ 5 分指从"完全不符合"到"完全符合"5 个级别。量表包括三方面:亲密性、冲突性、依赖性,共有 27 个项目,总分即正向计分和反向计分相加。在本研究中,该量表的内部一致性信度系数为 0.97。

4. 幼儿园教师职业倦怠量表

本研究采用马斯拉奇(Maslach)编制的教师职业倦怠量表(MBI - Educator

---

① WONG C S,WONG P M,PENG K Z. Effect of middle - level leader and teacher emotional intelligence on school teachers' job satisfaction:the case of Hong Kong[J]. Educational mana admi &lead,2010,38(38):59 - 70.

② 张晓. 师幼关系量表的信效度检验[J]. 中国临床心理学杂志,2010,18(5):582 - 583.

Surver,MBI - ES)。该量表包含 3 个维度:情感衰竭、去个性化和个人成就感[1],共计 22 个项目,其中个人成就感采用反向计分。采用 Likert 5 点计分法,计分方式从 0～5 分,得分越高表明教师职业倦怠感越高。在本研究中,该量表的内部一致性信度系数为 0.92。

5. 干预反馈问卷

本研究采用干预反馈问卷,该问卷共计 12 道题,其中包括 3 道客观题,1 道填空题及 7 道主观题。7 道主观题由 1～5 级评分,分别是完全不符合、不太符合、有点符合、比较符合、完全符合。该问卷用以探究乡村幼儿园教师对本次线上正念干预课堂的满意度及意见。

6. 访谈提纲

本研究采用访谈提纲对乡村幼儿园教师进行访谈以探究线上正念干预效果及内在机制,该访谈提纲共计 10 道题,比如"你认为乡村幼儿园教师与城市幼儿园教师压力来源最大的区别是什么?""经过线上正念训练,你认为自己在情绪处理、控制、调节方面有什么变化吗? 请举例说一说"等。

第二节　乡村幼儿园教师社会情绪能力干预结果

一、干预组与对照组前后测测量结果比较

1. 干预组与对照组描述性统计分析结果比较

1)干预组前、后测描述性统计及差异分析

为了解线上正念干预前、后干预组乡村幼儿园教师社会情绪能力、情绪智力、师幼关系、职业倦怠及各维度水平,对收集的数据进行描述性统计。干预前干预组社会情绪能力总体均分 154.04 分,其中自我认知 31.33 分、自我管理 29.83 分、社会认知 31.5 分、人际交往 31.43 分,负责任决策 29.95 分;干预组情绪智力总体得分 56.44 分,其中情绪控制、他人情绪评估、情绪运用、自我情绪评估得分分别为 13.3 分、13.83 分、14.18 分、15.13 分;干预组师幼关系总体

---

① MASLACH C,SCHAUFELI B W ,LEITER P M . JOB BURNOUT[J]. Annual review of psychology,2001,52(1):397－422.

得分 100.16 分,其中亲密型、冲突型、依赖型得分分别为 42.1 分、43.08 分、14.98 分;干预组职业倦怠总体得分为 54.78 分,其中情感枯竭、低成就感、去人格化得分分别为 22.75 分、23.45 分、8.58 分。

干预后干预组社会情绪能力总体得分为 168.84 分,其中自我认知、自我管理、社会认知、人际交往、负责任决策得分分别为 33.38 分、33.33 分、34.3 分、34.5 分、33.33 分;干预组情绪智力总体得分 64.36 分,其中情绪控制、他人情绪评估、情绪运用、自我情绪评估得分分别为 15.63 分、15.45 分、16.2 分、17.08 分;干预组师幼关系总体得分 102.91 分,其中亲密型、冲突型、依赖型得分分别为 43.78 分、44.9 分、14.23 分;干预组职业倦怠总体得分 43.16 分,其中情感枯竭 17.13 分、低成就感 19.3 分、去人格化 6.73 分。

为探究干预组乡村幼儿园教师干预前后有无显著差异,对干预组前、后测进行配对样本 t 检验,以探讨线上正念干预的有效性。干预组乡村幼儿园教师的社会情绪能力水平干预前后存在显著差异($t = -4.34, p < 0.01$),其中自我认知($t = -2.98, p < 0.01$)、自我管理($t = -4.21, p < 0.01$)、社会认知($t = -3.84, p < 0.01$)、人际交往($t = -4.05, p < 0.01$)、负责任决策($t = -4.24, p < 0.01$)均存在显著差异;干预组乡村幼儿园教师的情绪智力水平干预前后存在显著差异($t = -6.50, p < 0.01$),其中情绪控制($t = -7.15, p < 0.01$)、他人情绪评估($t = -4.20, p < 0.01$)、情绪运用($t = -5.38, p < 0.01$)、自我情绪评估($t = -4.67, p < 0.01$)均存在显著差异;干预组乡村幼儿园教师的师幼关系水平干预前后不存在显著差异($t = -1.44, p = 0.16$),其中亲密型这一维度存在显著差异($t = -2.41, p = 0.02$),冲突型($t = -1.33, p = 0.19$)、依赖型($t = 1.77, p = 0.08$)不存在显著差异;干预组乡村幼儿园教师的职业倦怠水平存在显著差异($t = 5.78, p < 0.01$),其中情感枯竭($t = 5.09, p < 0.01$)、低成就感($t = 4.62, p < = 0.01$)、去人格化($t = 3.71, p < 0.01$)均存在显著差异。

由数据可知,干预组乡村幼儿园教师的社会情绪能力、情绪智力及职业倦怠干预前、后存在显著差异,师幼关系不存在显著差异。具体情况见表 7 - 2:

表7-2　干预组前、后测变量描述性统计及差异分析($n=42$)

变量	维度	前测 Mean ± SD	后测 Mean ± SD	t	p
社会情绪能力	自我认知	31.33 ± 4.23	33.38 ± 4.35	-2.98	0.01
	自我管理	29.83 ± 5.47	33.33 ± 4.60	-4.21	0.00
	社会认知	31.50 ± 4.90	34.30 ± 4.76	-3.84	0.00
	人际交往	31.43 ± 5.08	34.50 ± 4.78	-4.05	0.00
	负责任决策	29.95 ± 4.77	33.33 ± 4.03	-4.24	0.00
	社会情绪能力总分	154.04 ± 22.26	168.84 ± 21.25	-4.34	0.00
情绪智力	情绪控制	13.30 ± 2.75	15.63 ± 2.54	-7.15	0.00
	他人情绪评估	13.83 ± 2.70	15.45 ± 2.56	-4.20	0.00
	情绪运用	14.18 ± 2.67	16.20 ± 2.50	-5.38	0.00
	自我情绪评估	15.13 ± 2.50	17.08 ± 2.23	-4.67	0.00
	情绪智力总分	56.44 ± 9.20	64.36 ± 8.44	-6.50	0.00
师幼关系	亲密型	42.10 ± 4.61	43.78 ± 3.73	-2.41	0.02
	冲突型	43.08 ± 5.97	44.90 ± 8.41	-1.33	0.19
	依赖型	14.98 ± 3.11	14.23 ± 3.21	1.77	0.08
	师幼关系总分	100.16 ± 9.70	102.91 ± 10.68	-1.44	0.16
职业倦怠	情感枯竭	22.75 ± 6.38	17.13 ± 4.91	5.09	0.00
	低成就感	23.45 ± 5.75	19.30 ± 5.97	4.62	0.00
	去人格化	8.58 ± 2.88	6.73 ± 2.29	3.71	0.00
	职业倦怠总分	54.78 ± 12.93	43.16 ± 10.43	5.78	0.00

2)对照组前、后测描述性统计及差异分析

为了解线上正念干预前、后对照组乡村幼儿园教师社会情绪能力、情绪智力、师幼关系、职业倦怠及各维度水平,对收集的数据进行描述性统计。对照组前测社会情绪能力总体均分为168.15分,其中自我认知32.67分、自我管理34.1分、社会认知33.83分、人际交往34.45分、负责任决策33.1分;对照组情绪智力总体得分 62.38 分,情绪控制、他人情绪评估、情绪运用、自我情绪评估得分分别为 15.48 分、16.43 分、14.9 分、15.57 分;对照组师幼关系总体得分为 102.6 分,其中亲密型 42.67 分、冲突型 44.64 分、依赖型 15.29 分;对照组职业倦怠总体得分 42.26 分,其中情感枯竭 15.83 分、低成就感 19.81 分、去人格化 6.62 分。

对照组后测社会情绪能力总分为 169.45 分,其中自我认知、自我管理、社会认知、人际交往、负责任决策得分为 33.07 分、34.26 分、33.74 分、34.83 分、33.55 分;对照组情绪智力总体得分为 61.65 分,其中情绪控制、他人情绪评估、情绪运用、自我情绪评估得分为 15.62 分、14.36 分、15.57 分、16.1 分;对照组师幼关系总体得分为 102.48 分,其中亲密型、冲突型、依赖型得分分别为41.67 分、45.31 分、15.5 分;对照组职业倦怠总体得分 41.31 分,其中情感枯竭 14.9 分,低成就感 19.86 分,去人格化 6.55 分。

为探究对照组乡村幼儿园教师前后测有无显著差异,对对照组所收集的数据进行配对样本 t 检验,以探讨线上正念干预的有效性。对照组乡村幼儿园教师的社会情绪能力水平干预前后不存在显著差异($t = -0.26, p = 0.80$),其中自我认知($t = -0.38, p = 0.71$)、自我管理($t = -0.14, p = 0.89$)、社会认知($t = 0.09, p = 0.93$)、人际交往($t = -0.38, p = 0.71$)、负责任决策($t = -0.43, p = 0.67$)均不存在显著差异;对照组乡村幼儿园教师的情绪智力水平前后测不存在显著差异($t = 0.41, p = 0.68$),其中情绪控制($t = -0.28, p = 0.78$)、情绪运用($t = -1.23, p = 0.23$)、自我情绪评估($t = -0.97, p = 0.34$)均不存在显著差异,他人情绪评估这一维度存在显著差异($t = 4.02, p < 0.01$);对照组乡村幼儿园教师的师幼关系水平前后测不存在显著差异($t = 0.05, p = 0.96$),其中亲密型($t = 0.80, p = 0.43$)、冲突型($t = -0.38, p = 0.71$)、依赖型($t = -0.33, p = 0.75$)均不存在显著差异;对照组乡村幼儿园教师的职业倦怠水平前后测不存在显著差异($t = 0.43, p = 0.67$),其中情感枯竭($t = 1.02, p = 0.31$)、低成就感($t = -0.04, p = 0.97$)、去人格化($t = 0.15, p = 0.88$)均不存在显著差异。由数据可知,对照组乡村幼儿园教师的社会情绪能力、情绪智力、师幼关系、职业倦怠前后测均不存在显著差异。具体情况见表 7 - 3:

表 7 – 3　对照组前、后测变量描述性统计及差异分析($n = 42$)

变量	维度	前测 Mean ± SD	后测 Mean ± SD	t	p
社会情绪能力	自我认知	32.67 ± 4.09	33.07 ± 5.09	– 0.38	0.71
	自我管理	34.10 ± 4.73	34.26 ± 5.60	– 0.14	0.89
	社会认知	33.83 ± 4.50	33.74 ± 4.81	0.09	0.93
	人际交往	34.45 ± 4.40	34.83 ± 5.03	– 0.38	0.71
	负责任决策	33.10 ± 4.38	33.55 ± 5.06	– 0.43	0.67
	社会情绪能力总分	168.15 ± 20.17	169.45 ± 23.91	– 0.26	0.80
情绪智力	情绪控制	15.48 ± 2.05	15.62 ± 2.95	– 0.28	0.78
	他人情绪评估	16.43 ± 2.29	14.36 ± 2.51	4.02	0.00
	情绪运用	14.90 ± 2.14	15.57 ± 3.06	– 1.23	0.23
	自我情绪评估	15.57 ± 2.19	16.10 ± 2.73	– 0.97	0.34
	情绪智力总分	62.38 ± 7.09	61.65 ± 10.09	0.41	0.68
师幼关系	亲密型	42.67 ± 5.02	41.67 ± 5.60	0.80	0.43
	冲突型	44.64 ± 7.25	45.31 ± 7.31	– 0.38	0.71
	依赖型	15.29 ± 2.50	15.50 ± 2.92	– 0.33	0.75
	师幼关系总分	102.60 ± 10.35	102.48 ± 11.33	0.05	0.96
职业倦怠	情感枯竭	15.83 ± 4.20	14.9 ± 4.36	1.02	0.31
	低成就感	19.81 ± 6.39	19.86 ± 6.17	– 0.04	0.97
	去人格化	6.62 ± 2.27	6.55 ± 2.14	0.15	0.88
	职业倦怠总分	42.26 ± 10.89	41.31 ± 11.09	0.43	0.67

2. 干预组与对照组差值独立样本 t 检验分析结果比较

由于该实验为准实验研究,干预组与对照组前测存在显著差异,因此对干预组与对照组乡村幼儿园教师后测差值进行独立样本 t 检验,以探讨线上正念干预的有效性。干预组与对照组社会情绪能力总分差值存在显著差异($t = 2.25, p = 0.03$),其中自我认知($t = 1.29, p = 0.20$)不存在显著差异,自我管理

（$t = 2.26, p = 0.03$）、社会认知（$t = 2.29, p = 0.03$）、人际交往（$t = 2.13, p = 0.04$）、负责任决策（$t = 2.22, p = 0.03$）均存在显著差异。

干预组与对照组情绪智力总分差值存在显著差异（$t = 3.90, p < 0.01$），其中情绪控制（$t = 3.58, p < 0.01$）、他人情绪评估（$t = 5.74, p < 0.01$）、情绪运用（$t = 2.06, p = 0.04$）、自我情绪评估（$t = 2.09, p = 0.04$）均存在显著差异；干预组与对照组师幼关系总分差值不存在显著差异（$t = 0.91, p = 0.37$），其中亲密型（$t = 1.88, p = 0.07$）、冲突型（$t = 0.52, p = 0.6$）、依赖型（$t = -1.22, p = 0.22$）均不存在显著差异；干预组与对照组职业倦怠总分差值存在显著差异（$t = -3.42, p < 0.01$），其中情感枯竭（$t = -3.30, p < 0.01$）、低成就感（$t = -2.70, p < 0.01$）、去人格化（$t = -2.56, p < 0.01$）均存在显著差异。

由数据可知经过线上正念干预的乡村幼儿园教师社会情绪能力总分及自我管理、社会认知、人际交往、负责任决策均分差值均高于未经过线上正念干预的乡村幼儿园教师，情绪智力、职业倦怠总分及各维度均值差值也高于未经过正念干预的乡村幼儿园教师。其中，虽然师幼关系总分及各维度均值差值不显著，但干预组略高于对照组。具体情况见表7-4：

表7-4　干预组与对照组后测变量差值的独立样本 t 检验

变量	维度	干预组（$n = 40$）		对照组（$n = 42$）		t	p
		Mean	SD	Mean	SD		
社会情绪能力	自我认知	2.05	4.36	0.40	6.99	1.29	0.20
	自我管理	3.50	5.26	0.17	7.88	2.26	0.03
	社会认知	2.80	4.61	-0.10	6.70	2.29	0.03
	人际交往	3.08	4.81	0.38	6.56	2.13	0.04
	负责任决策	3.38	5.04	0.45	6.77	2.22	0.03
	社会情绪能力总分	14.8	21.59	0.95	32.84	2.25	0.03
情绪智力	情绪控制	2.33	2.06	0.14	3.34	3.58	0.00
	他人情绪评估	1.63	2.45	-2.07	3.34	5.74	0.00
	情绪运用	2.03	2.38	0.67	3.51	2.06	0.04
	自我情绪评估	1.95	2.64	0.52	3.49	2.09	0.04
	情绪智力总分	7.93	7.71	-0.68	11.76	3.90	0.00

变量	维度	干预组（$n=40$）		对照组（$n=42$）		t	p
		Mean	SD	Mean	SD		
师幼关系	亲密型	1.68	4.39	−1.00	8.06	1.88	0.07
	冲突型	1.83	8.71	0.67	11.34	0.52	0.60
	依赖型	−0.75	2.68	0.21	4.24	−1.22	0.22
	师幼关系总分	2.75	12.12	−0.12	16.31	0.91	0.37
职业倦怠	情感枯竭	−5.63	6.99	−0.93	5.90	−3.30	0.00
	低成就感	−4.15	5.68	0.05	8.19	−2.70	0.01
	去人格化	−1.85	3.15	−0.07	3.13	−2.56	0.01
	职业倦怠总分	−11.63	12.73	−1.20	14.60	−3.42	0.00

3. 干预组与对照组重复测量方差分析结果比较

1）干预组与对照组社会情绪能力重复测量方差结果分析

为研究干预前后社会情绪能力发展的差异，以社会情绪能力各个维度和总分为因变量，以测验时间（前、后测）为组内变量，以组别（干预组和对照组）为组间变量，进行 $2×2$ 次重复量方差分析。具体情况见表 7-5：

表 7-5　干预组与对照组社会情绪能力总分及各维度重复测量方差结果分析

	因变量	自由度	均方	F	p	η^2
自我认知	被试内	1	61.73	3.60	0.06	0.04
	被试内 × 被试间	1	27.73	1.62	0.21	0.02
	被试间因素	1	11.04	0.49	0.49	0.01
自我管理	被试内	1	137.72	6.08	0.02	0.07
	被试内 × 被试间	1	113.82	5.02	0.03	0.06
	被试间因素	1	277.76	9.35	0.00	0.11
社会认知	被试内	1	74.94	4.49	0.04	0.05
	被试内 × 被试间	1	85.87	5.14	0.03	0.06
	被试间因素	1	32.15	1.13	0.29	0.01

	因变量	自由度	均方	F	p	η^2
人际交往	被试内	1	122.35	7.34	0.01	0.08
	被试内×被试间	1	74.35	4.46	0.04	0.05
	被试间因素	1	115.70	3.87	0.05	0.05
负责任决策	被试内	1	150.06	8.37	0.01	0.10
	被试内×被试间	1	87.50	4.88	0.03	0.06
	被试间因素	1	116.19	4.85	0.03	0.06
社会情绪能力	被试内	1	2658.46	6.91	0.01	0.08
	被试内×被试间	1	1864.32	4.85	0.03	0.06
	被试间因素	1	2227.25	3.85	0.05	0.05

（1）线上正念干预对提升自我认知水平的效果分析

由表 7-5 可知，测试时间主效应（$F=3.60$，$p=0.06$，$\eta^2=0.04$）、测试时间与组别的交互效应（$F=1.62$，$p=0.21$，$\eta^2=0.02$）、组别主效应（$F=0.49$，$p=0.49$，$\eta^2=0.01$）均不存在显著性差异。结果表明，干预组与对照组的自我认知水平不存在显著性差异，且未表现出相同发展轨迹。

（2）线上正念干预对提升自我管理水平的效果分析

由表 7-5 可知，测试时间主效应（$F=6.08$，$p=0.02$，$\eta^2=0.07$）、测试时间与组别的交互效应（$F=5.02$，$p=0.03$，$\eta^2=0.06$）、组别主效应（$F=9.35$，$p<0.01$，$\eta^2=0.11$）均存在显著性差异。结果显示，干预组和对照组在自我管理水平上存在明显差异，并且随着时间的推移，发展轨迹各不相同。

（3）线上正念干预对提升社会认知水平的效果分析

由表 7-5 可知，测试时间主效应（$F=4.49$，$p=0.04$，$\eta^2=0.05$）、测试时间与组别的交互效应（$F=5.14$，$p=0.03$，$\eta^2=0.06$）存在显著差异，但组别主效应（$F=1.13$，$p=0.29$，$\eta^2=0.01$）均不存在显著性差异。这表明干预组与对照组社会认知水平会因所在组别不同且随时间的变化呈现不同的发展轨迹。

（4）线上正念干预对提升人际交往水平的效果分析

由表 7-5 可知，测试时间主效应（$F=7.34$，$p=0.01$，$\eta^2=0.08$）、测试时间与组别的交互效应（$F=4.46$，$p=0.04$，$\eta^2=0.05$）存在显著差异，但组别主效应

（$F=3.87, p=0.05, \eta^2=0.05$）均不存在显著性差异。这表明干预组与对照组人际交往水平会因所在组别不同且随时间的变化呈现不同的发展轨迹。

（5）线上正念干预对提升负责任决策水平的效果分析

由表 7-5 可知，测试时间主效应（$F=8.37, p=0.01, \eta^2=0.10$）、测试时间与组别的交互效应（$F=4.88, p=0.03, \eta^2=0.06$）、组别主效应（$F=4.85, p=0.03, \eta^2=0.06$）均存在显著性差异。结果显示，干预组和对照组在负责任决策上存在明显差异，并且随着时间的推移，发展轨迹各不相同。

（6）线上正念干预对提升社会情绪能力总体水平的效果分析

由表 7-5 可知，测试时间主效应（$F=6.91, p=0.01, \eta^2=0.08$）、测试时间与组别的交互效应（$F=4.85, p=0.03, \eta^2=0.06$）存在显著差异，组别主效应（$F=3.85, p=0.05, \eta^2=0.05$）不存在显著差异。这表明干预组与对照组社会情绪能力因所在组别不同随时间的变化呈现不同的发展轨迹。

2）干预组与对照组情绪智力重复测量方差结果

为研究干预前后情绪智力发展的差异，以情绪智力各个维度和总分为因变量，以测验时间（前、后测）为组内变量，以组别（干预组和对照组）为组间变量，进行 2×2 次重复量方差分析。具体情况见表 7-6：

表 7-6 干预组与对照组情绪智力总分及各维度重复测量方差结果分析

因变量		自由度	均方	F	p	η^2
情绪控制	被试内	1	62.39	16.05	0.00	0.17
	被试内×被试间	1	48.78	12.55	0.00	0.14
	被试间因素	1	48.25	5.06	0.03	0.06
他人情绪评估	被试内	1	2.04	0.47	0.49	0.01
	被试内×被试间	1	139.97	32.45	0.00	0.29
	被试间因素	1	23.38	2.81	0.10	0.03
情绪运用	被试内	1	74.22	16.35	0.00	0.17
	被试内×被试间	1	18.90	4.16	0.04	0.05
	被试间因素	1	0.11	0.01	0.92	0.00
自我情绪评估	被试内	1	62.69	13.02	0.00	0.14
	被试内×被试间	1	20.84	4.33	0.04	0.05
	被试间因素	1	2.91	0.42	0.52	0.01

续表

因变量		自由度	均方	F	p	η^2
情绪智力	被试内	1	529.11	10.77	0.00	0.12
	被试内×被试间	1	768.8	15.65	0.00	0.16
	被试间因素	1	108.12	1.03	0.31	0.01

（1）线上正念干预对提升情绪控制水平的效果分析

由表7-6可知,测试时间主效应（$F=16.05$,$p<0.01$,$\eta^2=0.17$）、测试时间与组别的交互效应（$F=12.55$,$p<0.01$,$\eta^2=0.14$）、组别主效应（$F=5.06$,$p=0.03$,$\eta^2=0.06$）均显著。结果显示,干预组和对照组在情绪控制上存在明显差异,并且随着时间的推移,发展轨迹各不相同。

（2）线上正念干预对提升他人情绪评估水平的效果分析

由表7-6可知,测试时间主效应（$F=0.47$,$p=0.49$,$\eta^2=0.01$）不显著,测试时间与组别的交互效应（$F=32.45$,$p<0.01$,$\eta^2=0.29$）显著,组别主效应（$F=2.81$,$p=0.10$,$\eta^2=0.03$）不显著。结果显示,干预组和对照组在他人情绪评估上存在明显差异,且因组别不同随着时间的推移,发展轨迹各不相同。

（3）线上正念干预对提升情绪运用水平的效果分析

由表7-6可知,测试时间主效应（$F=16.35$,$p<0.01$,$\eta^2=0.17$）、测试时间与组别的交互效应（$F=4.16$,$p=0.04$,$\eta^2=0.05$）均显著、组别主效应（$F=0.01$,$p=0.92$,$\eta^2=0.00$）不显著。这表明干预组与对照组情绪运用水平因组别不同且随时间的变化呈现不同的发展轨迹。

（4）线上正念干预对提升自我情绪评估的效果分析

由表7-6可知,测试时间主效应（$F=13.02$,$p<0.01$,$\eta^2=0.14$）、测试时间与组别的交互效应（$F=4.33$,$p=0.04$,$\eta^2=0.05$）均显著、组别主效应（$F=0.42$,$p=0.52$,$\eta^2=0.01$）不显著。这表明干预组与对照组自我情绪评估水平因组别不同且随时间的变化呈现不同的发展轨迹。

（5）线上正念干预对提升情绪智力总体的效果分析

由表7-6可知,测试时间主效应（$F=10.77$,$p<0.01$,$\eta^2=0.12$）、测试时间与组别的交互效应（$F=15.65$,$p<0.01$,$\eta^2=0.16$）均显著、组别主效应（$F=1.03$,$p=0.31$,$\eta^2=0.01$）不显著。这表明干预组与对照组情绪智力水平因组别不同且随时间的变化呈现不同的发展轨迹。

3)干预组与对照组师幼关系重复测量方差结果分析

为研究干预前后情绪智力发展的差异,以师幼关系各个维度和总分为因变量,以测验时间(前、后测)为组内变量,以组别(干预组和对照组)为组间变量,进行2×2次重复量方差分析。具体情况见表7-7:

表7-7 干预组与对照组师幼关系总分及各维度重复测量方差结果分析

因变量		自由度	均方	F	p	η^2
亲密型	被试内	1	4.67	0.22	0.64	0.00
	被试内×被试间	1	73.30	3.44	0.07	0.04
	被试间因素	1	24.35	0.98	0.33	0.01
冲突型	被试内	1	63.60	1.24	0.27	0.02
	被试内×被试间	1	13.75	0.27	0.61	0.00
	被试间因素	1	40.05	0.73	0.40	0.01
依赖型	被试内	1	2.94	0.46	0.50	0.01
	被试内×被试间	1	9.53	1.50	0.22	0.02
	被试间因素	1	25.76	2.36	0.13	0.03
师幼关系	被试内	1	70.91	0.68	0.41	0.01
	被试内×被试间	1	84.32	0.81	0.37	0.01
	被试间因素	1	41.86	0.35	0.55	0.00

(1)线上正念干预对提升亲密型师幼关系水平的效果分析

由表7-7可知,测试时间主效应($F=0.22, p=0.64, \eta^2=0.00$)、测试时间与组别的交互效应($F=3.44, p=0.07, \eta^2=0.04$)、组别主效应($F=0.98, p=0.33, \eta^2=0.01$)均不显著。结果表明,干预组与对照组的亲密型师幼关系水平不存在显著性差异,且未表现出同样的发展轨迹。

(2)线上正念干预对降低冲突型师幼关系水平的效果分析

由表7-7可知,测试时间主效应($F=1.24, p=0.27, \eta^2=0.02$)、测试时间与组别的交互效应($F=0.27, p=0.61, \eta^2=0.00$)、组别主效应($F=0.73, p=0.40, \eta^2=0.01$)均不显著。结果表明,干预组与对照组的冲突型师幼关系水平不存在显著性差异,且未表现出同样的发展轨迹。

（3）线上正念干预对提升依赖型师幼关系水平的效果分析

由表 7 – 7 可知，测试时间主效应（$F = 0.46, p = 0.50, \eta^2 = 0.01$）、测试时间与组别的交互效应（$F = 1.50, p = 0.22, \eta^2 = 0.02$）、组别主效应（$F = 2.36, p = 0.13, \eta^2 = 0.03$）均不显著。结果表明，干预组与对照组的依赖型水平不存在显著性差异，且未表现出同样发展轨迹。

（4）线上正念干预对提升师幼关系总体水平的效果分析

由表 7 – 7 可知，测试时间主效应（$F = 0.68, p = 0.41, \eta^2 = 0.01$）、测试时间与组别的交互效应（$F = 0.81, p = 0.37, \eta^2 = 0.01$）、组别主效应（$F = 0.35, p = 0.55, \eta^2 = 0.00$）均不显著。结果表明，干预组与对照组的师幼关系水平不存在显著性差异，且未表现出同样发展轨迹。

4）干预组与对照组职业倦怠重复测量方差结果分析

为研究干预前后情绪智力发展的差异，以职业倦怠各个维度和总分为因变量，以测验时间（前、后测）为组内变量，以组别（干预组和对照组）为组间变量，进行 2×2 次重复量方差分析。具体情况见表 7 – 8：

表 7 – 8　干预组与对照组职业倦怠总分及各维度重复测量方差结果分析

	因变量	自由度	均方	F	p	η^2
情感枯竭	被试内	1	439.97	21.14	0.00	0.21
	被试内 × 被试间	1	225.94	10.86	0.00	0.12
	被试间因素	1	855.19	26.39	0.00	0.25
低成就感	被试内	1	172.40	6.88	0.01	0.08
	被试内 × 被试间	1	180.50	7.20	0.01	0.08
	被试间因素	1	97.39	1.99	0.16	0.02
去人格化	被试内	1	37.82	7.66	0.01	0.09
	被试内 × 被试间	1	32.41	6.56	0.01	0.08
	被试间因素	1	46.62	7.00	0.01	0.08
职业倦怠	被试内	1	1620.49	17.35	0.00	0.18
	被试内 × 被试间	1	1166.83	12.49	0.00	0.14
	被试间因素	1	2110.50	12.79	0.00	0.14

（1）线上正念干预对降低情感枯竭水平的效果分析

由表7-8可知，测试时间主效应（$F = 21.14, p < 0.01, \eta^2 = 0.21$）、测试时间与组别的交互效应（$F = 10.86, p < 0.01, \eta^2 = 0.12$）、组别主效应（$F = 26.39, p < 0.01, \eta^2 = 0.25$）均显著。结果显示，干预组和对照组在情感枯竭水平上存在明显差异，并且随着时间的推移，发展轨迹各不相同。

（2）线上正念干预对降低低成就感水平的效果分析

由表7-8可知，测试时间主效应（$F = 6.88, p = 0.01, \eta^2 = 0.08$）、测试时间与组别的交互效应（$F = 7.20, p = 0.01, \eta^2 = 0.08$）显著，组别主效应（$F = 1.99, p = 0.16, \eta^2 = 0.02$）不显著。结果显示，干预组和对照组在低成就感上存在明显差异，并且组别随着时间的推移，发展轨迹各不相同。

（3）线上正念干预对降低去人格化水平的效果分析

由表7-8可知，测试时间主效应（$F = 7.66, p = 0.01, \eta^2 = 0.09$）、测试时间与组别的交互效应（$F = 6.56, p = 0.01, \eta^2 = 0.08$）、组别主效应（$F = 7.00, p = 0.01, \eta^2 = 0.08$）均显著。结果显示，干预组和对照组在去人格化水平上存在明显差异，并且随着时间的推移，发展轨迹各不相同。

（4）线上正念干预对降低职业倦怠总体水平的效果分析

由表7-8可知，测试时间主效应（$F = 17.35, p < 0.01, \eta^2 = 0.18$）、测试时间与组别的交互效应（$F = 12.49, p < 0.01, \eta^2 = 0.14$）、组别主效应（$F = 12.79, p < 0.01, \eta^2 = 0.14$）均显著。结果显示，干预组和对照组在职业倦怠水平上存在明显差异，并且随着时间的推移，发展轨迹各不相同。

二、干预反馈问卷结果分析

为检验线上正念干预对乡村幼儿园教师干预效果，干预结束后，教师们填写线上正念干预反馈问卷，考察线上正念干预对于乡村幼儿园教师社会情绪能力干预的主观感受。问卷共12道题，其中包括3道客观题、1道填空题和7道主观题。7道主观题由1-5级评分，分别是"完全不符合，不太符合，有点符合，比较符合，完全符合。"由表7-9可知，参与干预的教师们97.6%（39位）都完成了6周的课程，87.5%的教师认为三分钟呼吸空间练习使用频次最多，对自身帮助最大，所有教师都愿意在日后日常生活中保持正念。被干预者经此干预基本上都改善了自身情绪，缓解了压力与焦虑，且更加了解自己与周围人，获得较多积极体验。整体上看，本次线上正念干预是有意义的，教师们对此次线上正念干预是满意的,说明此次线上正念干预能提升乡村幼儿园教师社会情绪能力。此外,教师们也提出改进建议:①授课风格较为生硬,可以配合课程的节奏,增加较为活泼的形式。②适当增加练习时长,采取直播与录播相结合的方式,增加教师与学员之间的互动。具体情况见表7-9:

表7-9 干预成员反馈问卷

评价题目	具体选项	频次/均值
1.你参加了哪些主题的课程	第1周 正念初体验,感受教育的自动反应模式	100%(40)
	第2周 正念初进阶段,回归正念教育初心	100%(40)
	第3周 与身体重新建立联结,慈悲地对待自己	100%(40)
	第4周 辨认教育模式和图式,做正念教师	100%(40)
	第5周 修复教育冲突,设置爱的界限	100%(40)
	第6周 坚持正念练习,做正念教师	97.6%(39)
2.你认为哪项练习对自己帮助最大	葡萄干练习	52.5%(21)
	静坐冥想	80.0%(32)
	身体扫描练习	65.0%(26)
	三分钟呼吸空间练习	87.5%(35)
	慈爱冥想	70.0%(28)
	正念伸展运动	62.5%(25)
	行走冥想	60.0%(24)
3.你打算在以后的日常生活中保持正念练习吗		100%(40)

续表

评价题目	具体选项	频次/均值
4. 我能将每个主题灵活应用于工作、生活、人际中	感受教育的自动反应模式	4.03
	回归正念教育初心	4.15
	与身体产生联结,慈悲地对待自己	4.20
	辨认教育图式和模式	4.15
	修复教育冲突,设置爱的界限	4.08
	坚持正念练习,做正念教师	4.18
5. 我能专注于正念练习		4.03
6. 我能在分享中表达自己的真实感受		4.23
7. 我愿意倾听其他人的想法		4.58
8. 经过6周的学习我越来越了解自己以及周围人		4.00
9. 我喜欢在正念练习中来释放压力与焦虑		4.33
10. 正念使我有所变化,并改善了我的情绪		4.38

三、访谈数据分析

为考察线上正念干预对乡村幼儿园教师社会情绪能力的干预效果,对参与线上正念课程的部分乡村幼儿园教师进行逐一访谈。访谈成员抽取12位完成5周以上线上干预的教师,深入访谈20分钟,被访者基本信息见表7-10:

表7-10 被访者基本信息表(n=12)

编号	年龄	受教育程度	园所性质	任教年级	任教时长	编码
1	30	大专	公办	小班	9年	J-01Y
2	36	中专	民办	中班	18年	W-02Y

编号	年龄	受教育程度	园所性质	任教年级	任教时长	编码
3	21	中专	公办	中班	0.5 年	B – 03Y
4	28	中专	民办	小班	10 年	W – 04Y
5	24	本科	公办	中班	3 年	B – 05W
6	28	大专	公办	大班	11 年	B – 06W
7	27	本科	公办	小班	4 年	J – 07H
8	50	中专	公办	小班	30 年	B – 08G
9	45	大专	公办	中班	22 年	X – 09F
10	30	中专	公办	大班	7 年	X – 10C
11	30	本科	公办	中班	8 年	X – 11C
12	26	本科	公办	中班	3 年	S – 12R

访谈结束后,将原始数据转录成文本,逐个分析,基于问题与教师的回应提炼主题而后将文本归类,然后基于同类主题文本再次提炼副主题且归类。

最终,将本次乡村幼儿园教师线上正念干预主要收获归为五大主题:对自身有更清晰的认识;情绪管理能力的提升;更多的理解与共情;更负责任的决策;一些改进建议。由此可见,线上正念干预对乡村幼儿园教师社会情绪能力发展很有效果。主题表如下:

表 7 – 11 主题表

一级编码	二级编码	频次
自我认知	觉察身体变化	8
	情绪现状	11
情绪管理	自我控制与调节	12
	缓解负面情绪与压力	11
理解与共情	更宽容接纳孩子	12
	理解、换位思考	12
	人际关系更和谐	12

续表

一级编码	二级编码	频次
负责任决策	遇事更冷静不冲动	10
	考虑事情的原因和后果	4
改进建议	教师出镜练习方式	5
	把正念引入日常教师培训中	10

1.主题一:更清晰的自我认知

(1)觉察身体变化

12 位教师中有 8 位教师提到参与线上正念干预课程后,情绪失控时他们更能体会到身体感官的变化。乡村幼儿园教师工作内容繁杂,且多为女性,他们不仅需要工作,而且还要照顾家庭,很少关注自身的感受。例如,有老师说:"我印象最深的是有一次做全身放松,那次我从头到身体的每一个部位都很放松,真正做到去感知自己每一个肢体部位当下的状态,把注意力放在自己的身体感受上。我们参加工作之后很少去关注自己。"(B-05W)线上干预后教师们更能把注意力集中在自身的身体感受上,觉察当下胃部、胸口等部位的具体变化。有教师还提到:"在冥想的过程中去感觉自己,会发现自己生气时候会头疼,会肌肉紧绷,有时候手是捏着拳头的,然后发觉在气头上的时候肚子也疼一些。这时我会深呼吸,感受自己身体状态、情绪状态,然后尽快去调节。"(X-10C)

(2)觉察自身情绪状态

11 位教师谈到经过此次训练后会更了解自身的情绪以及性格。对于乡村幼儿园教师而言,培训的机会相比城市幼儿园教师少,接触新的理念、概念机会较少。大部分教师并未意识到自身目前的情绪状态处于何种水平以及会对周围的人造成怎样的影响,他们往往会忽视自身的心理健康,将不良情绪视为常态,从而将这种情绪转嫁给幼儿或家人。通过线上正念干预,教师们能意识到当前自身的情绪状态并尽量调节。教师谈到"以前脾气特别容易暴躁,现在通过正念,可以按下一个暂停键,让大家趋于平和再去解决这件事情。每次想发火时,在边上站上三秒钟,想一下经过再继续说话,就挺有效的。打破想直接发火的惯性思维。"(S-12R)

2. 主题二:情绪管理能力的提升

(1)自我控制与调节

12 位教师都谈到线上正念干预对自身情绪的调整与控制。他们表示乡村幼儿园教师工作压力大,杂事琐事繁多,家长不重视孩子的教育,与家长沟通困难,经常需要占用教师下班时间处理工作。有教师分享:"我们没有保育老师,只有两位老师轮岗做保育。我们的压力主要来源于各种琐碎的事情,比如各种档案,加上新冠肺炎各种消毒等。老师毕竟就这么多,工作量不停地加大,老师关注孩子的精力肯定就没有那么多。"(X-11C)经过线上正念,12 位教师都表示能感知当下的情绪,去接纳它,并通过正念有意识调节控制自身的情绪。例如有老师说:"学习以后,能够正视自己的情绪,去接受,不刻意去关照它,就是慢慢地去调节,就是这样子。"(W-02Y)"我以前还是蛮喜欢生闷气的,又有些暴躁,但是现在相对来说自我调节能力要稍微好一点。我是会生气,但是生气了还会去主动沟通。"(B-06W)

(2)缓解负面情绪与压力

教师们提到线上正念训练能帮助他们缓解负面情绪,增强情绪调节能力。由于所处地域的特殊性,乡村娱乐休闲设施较少,教师们宣泄情绪的方式较少,通常将负面情绪与压力带入家庭中,对于家庭氛围、夫妻关系、亲子关系均存在不良影响。线上正念干预为教师提供了一个较好缓解情绪、疲倦的方法。例如,有教师说:"以前躺在床上好好回想当天时,感觉很沉重,轻松不下来,下班了还是觉得很疲劳。现在经过正念训练,会把正念带入到日常生活当中,感觉很放松。"(W-04Y)"课程结束后,我还会听你们的训练音频,觉得正念训练在缓解压力方面是很好的,能让自己的压力减少,让自己的身心都愉快。"(B-08G)

3. 主题三:对他人的理解与共情

(1)更宽容接纳孩子

教师们表示线上正念训练帮助他们改变自动反应模式以及惯性思维,对幼儿有更新的认识,更能把幼儿当作独立的个体,从自己主观认为孩子的需求到关照孩子真实的需求,更加接纳孩子真实的样子。"以前很多时候,为了安全着想,我就要求他们必须去做什么,给他们制定规则,必须怎么做,不能怎么做,如果不按照要求做,我就会很生气,就会说他们训他们,但现在我觉得在保证孩子安全的情况下,可以给他们更多自由发挥的空间。"(X-11C)接触线上正念干预后,教师有意转变自身的思维方式,用更加开放的态度看待、对待孩子们而收获了意外之喜。"以前容易给孩子贴标签,认为有些小孩能做事,总叫表现非常好的小孩去拿器械,不会叫其他小孩,但经过这个训练以后,会有意识把表现好的小孩先放一放,叫能力较差的孩子,去锻炼他的能力,我发现这样还挺有效果的,会改观之前对他的看法。"(S-12R)

（2）理解、换位思考

访谈过程中,乡村幼儿园教师们都提到一个共性的问题,乡村幼儿园有较多留守儿童,父母外出务工,忙于生计,孩子由家里的老人照料,不重视家庭教育。与城镇幼儿相比,乡村幼儿的日常生活经验不足,与家长沟通协调较为困难已成为乡村幼儿园教师工作压力的常态。"除沟通问题外,还有接送问题,有些老人为了去挣点钱,早上5点多就把孩子塞到门口就跑了,这种现象非常多,孩子的安全问题就有隐患。而且,晚上七八点钟都还没有来接孩子,这样教师工作压力就比较大,工作时长就无形中增加了。"(J-01Y)正念训练后,教师们都表示能更加与家长、同事、幼儿、家人共情,每个角色都有自身的责任与义务,更能站在对方的角度思考问题,理解对方,从而对他人更宽容、有耐心。遇事不再猛然情绪上头而是换位思考自身若处于对方的位置可能也会做出这样的行为。"开学时一位家长想给孩子换班,当时很生气,心里认为:'我对你的孩子这么好,你为什么要转班?'后来通过自我调解,慢慢平静下来,最后自己也接纳了。如果是我工作没好,那么我争取把工作做好,让每个家长都能和教师相互理解。正念让大家的心情趋于平静,比较容易接纳当下的状况,然后再想着怎么去解决。"(W-04Y)

（3）人际关系更和谐

正念训练后,教师们均表示更能与人共情,去换位思考,并能从全新的角度认识和对待孩子、同事、家人,从而使他们的师幼关系、同事关系、家庭关系与以往相比更加和谐。"我以前情绪化太严重了,导致我跟老公的感情不是很好,对孩子也是一样。我老公说我现在比以前好多了,感觉比以前温柔了,以前我下班回家,他能通过我的表情知道今天在学校里发生事情了,叫儿子离我远一点,现在没有了。对我这方面的帮助还是挺大的。"(W-04Y)

4.主题四:负责任决策

（1）遇事更冷静,不冲突

12位教师中有10位表示经过线上正念训练后,在面临选择或是情绪状态不佳时,他们不再是立马做出选择或发泄情绪,而是让自己与情绪之间间隔一定的距离,给情绪一个短暂的缓冲期。思考事情的起因以及解决问题的办法,减少情绪状态不佳时的冲动行事。"和别人争论的时候,可能想到这个,就会慢慢地去控制一下自己的情绪,让自己安静下来。"(B-03Y)"其实在课程里面每次课后讨论或者完成作业时,我好几次谈到以前遇到事情更多是任由情绪发泄,但现在学这个之后会让情绪拐弯,会先想一想我这么直接发泄对不对,有没有必要或者是怎么做会更好。情绪上来的时候会让自己先思考一下,有相对的稳定期。"(X-11C)

(2)考虑事情的原因和后果

4位乡村幼儿园教师表示正念训练后遇到突发事件时会冷静思考事情的起因经过,更多考虑问题的解决办法而不是情绪的发泄,接纳当下的状态并把注意力集中到事情本身,而不是刻意强调自身的情绪感受。"情绪有的时候会爆发,然后会冲动,经过正念训练后,有时面对问题就会想一些不同的处理方式,它可能会带来一些不同的后果,就感觉会理性一点。"(J-07H)

5. 主题五:改进建议

(1)教师的出镜方式

教师们都表示通过正念干预课堂有一定收获,并认可讲练结合、视频文字结合且相对自由的线上方式,对此也提出一些改进建议。有5位教师提议适当增加练习时间,可采用直播录播相结合的方式增加真人出镜,让学员更加专注。"我觉得如果有示范性的动作,我们会有一定的参考,根据现有动作调整,可能会更加投入。"(B-08G)

(2)把正念引入教师日常培训

大多数教师(10位)提出建议,在幼儿园日常专业培训中增加关于教师心理健康的内容,呼吁教师们注意自身心理健康,且在日常的专业培训中引入正念干预。"其实我觉得应该把正念融入我们的幼儿园培训当中,上课的技能基本上老师都能掌握,但是自我情绪或者一些内在的东西,大家关注得很少。现在的培训像'炒饭'一样,每次培训都是类似的,没有新鲜感,应该团结起来,让园长能接受,关注教师的心理健康发展,不仅仅是关注老师的业务水平。"(W-04Y)

第三节 基于正念练习的线上社会情绪 能力项目作用讨论分析

本研究采用准实验研究,将82名乡村幼儿园教师分至干预组和对照组,干预组进行为期6周的线上正念干预,对照组自然等待,考察线上正念干预对乡村幼儿园教师社会情绪能力的作用。重复测量方差结果显示,社会情绪能力总体及其自我管理、社会认知、人际交往、负责任决策交互作用显著且在定性研究中得以证实,其中自我认知交互作用不显著。情绪智力总体及其情绪控制、他人情绪评估、情绪运用、自我情绪评估交互作用均显著且在定性研究中得以证实;师幼关系总体及亲密型、冲突型、依赖型维度均不显著;职业倦怠总体及其情感枯竭、低成就感、去人格化交互作用显著,且在定性研究中得以证实。即线上正念干预能提升乡村幼儿园教师社会情绪能力水平,提升乡村幼儿园教师情绪智力水平,减缓职业倦怠水平。

一、线上正念干预对乡村幼儿园教师社会情绪能力的干预效果

重复测量方差结果显示,社会情绪能力总体测试时间主效应、测试时间与组别之间交互作用显著,且干预组后测差值得分显著高于对照组,干预组前、后测存在显著差异,对照组不存在显著差异。这表明线上正念干预对乡村幼儿园教师社会情绪能力具有一定干预效果。在自我管理、负责任决策维度上测试时间主效应、测试时间与组别之间交互作用以及组别主效应均显著。在社会认知、人际交往维度上测试时间主效应以及测试时间与组别之间交互作用均显著,且干预组后测差值得分显著高于对照组,干预组前、后测存在显著差异,对照组不存在显著差异。这表明线上正念干预能显著提高乡村幼儿园教师自我管理、社会认知、人际交往、负责任决策水平。这与珍妮丝(Jennings)等人的研究结果一致,珍妮丝(Jennings)等人通过减轻压力和正念计划提升教师社会情绪能力[①],高达(Gouda)等人提出正念干预能减少人际交往问题,其中一个原因

---

① JENNINGS P A,FRANK J L,SNOWBERG K E,et al. Improving classroom learning environments by cultivating awareness and resilience in education (care) :results of a randomized controlled trial[J]. School psychology quarterly,2013,28(4):374 – 390.

可能是教师职业本质上是一种涉及交往的活动,需要与学生、家长、同事、领导交往,正念强调与人共情,并以一种开放、接纳的态度待人。[①] 值得注意的一点是,在自我认知这一维度上,测试时间主效应、测试时间与组别间的交互作用以及组别主效应均不显著,且干预组后测差值得分并不显著高于对照组,其原因之一可能是个体对于自我的认知与了解具有一定难度。很多研究已表明,正念训练对态度或自我认知的改变往往是在内在的、隐性的层面上发生的。通常个体难以产生自我认知,缺乏自我意识。这有可能与人们习惯性的动机性限制(如自我防御)有关。但是有研究表明,正念干预能提升个体对自我的认知,正念强调的时时刻刻保持觉知的初心、非评判的态度有助于去自动化反应,改善个体因习惯性动机产生的限制,从而更好地自我洞察。该结果表明在正念训练中需要增加与自我认知、自我洞察相关的练习,或者增加干预时长以促进自我认知水平、自我洞察能力的提升。教师们表示线上正念干预使他们在情绪失控时更能意识到自己身体感觉的变化,例如胃部的酸胀感以及胸口喘不过气等,还认识到自身情绪现状,并表示会继续进行正念训练来舒缓和调节情绪。

二、线上正念干预对乡村幼儿园教师情绪智力的干预效果

乡村幼儿园教师情绪水平低,工作压力大已成为行业共识。重复测量方差结果显示,情绪智力总体测试时间主效应、测试时间与组别间交互作用均显著,且干预组后测差值得分显著高于对照组,干预组前、后测存在显著差异,对照组不存在显著差异。这表明线上正念干预对乡村幼儿园教师情绪智力水平的提升具有一定效果。在情绪控制维度上,情绪控制测试时间主效应、测试时间与组别间交互作用以及组别主效应均显著,在他人情绪评估、情绪运用、自我情绪评估维度上测试时间主效应和测试时间与组别的交互效应显著,且干预组后测差值得分显著高于对照组,这表明线上正念干预对乡村幼儿园教师的情绪控制、他人情绪评估、情绪运用、自我情绪评估水平提升具有一定效果。这些结果与之前的实证研究结果一致,珍妮丝(Jennings)等人基于正念的专业发展计划

---

① SARAH G, LUONG M T, STEFAN S. Students and teachers benefit from mindfulness - based stress reduction in a school - embedded pilot study[J]. Frontiers in psychology, 2016(7): 590 - 608.

开展实验研究,[1]通过教师关怀可以培养教师教育意识和适应力,并提高教师的社会情绪能力,改善其心理困扰,从而提高课堂互动的质量。泰勒(Taylor)等人使用随机对照组的正念研究,对教师进行正念干预,内容包括身体扫描、正念行走等,结果表明正念干预对提高教师的情绪调节、情绪运用、情绪管理具有积极作用。[2] 陈丽娟等纳入 62 名教学一线的小学教师为研究对象进行实证研究,结果发现,经过 8 周的正念训练后小学教师的教学正念及情感调节自我效能显著提高,工作压力、负面情绪得以改善。[3] 该结果可能与正念的中心思想有关,正念强调以不评判的态度,觉察当下、感知当下,全然投入到此时此刻中以"去中心化",让老师从以自我为中心向去中心化转变,提高教师的关怀能力、情绪调节能力以及增加同理心和同情心,促进教师职业幸福感,以建立良好的人际关系、师生关系。在定性研究中所有教师都表示经过训练后自身情绪能力有所提高,遇到突发情况时能较好控制自身情绪,能运用正念的方法调节情绪,且在处理人际关系时设身处地为他人着想,工作中从幼儿自身需求出发,照顾幼儿。

三、线上正念干预对乡村幼儿园教师师幼关系的干预效果

重复测量方差结果显示,师幼关系总体水平及其各维度测试时间主效应、测试时间与组别间交互作用、组别主效应均不显著,且干预组后测差值得分与对照组无显著差异,干预组前、后测不存在显著差异,对照组前、后测不存在显著差异。这与萨拉(Sarah)等人的研究结果不一致[4],原因之一可能是本次线上正念干预时长较短,干预时间只有 6 周,加之乡村幼儿园教师相对城市幼儿园教师学历较低,较少参与和接触新概念,学习接受能力较弱,虽然干预内容中用

① JENNINGS P A,BROWN J L,FRANK J L,et al. Impacts of the CARE for teachers program on teachers' social and emotional competence and classroom interactions[J]. Journal of educational psychology,2017,109(7):1010 – 1028.

② TAYLOR C,HARRISON J,HAIMOVITZ K,et al. Examining ways that a mindfulness – based intervention reduces stress in public school teachers:a mixed – methods study[J]. Mindfulness,2016,7(1):115 – 129.

③ 陈丽娟,陈秀琴. 正念训练在小学教师压力及负性情绪调节中的应用研究[J]. 心理月刊,2020,15(12):32 – 33.

④ SARAH G,LUONG M T,STEFAN S. Students and teachers benefit from mindfulness – based stress reduction in a school – embedded pilot study[J]. Frontiers in psychology,2016(7):590 – 608.

案例引导教师与幼儿相处,但对于乡村幼儿园教师而言还需要更长时间消化从而内化,需要更长时间练习从而建立正念。但在定性研究中,12 位教师均提到线上正念干预练习有益于良好师幼关系的构建,本次训练后他们尝试从全新的角度认识幼儿,在条件允许的范围内给予他们充分的自由,考虑他们的需求,并把他们当作独立的个体倾听其想法,而不是与幼儿交往时以教师绝对优势压制幼儿,限制他们的行为。

四、线上正念干预对乡村幼儿园教师职业倦怠的干预效果

幼儿园教师职业倦怠水平比较高,在工作中承受着较大的压力,面临较大挑战。重复测量方差结果显示,职业倦怠总体测试时间主效应、测试时间与组别间交互作用、组别主效应均显著,且干预组后测差值得分显著高于对照组,干预组前、后测存在显著差异,对照组不存在显著差异。这表明线上正念干预对乡村幼儿园教师职业倦怠水平的减缓具有一定效果。在情感枯竭、去人格化维度上测试时间主效应、测试时间与组别间交互作用、组别主效应均显著;在低成就感维度上测试时间主效应、测试时间与组别间交互作用均存在显著差异,且干预组后测差值在这三个维度上显著高于对照组,干预组前、后测存在显著差异,对照组不存在显著差异。这表明线上正念干预对乡村幼儿园教师情感枯竭、去人格化、低成就感减缓具有一定效果。这与徐敬的研究结果一致。徐敬的研究表明,正念是"自我"与"他我"之间的关键点,将个体的自我觉察与教学交往活动联结在一起,以一个旁观者的身份去观察自身的情绪再全身心投入教学活动中,强调交互主体的作用。[①] 程秀兰等人的研究也表明,正念干预能减缓幼儿园教师的倦怠水平和去人格化水平,在其研究对幼儿园教师的访谈中也提到正念干预帮助教师学习正确积极的情绪调节方法,帮助他们减缓情感衰竭,经过积极的情绪调节使他们在教学过程中更加有活力、有自信。[②] 在定性研究中,这一点也得到了证实,经过线上正念干预的教师能更好调节自身情绪,减缓工作中的疲倦感、焦虑感。

基于国内外的研究,笔者认为本次为期 6 周的线上正念干预取得良好效果

---

① 徐敬.正念训练降低高中教师职业倦怠的干预研究[D].锦州:渤海大学,2017.

② 程秀兰,张慧,马颖等.幼儿园教师教学正念与职业倦怠的关系:情绪智力和自我效能感的链式中介效应[J].学前教育研究,2022(3):65-78.

主要基于以下几方面：

第一，干预内容结合幼儿园教师的心理特征，选用的实例主要围绕幼儿园教师的工作环境，为教师提供了与之相似、可效仿共情的案例。案例情节生动形象、贴近生活，使教师在干预过程中不仅能与案例中的情节产生共鸣，还能运用正念的方法与这些情境联结起来，对消极情绪进行干预，促使教师们不断内化这些知识，在遇到相似情境时能自动识别并做出反应，从而达到学以致用的效果。例如，在向教师介绍图式模式时，采用以下案例：一名教师起初以健康成年人的方式投入工作，但在与幼儿的交流中，幼儿的言行举止让她感到愤怒，这引发了她的愤怒儿童模式。但通常情况下她无法以正常的成人去调节和控制这种愤怒，也不会尝试去理解孩子，只会对孩子发火。这种愤怒孩童模式会进一步引发惩罚成人模式，导致这位教师会对幼儿发火，且比平常更为严厉。随后，幼儿变得更生气、更抗拒，这可能又会激发教师的脆弱孩童模式，使她觉得被伤害、抛弃，而不是用健康成人模式去理解孩子只是在表达愤怒。最后，惩罚式教师模式会被再次被激发。通过简单的、贴合生活实际的案例向教师介绍四种图式模式，可以引导教师运用正念觉察此时此刻、当下的感受及身体、情绪的变化，从而在健康成人模式与其他四种不健康模式中间形成一段距离，以接纳的态度去觉知。

第二，干预内容理论与练习相结合，设置合理。在每周的课程中，教师首先对理论进行讲解，随后在课堂上带领教师们进行练习，最后由教师自主完成每周的个人练习以及个人体验感悟分享。例如在第2周的干预训练中，首先向教师介绍他们常有的无意识自动化反应，如"习惯性给孩子们贴标签"，教师们表示在工作中常有这样的无意识行为。接着，将正念的七个基本态度带入情境中，让教师们在实例中体会在教学过程中遇到压力情境时如何运用正念的方法使自己全然地体会当下、觉察当下。然后，简单介绍正念与身体的联结，强调正念能够培养注意力，及时觉察身体、想法以及情绪的变化，同时指出正念是一种接纳自我和他人的态度，人的烦恼往往来源于自身的偏见，而正念有助于打破这种偏见，撕掉现有的标签，并鼓励教师们认识到正念的建立并不是一日之成，需要长久的练习才能达成。最后，通过静坐冥想呼吸练习帮助大家建立正念。课程采用讲练结合、图文结合、视频音频结合的方式。首先对正念的机制以及日常生活中的自动化反应进行介绍，然后进行正念训练，将理论与正念训练相结合。最后，教师们通过记录日常喜悦时刻、师幼正念日常练习以及静坐冥想继续巩固建立正念。

第三，线上正念活动方式得当。当今时代人们的生活节奏快，人们试图利用较短的时间获取知识。幼儿园教师工作压力大，工作内容繁琐，不仅面对教学压力、教研压力，还要面临各种培训以及来自家长、同事、领导的人际关系压力。本次线上正念干预课程，每周只设置 4 节 10～15 分钟的微课，以及 2～3 次共计 20～40 分钟的个人练习，并在个人课后作业中安排一些非正式化的正念、练习，如正念刷牙、正念与孩子相处等，使教师能够在日常生活中完成正念练习。教师可以灵活安排练习时间，在忙碌的工作中，利用碎片化时间完成干预。在干预课程设置中，每节微课视频下方以图文结合的方式再现了课程干预内容，便于教师观看视频后重温干预内容，对正念有更深入的思考。此外，线上正念干预活动在团队成员之间有更好的保密性，被干预者在进入课程时可以自由编辑姓名，在讨论与分享感受时可以大胆表达内心真实的体验。与线下团队训练相比，减少了团队成员之间相互了解、熟悉的过程，使教师们更安全地分享自己的感受与体验，正确看待自己的困扰与烦恼。

第四，关注被干预者之间的互动交流。在本次线上正念干预研究中，设置了讨论与感悟分享环节，教师们可在学习通软件平台自由发表言论，且所有被研究者均可查看他人的感悟、体验与感受，营造了轻松、友好的氛围。由于是线上干预，在干预过程中教师们很少进行直接交流，但在平台上形成的这种自由、开放的讨论形式对本次干预也有积极的促进作用。

第八章

乡村幼儿园教师社会情绪
能力提升的建议和对策

第一节　社会层面建议和对策

一、加强对乡村幼儿园教师的全方面支持,为乡村幼儿园教师社会情绪能力发展创造良好的社会氛围

社会地位与职业期望是影响幼儿园教师社会情绪能力的关键因素,充分且有效的社会支持有利于减少教师的消极情绪。已有研究发现,当教师面临社会支持缺失或受阻时,更容易在工作中产生消极情绪。[①] 因此,政府应发挥主导作用,通过以下措施构建支持性社会环境:首先,系统开展公民相关教育,深化公众对幼儿园教师,尤其是乡村地区教师职业特殊性与现实困境的认知,营造理解、尊重的社会氛围;其次,借助主流媒体平台,广泛宣传乡村幼儿园教师的职业贡献和学前教育的社会价值,提升社会对教师工作的认同度。这些举措有助于增强教师的职业荣誉感和归属感,构建积极正向的职业情绪环境。教育行政部门应当建立常态化沟通机制,通过以下途径完善支持体系:第一,整合社区资源,开展家庭教育指导,提升家长教育素养,为家园共育创造良好条件;第二,建立教师心理支持系统,提供专业化的情绪疏导服务;第三,搭建教师专业发展平台,促进职业能力提升。同时,外界的尊重与支持能够有效激发幼儿园教师对

---

① ACHESON K, TAYLOR J, LUNA K. The burnout spiral:the emotion labor of five rural U. S. foreign language teachers[J]. Modern language journal, 2016, 100(02):522 – 537.

教育事业的热爱,增强其对幼儿的关爱,从而减少职业中的负面情绪。此外,针对乡村幼儿园教师面临的编制限制和待遇问题,建议采取以下措施:其一,增加公办园教师编制,优化师资配置结构;其二,建立乡村教师待遇保障机制,完善绩效工资制度,切实改善教师生活条件;其三,实施乡村教师专项补贴政策,减轻其经济压力。通过精神关怀与物质保障的双重支持,有效提升教师职业满意度,降低职业倦怠发生率,促进教师队伍的稳定发展。

二、重视乡村幼儿园教师社会情绪能力的发展,为乡村幼儿园教师社会情绪能力发展提供平台

国家应高度重视乡村幼儿园教师社会情绪能力的发展,将其纳入教育发展的战略规划中,并提供系统性支持与保障。为全面了解教师的心理健康状况,建议建立常态化的乡村教师心理健康监测机制,定期开展心理健康普查,并根据教师的实际需求制定针对性的干预方案。具体措施包括:在地方教育部门和幼儿园设立专业心理咨询室,配备专职心理辅导人员,定期开展情绪调节工作坊和团体辅导活动。例如,可引入正念训练课程,聘请专业心理咨询师为教师提供个性化心理疏导服务。同时,邀请社会情绪能力发展领域的专家,开展专题培训,重点提升教师在情绪感知与表达、人际沟通、团队协作等方面的能力。通过构建多层次的支持体系,不仅能够有效缓解教师的消极情绪,还将显著提升其社会情绪能力。

此外,随着线上教育平台的发展,应充分利用现代信息技术,创新教师培训模式。首先,线上培训能够突破时空限制,减少教师的时间成本,使其更专注于学习过程;其次,数字化平台能够完整记录教师的参与数据,包括互动频率、讨论质量等,为即时评估和长期追踪提供可靠依据;再次,线上正念干预课程因其便捷性和可及性,已被证实对提升教师情绪管理能力具有显著效果。建议开发专门针对乡村幼儿园教师的线上课程资源,包括由专业人士录制的正念练习视频系列和配套指导手册,为教师提供系统化的情绪调节支持。通过线上培训模式的推广,不仅能够促进乡村幼儿园教师的专业发展,还能有效缩小城乡教育差距,实现教育资源的均衡配置。这种创新性的培训方式,既为乡村幼儿园教师的心理健康发展提供了有力支持,也为提升乡村学前教育质量奠定了坚实基础,最终惠及广大乡村儿童,促进教育公平的实现。

三、制定乡村幼儿园教师社会情绪能力发展的相关政策,明确乡村幼儿园教师社会情绪发展的政策导向

长期以来,幼儿园教师的社会情绪能力发展未得到足够重视,在教师能力培养体系和教育政策制定过程中均处于边缘地位。然而,研究表明,教师的社会情绪能力对其职业幸福感、师生关系质量以及学生全面发展具有显著的促进作用。因此,政府应当强化政策引领作用,将提高教师社会情绪能力纳入教育发展的战略规划,构建多渠道、多层次的支持体系,并通过细化发展计划与课程要求,确保政策的可操作性和实效性。

首先,教育部门应在幼儿教师专业发展指南中明确社会情绪能力的重要地位,系统阐述其核心价值,并对能力发展的具体内容进行纲领性建构。这要求将社会情绪能力纳入教师专业标准体系,创新评价指标,细化能力要求,使教师能够依据标准进行自我评估与能力提升。其次,教育部门应着手建立乡村幼儿园教师社会情绪能力的考核评估体系,并将其纳入教师招聘及资格认证流程之中,特别是在教师资格考试中增设社会情绪能力考核环节,从源头上提高乡村幼儿园教师队伍的整体社会情绪能力。此外,政府及相关部门还需建立健全的评估框架,为教育行政部门、幼儿园和教师个人提供明确的能力发展导向。这一框架应具备双重功能:一方面,帮助教师通过自我评估明确发展方向,反思并优化课堂教学实践;另一方面,推动评估工具的创新,以更精准地衡量教师在多元人际交往中的知识储备、动机水平和社会情感倾向。鉴于当前国内专门针对教师社会情绪能力的评估工具匮乏,多数评估仍依赖于心理学领域的通用量表,政府及相关部门应积极推动评估体系的创新与发展,开发更为科学、有效的本土化评估工具,以全面、深入地分析社会情绪能力对教师、幼儿及班级氛围的潜在影响。在工具开发过程中,应充分考虑乡村幼儿园教师的特殊性与实际需求,确保评估的全面性与针对性,为提升教师社会情绪能力提供可靠的数据支持与策略指导。

四、开展乡村幼儿园教师社会情绪能力的相关研究,为乡村幼儿园教师社会情绪能力发展提供科学支持

1.高校开设幼儿园教师社会情绪能力相关课程与项目

高校设置社会情绪课程是发展幼儿园教师社会情绪能力的一个重要策略。

当前的幼儿园教师教育课程体系普遍偏重专业知识与教学技能的传授,而对社会情绪能力的培养关注不足,这与社会对幼儿园教师综合素质的要求存在明显差距。鉴于幼儿园实际工作的复杂与繁重,幼儿园教师的社会情绪能力不仅关乎其个人心理健康,更直接影响师幼互动质量与教育环境的营造。因此,在职前教师培养阶段系统构建社会情绪能力发展支持体系显得尤为重要。首先,高校可以在现有的教师教育课程中创新性地融入专门的社会情绪能力教育模块,旨在系统性地提升职前教师的社会情绪素养。该模块应详尽阐述社会情绪能力的概念框架、核心价值及其对幼儿园教育实践的重要意义,同时通过案例分析、角色扮演等互动方式,帮助职前教师深刻理解并预见未来职业生涯中可能遭遇的情绪困扰(如职业倦怠)、人际关系难题(如家园合作中的冲突)及其应对策略,从而为其职业生涯奠定坚实的心理基础。其次,为深化社会情绪能力教育的实践效果,高校、研究所可联合社会组织开展幼儿园教师社会情绪学习项目。利用高校和社会资源,开发形式多样、内容丰富的项目,为幼儿园教师提供应对压力、人际沟通、改进课堂氛围等方面的策略。积极动员乡村幼儿园教师参与社会情绪学习项目,通过学习,教师不仅能够掌握实用的社会情绪技能,还能在真实的教育场景中加以应用,实现理论与实践的深度融合,进而持续提升其社会情绪能力。

2.高校加强幼儿园教师社会情绪能力的实证研究

从当前学术研究现状来看,尽管中小学教师社会情绪能力的研究已较为普遍,但针对幼儿园教师,尤其是乡村幼儿园教师开展的情绪能力研究,仍处于相对初级的发展阶段,显得尤为不足。鉴于乡村幼儿园教师在地理位置、教学环境及教育对象等方面的特殊性等,他们往往更容易出现情绪、心理问题,这将不利于其心理健康水平的提高。因此,高校研究者应加强乡村幼儿园教师社会情绪能力方面的研究。具体而言,应优先关注以下几个方面的研究工作:第一,深化对教师社会情绪能力价值的理论研究,鉴于国内该领域的研究尚显薄弱,高校研究者应致力于挖掘并阐明社会情绪能力对幼儿园教师个人发展及教育实践的深远意义,为教育部门、学校层面、教师个人重视并提升该能力提供科学的依据。第二,建构本土化的幼儿园教师社会情绪能力框架。国外教师社会情绪能力框架是建立在西方研究的基础上的,依据西方文化建构的。① 因此,高校需立足于我国社会文化背景及乡村幼儿园教育的具体实践,基于对乡村幼儿园教师社会情绪能力现状的调查,修正和发展现有的教师社会情绪能力框架,突出我国幼儿园教师的独特文化背景和教育背景,建立本土化的幼儿园教师社会情绪能力框架,为发展幼儿园教师社会情绪能力提供理论基础。第三,优化教师社会情绪能力相关研究设计与方法论体系。现阶段对教师社会情绪能力的研究以定量研究方法为主,定性研究不足。定量研究虽然对教师社会情绪能力的现状描述、因素探究等做出了较大贡献,但对于有关教师社会情绪能力的典型模式、个体表征、习得机制等深层次问题的探索不够。因此,未来研究应强化定性研究方法的应用,引入叙事研究、民族志等多元的方法,与定量研究相辅相成,共同构建更为全面、深入的理解框架,为揭示教师社会情绪能力的本质与发展路径提供多元化的方法论支持。②

第二节　幼儿园层面建议和对策

一、重视乡村幼儿园教师社会情绪能力及心理健康

1. 在意识层面重视教师社会情绪能力

乡村幼儿园应充分认识到教师心理健康的重要性,将其作为提升教育质量的关键环节。幼儿园教师不仅需要具备较强的专业能力和素养,其社会情绪能力也十分重要。然而,当前幼儿园及其管理层往往忽视了教师的心理健康、职业倦怠水平以及情绪状态的监测与关怀,未意识到幼儿园教师的心理健康水平对幼儿教育质量以及教师自身福祉的重要意义。因此,幼儿园及其管理层亟需从思想层面提升对教师心理健康的重视程度,优化园内教师管理机制,定期与教师保持沟通交流,并针对每位教师做一个情绪档案,记录教师们的情绪变化以及影响因素,了解教师的生活状况、班级情况、人际关系、情绪状态。同时,实施定期的心理健康评估,及时发现并干预教师的心理困扰与消极情绪,通过提

① 张静静. 教师社会情感能力框架及发展策略:基于国外文献的分析[J]. 全球教育展望, 2021, 50(8):103 – 115.

② 郭绒. 国际教师社会情感能力的实证研究:理论模型、研究设计和研究成果:基于23项核心实证研究的领域综述[J]. 比较教育学报, 2022, 337(1):108 – 126.

供心理疏导、情绪管理培训或必要时引入专业心理咨询师进行干预,帮助教师掌握有效的情绪调节与管理技巧,促进其心理健康水平的提升。遇到心理健康状况严重不佳的教师,应给与适当的假期调整,待其教师以更加积极的心态重返工作岗位。这不仅有利于其个人的心理健康,更能为幼儿的身心健康发展营造更加温馨、和谐的教育环境。幼儿园教师是幼儿成长过程中的"重要他人",其情绪状态直接影响着师幼关系的质量与幼儿的情绪体验。因此,幼儿园及其管理层需要将维护教师心理健康置于重要位置,以促进教育质量的提升与幼儿的健康成长。

2. 创设关怀、宽容的幼儿园文化氛围

文化和氛围是一个组织中的个体思考、感受、互动、行动的规律与模式,学校文化和氛围为管理者、教师、学生之间的关系和互动以及教师的教学方式定下了基调①。长期处在压力、紧张、充满负面情绪的环境的教师,不仅难以保持心理放松以应对工作任务,更难以调动认知资源来处理情绪问题。相反,充满关怀、温暖和支持性的园所环境能够激发教师的积极情绪体验,如鼓励、包容与爱的幼儿园氛围,可以帮助教师缓解工作中的不良情绪,开展积极的情绪劳动,从而提高乡村幼儿园教师的心理健康水平。因此,幼儿园应致力于构建并维护积极、支持性的环境与氛围,以促进和谐友善的人际关系的形成。

首先,幼儿园应当鼓励教师正视并表达情绪。鉴于许多幼儿园教师在情绪认知方面存在不足,未能充分理解情绪的产生机制及其对幼儿的潜在影响,以及缺乏表达情绪的勇气,这导致其在遇到情绪问题时无法恰当解决。为此,幼儿园应营造温暖和谐的氛围,鼓励教师表达情绪情感,理解情绪产生的原因,接纳情绪并合理的宣泄情绪。同时,应定期组织教师交流会议,为教师们提供一个分享教学与管理挑战、反思情绪影响、共同探讨并优化情绪处理策略的平台,从而有意识地提升教师的情绪管理能力。

其次,幼儿园应确立并强化社会情绪能力发展的规范体系。在人际交往、社会互动、情绪表达等方面建立规则,鼓励教师与幼儿、家长和同事建立积极互动关系,同时促使教师主动审视并调整自身不良的情绪表达与交流方式。具体

---

① GOTTFREDSON G D, GOTTFREDSON D C, PAYNE A A, et al. School climate predictors of school disorder:results from a national study of delinquency prevention in schools[J]. Journal of research in crime and delinquency, 2004, 42(4):412–444.

而言,幼儿园可以指导教师深入反思日常教学实践中的情绪表达行为,剖析其背后的原因、影响及改进策略,并倡导组建反思性合作团队或小组。通过团体训练等形式,教师能够在团队中真诚地交流情绪体验、情感态度及行为选择,相互学习,共同提升情绪识别与人际交往的技巧与能力,从而全面提升社会情绪能力。

再次,幼儿园的管理体制与考核机制、学校的硬件设施、经济条件以及学校的组织氛围、人际关系等因素均会影响教师的情绪劳动,如张璇在研究中发现幼儿园因素包括园所文化、管理者领导风格、同事关系等会影响教师情绪劳动。[①] 因此,幼儿园应充分发挥园长社会情绪能力方面的引领作用,培育良好的园所文化,采用民主的方式管理幼儿园,增强教师的主体意识与责任感,激发其工作热情与创造力。同时,幼儿园应加强园内硬件与软件设施的建设与升级,优化人员配置,增加教师员工数量,精减非教学任务的摊派,使教师能更专注于保育教育工作,从而提升整体教育质量。

二、提供平台与机会提高乡村幼儿园教师的社会情绪能力

当前,幼儿园教师培训体系往往偏重专业知识与技能的精进,却在一定程度上忽视了教师情绪情感层面的滋养与培育。幼儿园教师,作为情感劳动的高强度从业者,每日承载着繁重且细致入微的工作负荷,既要全面照料幼儿的日常生活,又要兼顾教学创新、教育研究及环境营造等多重任务。这种高强度、多维度的工作性质,使得教师们普遍面临巨大的心理压力与职业倦怠的挑战,这已成为业内广泛认同的现象。鉴于此,幼儿园教师的心理健康状况及其情绪调节能力的重要性愈发凸显。为了构建更加健康、积极的教育生态,幼儿园必须将教师社会情绪情感的培养提升至与专业知识技能同等重要的位置。具体而言,应将教师社会情绪能力的培养全面融入职前教育与在职培训的各个环节,通过精心设计的培训课程与活动,引导教师深入理解并有效管理自己的情绪情感。

1. 职前培训重视教师社会情绪能力的培养

在职前培训阶段,应当构建系统化的培养体系,以全面提升幼儿园教师的专业素养和社会情绪能力。首先,应对幼儿园教师的职业动机和教育理念进行

---

① 张璇.基于扎根理论的幼儿园社会情绪能力研究[D].上海:上海师范大学,2019.

深入了解,对潜在的不当观念进行引导,从职业认同的根源上强化教师的职业使命感,有效预防和减轻职业倦怠现象。其次,要对新教师进行专业知识与技能的培训,教师专业素养是影响教师社会情绪能力的重要因素之一。通过帮助新教师适应幼儿园工作环境,提升教学实践能力,培养其教学效能感,激发教学热情,使教师在教学过程中获得积极的情绪体验。最后,应开展社会情绪能力相关培训,增强教师对情绪认知的重视,教授情绪识别、调节与管理的有效策略,并着重培养教师的关怀与同理心能力。同时,鉴于幼儿园教师职业的交往密集型特性,培训还应重视幼儿园教师人际交往技能相关培训,为教师提供实践锻炼的机会。教师的职业是一种交往行为,需要与幼儿、家长、同事、领导交往。人际技能是串联社会情绪能力、教学效能感和工作满意度的重要环节,是幼儿园教师需要具备的一般"软技能"。① 人际技能在互动中发挥着重要作用,学习一些人际技能,增加教师的合作交流意识,有助于帮助幼儿园教师更好地解决在未来工作中可能遇到的人际关系问题。

2. 在职培训为教师提供各种平台与机会

在职培训阶段,幼儿园应积极为教师搭建多元化的交流平台,引导教师合理的释放生活中以及教学中的负面情绪。比如定期策划并开展心理交流活动,在活动中对教师近期的心理状况进行了解,及时识别并解决潜在的心理问题。同时,鼓励教师间开展深度交流,彼此学习情绪管理技巧,发挥幼儿园老教师的经验优势,通过师徒带教、心理沙龙、跨校交流等形式,分享他们在师幼互动、管理班级、应对职业倦怠等方面的成功策略与实践案例。这不仅拓展教师职后指导途径,还能显著提升其社会情绪能力,更好适应就职岗位,顺利开展教学工作。对于难以解决的情绪问题,幼儿园可以采用心理辅导或者开展培训课程等有针对性的干预措施对教师的情绪问题进行改善。通过开展课程和培训,例如视频讲座、工作坊等,让不同年龄阶段和不同教龄的教师都能找到合理宣泄自己情绪的方法。

同时,本研究表明,线上正念干预是提升乡村幼儿园教师社会情绪能力的有效途径。因此,幼儿园可以引入正念干预等情绪干预项目,帮助教师缓解消极情绪。具体而言,幼儿园及其管理层需首先深入了解并认同正念的价值,阅

---

① FERNANDES P R, JARDIM J, LOPES M C. The soft skills of special education teachers: evidence from the literature[J]. Education sciences, 2021, 11(3):125.

读有关资料或文献,积极宣传正念对于促进个体情绪调节、提升心理韧性的积极作用。在此基础上,将正念理念融入幼儿园教师的日常专业培训体系之中,在重视教师专业发展的基础上重视乡村幼儿园教师的情绪调节能力。幼儿园教研室可与教师、领导、专家多方研讨,根据现有线上正念干预资源建言献策,且根据各园的特色及教师社会情绪能力现状、真实案例改编正念干预内容,将工作、生活中的真实案例引入正念干预,激发教师兴趣,增强教师参与动机,并在干预过程中给予建设性意见以便乡村幼儿园教师日后举一反三。针对线上正念干预课程的设计,建议采取教师导向的方法,根据教师的实际需求调整课程结构,如增加练习时长、精简理论讲解部分,适当增加游戏环节,寓教于乐,缓解理论讲解的枯燥。同时,通过直播与录播相结合的方式,增加教师出镜指导环节,提供直观性教学示范,便于教师模仿与学习。在线上正念干预前,幼儿园及其领导可组织教师们与带教老师直播互动,利用小游戏以及团队探讨,在课程干预前建立信任以便干预开始后教师更好进入正念状态。此外,幼儿园及其领导应保留教师线上干预原始资料,如讨论分享、作业完成情况等,以便持续跟踪评估乡村幼儿园教师的社会情绪能力发展动态,及时调整工作策略,为教师的心理健康提供更为精准的支持与关怀。

此外,幼儿园及其管理层应积极采纳正念干预等情绪管理项目,作为缓解教师消极情绪、促进心理健康的有效途径。多项实证研究表明正念能减少负面情绪,提升内心平静程度,增强情绪调节能力,提升共情能力。在工作中,当教师以积极的心态、良好的共情能力面对幼儿时,能更好地了解幼儿的需求,与幼儿产生共情。值得注意的是,共情并非无原则的溺爱,而是基于对幼儿作为独立个体的尊重,理解其因生理发展阶段所需的特别关照,从而以平等、开放的态度进行互动交流,更加敏锐地感知并享受与幼儿共度的每一刻,依据具体情境实施个性化教学,有效促进幼儿的全面健康发展。幼儿园管理人员可以多学习、多参观,引进适宜于幼儿园教师的趣味团队游戏活动,在游戏中锻炼团队协作能力,促进人际交往,营造良好、和睦的工作氛围,让教师们以饱满的精神状态迎接日常工作的挑战。同时,鉴于当前互联网技术的飞速发展及其普及程度的日益提高,幼儿园及其领导应合理利用网络资源对幼儿园教师进行心理健康干预。具体而言,幼儿园及其管理层可借助互联网学习有关教师心理健康知识,合理利用线上正念干预,建立线上线下教师情绪发泄室、心理健康管理室,每天固定某一时间点,让教师们根据正念音频、视频进行正念练习,分享感悟与体验。此外,定期举办如"师幼正念日"等特色活动,通过全天规划的正念实践,引导教师保持初心去看待孩子的每个瞬间,全然体验与孩子在一起的每个时刻,提升幼儿园教师的觉察能力、关怀能力,为乡村幼儿园教师的心理健康提供坚实保障。

第三节　教师层面建议和对策

一、树立正确的教育观,重视自身社会情绪能力发展

教师个人因素如教师个人价值观、专业素养、个性特征等都会影响到教师社会情绪能力的发展。[①] 因此,乡村幼儿园教师要注重自身专业发展,培养良好的职业素养,并始终保持对幼儿和学前教育事业的热情。首先,合格的幼儿园教师应该树立正确的职业观,坚定教育理想和信念,不断提升思想觉悟。在与幼儿互动时,应始终保持高度的专业性,确保教育行为的公正性与合理性,避免任何可能损害幼儿权益的行为。其次,乡村幼儿园教师要树立科学的儿童观,全面了解幼儿身心发展的规律与特点,识别并尊重每位幼儿的独特个性、兴趣与需求,从而提供更为适宜、个性化的教育支持。再次,乡村幼儿园教师应深刻认识到自身职业的专业性与特殊性,从内心深处热爱并珍视这份职业,培养职业使命感、荣誉感和责任感,降低职业倦怠,从而更好地投身幼儿教育事业。最后,教师个人知识储备与专业能力的提升是持续发展的关键。教师需要强化自身学习能力,通过自我反思与终身学习,弥补知识短板,提升教育学、心理学等领域的专业素养与教学能力。同时,制定明确的职业规划,积极参加继续教育和专业培训,不断提高自身教育理论修养、专业知识素质,增强个人教育能力。这不仅有助于优化师幼互动质量,增强家长对自己的信任,促进家园合作,同时还能有效提升教师在同事与领导中的认可度,缓解各方面的人际压力。

二、增强发展自身社会情绪能力的意识

通过访谈研究发现,乡村幼儿园教师对于自身发展规划普遍聚焦于专业知识、专业技能、信息技术能力、艺术技能等方面,忽视了自身社会情绪能力的发

[①] 张璇.基于扎根理论的幼儿园社会情绪能力研究[D].上海:上海师范大学,2019.

展,对社会情绪的重要性缺乏认识。因此,幼儿园教师应加强社会情绪能力发展意识,注重社会情绪培养,在与幼儿互动、同事和家长沟通交流中,提高对情绪的敏感性,及时识别消极情绪,找到恰当方式调节与控制不良情绪,以积极、稳定的心态投入到教育工作中。这一过程不仅有助于教师全面认识社会情绪能力的深远意义与积极作用,还能在幼儿园内部营造一种重视情感交流、促进情感成长的良好氛围。

1. 教师应重视自身心理健康水平

首先,乡村幼儿园教师应对自身形成正确、客观的认识,重视自身心理健康,提升自身心理健康水平。鉴于乡村幼儿园在管理、教学环境及资源条件上的局限性,教师所面临的工作环境较为艰难。而且,园内幼儿群体多以留守儿童为主,普遍接受隔代教养,家长群体整体素质偏低,这一系列因素使得乡村幼儿园教师在履行职责时面临着较城市幼儿园教师更为复杂的挑战。教师不仅需负责幼儿日常生活的全方位照料,还需承担教学活动的组织以及与家长和领导的频繁沟通,多重任务叠加之下,极易导致教师身心疲惫,产生职业倦怠。因此,乡村幼儿园教师自身要树立社会情绪学习的意识,重视自己的心理健康水平,学会觉察自己的情绪,提升社会情绪能力,科学看待心理问题,重视并妥善管理个人情绪。同时,教师应不断充实自我,系统学习身心健康领域的专业知识,并将这些心理学知识有效融入日常教育教学实践中。例如,当遇到情绪失控时,教师可以尝试有意识地注意、觉察自身情绪状态并加以调控,客观地看待事情的发生、发展,情绪平复后,积极地进行自我评价反思,形成适合自己的情绪调节方式,不断管理自身的情绪状态。

2. 教师应采取合理的方式及时调节及宣泄个人情绪

心理健康具有强大的感染力,幼儿园是幼儿的主要生活场所,构建团结友爱、积极向上的园风与班风至关重要。在这一过程中,每位幼儿教师均扮演着引领者的角色。当幼儿得到教师的恰当关怀与正面引导时,他们往往能够形成自信、乐观及积极向上的心态。反之,若幼儿园教师的心理健康状态失衡,则会无形中传递给幼儿自卑、胆怯等负面情绪,对幼儿的心理发展构成潜在威胁。因此,幼儿园教师的心理健康是幼儿心理健康的先决条件。教师在面对工作中的挑战与不适时,应及时调整,积极应对,减少焦虑情绪,从中寻找并体验工作的成就感与自我价值实现。另外,幼儿园教师还需掌握有效的情绪宣泄策略,同时保持对幼儿的高度觉知,以非评判性、接纳性的态度与幼儿互动,展现出敏锐的观察力,深入洞察并满足幼儿的内心需求,为幼儿提供情感上的支持与价值认同。在人际交往中,教师应具备同理心,正确评估并共情于他人的情绪,设身处地为同事、家长及领导考虑,以构建和谐的人际关系网络。当遇到难以独自应对的情绪困扰时,教师应积极寻求外部支持,如与家人分享、与朋友交流,或利用专业心理咨询等资源,以有效缓解不良情绪,维护自身的心理健康状态,进而为幼儿提供更加稳定、健康的成长环境。

三、合理利用资源发展自身社会情绪能力

1. 教师应发展社会情绪能力,减轻职业倦怠

在此次针对"亲社会课堂模式"的研究中发现,乡村幼儿园教师的社会情绪能力与其职业倦怠感呈负相关,而与教学效能感、师幼关系、工作满意度呈显著正相关。这一发现不仅揭示了社会情绪能力是缓解职业倦怠的关键要素,也强调了其在教学效能提升、师幼关系和谐构建及工作满意度增进中的重要作用。因此,系统性地培育与强化乡村幼儿园教师的社会情绪能力,有望成为减轻其职业倦怠情绪的有效途径。

首先,应激发教师的内在动力,增强其自我效能感,鼓励他们主动与幼儿建立融洽的师幼关系和亲密的情感联系。这种和谐融洽的师幼互动氛围既能激发幼儿参与活动的积极性与主动性,使其更愿意接受具有挑战性的任务,促进其深度学习与全面发展,也为教师提供了丰富的教学反馈,有助于其教学技能与教学效能感的双重提升。其次,鉴于乡村幼儿园资源相对有限,教师应积极寻求个人成长路径,如制定自身发展规划、利用线上资源自主学习、定期进行自我反思等方式,不断提升专业素养与成就感。此外,通过园内外的经验交流,促进教师间的相互学习与激励,进一步加速其专业成长步伐。这种自我专业能力的提升能不断增强乡村幼儿园教师的工作满意度,增加其积极情绪,减缓教师的职业倦怠感。最后,乡村幼儿园教师在日常实践中应注重时间管理与情绪调节,以专注而充满爱的态度投入到与幼儿的每一次互动中。教师应保持初心去看待幼儿的每个瞬间,全然体验与幼儿在一起的每个时刻,敏锐感知幼儿的需求与变化,及时给予正面回应与关怀,这不仅能够增强师幼之间的情感纽带,还能有效提升教师的关怀能力与情感智慧,为构建更加稳固的师幼关系及推动教师自身社会情绪能力的发展奠定坚实基础。

2.教师应加强自身的学习,用规范合理的方法缓解不良情绪。

线上正念课程为乡村幼儿园教师构建了一个高效便捷的学习平台。正念课程简单易学,具有普适性,网络技术的发展更是极大地拓宽了正念学习的传播渠道,使得乡村幼儿园教师能够跨越地域限制,实现随时随地的学习与练习,有效均衡了教师教育发展资源,促进教育资源的全面共享与优化配置。通过正念练习,教师们能够学会专注于当下,正确评估自身的能力与价值,从而树立积极的自我认知,给予自己积极的心理暗示,且保持敏锐的注意力与观察能力,关注幼儿的内心需求,为幼儿提供必要的情绪支持与引导。同时,正念练习还促进了教师情感智力的提升,使他们能够更准确地识别与评估他人情绪,增强共情能力,学会从他人的角度思考问题,以友善、仁慈的态度对待同事与领导,进而构建出和谐融洽的人际关系网络。此外,鼓励乡村幼儿园教师养成正念书写的习惯,不仅是对个人生活点滴的记录,更是一种心灵的滋养与自我反思的过程。通过记录生活中的愉悦小事,教师们能够深刻体会到生活的美好与人生的价值,进一步激发工作热情与职业幸福感,为乡村幼儿教育事业贡献更加饱满的热情与智慧。

3.教师之间可自发组团进行正念练习,干预彼此的不良情绪

基于互联网的快速发展,教师们可充分借助网络资源,自发组织集体正念练习活动,通过推选组织者与监督者来保证活动的有序进行。教师们每日可进行正念练习、正念书写,并分享各自的感悟与情感体验。相对于个人的练习,这种集体性的实践不仅加深了教师对正念的理解,还促进了彼此间的情感交流与相互支持。此外,乡村独特的生态环境资源也为正念练习提供了优质的环境。与城市相比,乡村以其人口稀少、自然环境优美、大气污染较少等特点,成为寻求心灵宁静的理想之地。教师们可充分利用这一优势,自发组织在静谧的河边或山脚下进行正念练习。同时,教师们还可以将正念融入日常生活,比如正念散步、正念刷牙等,使正念成为一种生活方式而非单纯的练习活动。这种自由、平等、开放的团队练习及交流环境有效促进了正念对教师社会情绪能力的提升。多项研究表明,团队正念训练能有效提升教师的情绪管理能力,缓解教师职业倦怠。

4.教师应进行社会情绪能力相关的实践

乡村幼儿园教师应将社会情绪能力融入日常实践,由于社会情绪能力并不是一系列独立的课程,而是植根于教师的自我意识、情绪管理,并广泛渗透于教

师与幼儿的日常互动、教师与家长及领导的关系构建以及教师行为决策等多个维度之中，涵盖了倾听、反馈、换位思考等关键技能。因此，乡村幼儿园教师不仅要具备社会情绪能力意识，在各种活动中学习情绪调节技巧，更要在幼儿园的一日生活、教学活动策划以及家园互动中积极运用并发展社会情绪能力。除此之外，有研究表明，教师的社会情绪能力对幼儿具有直接的正面影响，两者在社会情绪能力的发展上呈现出一种相互促进、共同成长的良性循环模式。当教师在课堂中实施社会情绪学习计划时，应聚焦于通过教学互动这一核心环节，不断提升自身的社会情绪能力。例如，根据幼儿的社会、情感、认知及环境背景，灵活应对他们的不当行为，营造包容、关爱的氛围。同时，积极引导幼儿学习有效沟通、表达自我观点的能力，在这一过程中，教师自身的社会情绪能力也将得到同步提升。通过培养幼儿的社会情绪能力，教师不仅能够获得实践反思的机会，还能在这一过程中增加与强化自身在该领域的知识体系。

参考文献

中文类：

[1] 蔡永红,朱爱学.中学教师职业倦怠现状及其组织影响因素研究[J].教育研究与实验,2013(6):29-33.

[2] 曹慧,毛亚庆.美国"RULER社会情感学习实践"的实施及其启示[J].比较教育研究,2016,38(12):73-79.

[3] 陈丽娟,陈秀琴.正念训练在小学教师压力及负性情绪调节中的应用研究[J].心理月刊,2020,15(12):32-33.

[4] 陈秋研.正念取向的团体辅导对大学生情绪调节的作用[D].上海:上海师范大学,2016.

[5] 陈施羽.基于网络分析方法的项目干预效果评估[D].广州:中山大学,2020.

[6] 陈煦海,张蓓.教师情绪能力及培育路径分析[J].当代教师教育,2019,12(1):58-65.

[7] 程秀兰,张慧,马颖,等.幼儿园教师教学正念与职业倦怠的关系:情绪智力和自我效能感的链式中介效应[J].学前教育研究,2022(3):65-78.

[8] 戴浩.正念训练对IT行业职场新人工作压力的干预研究[D].南京:南京师范大学,2015.

[9] 戴佳坪.福建省新生代农村公办园教师精神生活个案研究[D].漳州:闽南师范大学,2020.

[10] 邓兰.学前教育师范生在实习中师幼互动出现的典型问题与对策研究[D].大连:辽宁师范大学,2022.

[11] 段文杰,冯宇.学校正念干预的应用与特点[J].心理科学,2018,41(1):85-90.

[12] 高儒,朱天丽,韦云.正念减压法对妇科恶性肿瘤患者癌因性疲乏的影响[J].齐鲁护理杂志,2017,23(8):76-78.

[13] 宫然.教师情绪能力干预研究的综述及其理论取向[J].科幻画报,2021,311(9):63-64.

[14] 顾洁,童慧琦,孙晓明.中文网络正念减压课程对普通人群正念水平和心境状态的影响研究[J].中国全科医学,2019,22(5):581-585.

[15] 桂梦宇.培智学校教师社会情感能力及其与教学效能感、工作满意度关系研究[D].上海:华东师范大学,2022.

[16] 郭炳豪.正念训练对高中生考试焦虑影响的实验研究[D].南宁:南宁师范大学,2019.

[17] 郭绒.国际教师社会情感能力的实证研究:理论模型、研究设计和研究成果:基于23项核心实证研究的领域综述[J].比较教育学报,2022,337(1):108-126.

[18] 何元庆,翟晨靓,曹晓燕,等.正念团体咨询对幼儿教师心理健康的干预效果[J].中国卫生事业管理,2018,35(8):631-632,640.

[19] 贺一馨.乡村留任特岗幼儿园教师的职业认同及其影响因素研究[D].兰州:西北师范大学,2020.

[20] 黄恒,张天雪.城乡教师职业倦怠感的影响因素及其差异研究:基于中国教育追踪调查数据[J].成都师范学院学报,2023,39(3):83-90.

[21] 蒋路易,郭力平,吕雪.CLASS视角下师幼互动研究的元分析:基于中国14省市892名教师的师幼互动质量评估结果[J].学前教育研究,2019(4):32-44.

[22] 教育部.《教师教育振兴行动计划(2018—2022年)》[EB/OL].(2018-03-28)[2023-12-06]http://www.gov.cn/xinwen/2018-03/28/content_5278034.htm.

[23] 康勇军,屈正良.高职院校教师心理契约与职业倦怠的关系:工作满意度的中介作用[J].中国临床心理学杂志,2011,19(2):234-236.

[24] 柯瑜.幼儿的社会情绪能力培养与发展策略[J].福建教育学院学报,2022,23(10):93-96.

[25] 李春良,文萍.农村幼儿教师心理压力解析[J].教育导刊(下半月),2019(8):53-58.

[26] 李春良. 农村幼儿教师心理压力解析[J]. 教育导刊, 2019(8):53-58.

[27] 李晶, 刘根义, 隋桂英, 等. 中小学教师人际关系与心理健康的相关性研究[J]. 济宁医学院学报, 2003(3):8-9.

[28] 李敏, 杨晓萍. "三年行动计划"后农村幼儿教师工作满意度调查研究: 以 S 县为例[J]. 教育与教学研究, 2015, 29(9):23-28.

[29] 李明蔚, 毛亚庆, 顾欣. 教师社会情感能力对学生社会情感能力的影响: 多重中介效应分析[J]. 教师教育研究, 2021, 33(6):24-31.

[30] 李卫红, 刘典英. 正念减压对新冠疫情下普通民众情绪和睡眠的干预效果研究[J]. 江西医药, 2020, 55(7):824-825, 859.

[31] 李玉花. 幼儿注意力的评定与干预研究[D]. 长沙: 湖南师范大学, 2020.

[32] 连榕. 教师教学专长发展的心理历程[J]. 教育研究, 2008(2):15-20.

[33] 梁波. 小学初任教师社会-情绪能力的发生机制研究[D]. 上海: 上海师范大学, 2021.

[34] 梁红. 用创造性绘画心理辅导活动干预中小学教师不良情绪的思考[J]. 广西教育, 2023, 1282(22):30-33.

[35] 林琳. 内江市幼儿教师职业倦怠现状及影响因素研究[D]. 重庆: 西南大学, 2009.

[36] 林文婷, 简淑真, 郭李宗文, 等. 教师情绪智力与幼儿情绪能力之相关研究[J]. 幼儿保育论坛, 2008(3):86-114.

[37] 刘锦涛, 周爱保. 心理资本对农村幼儿教师工作投入的影响: 情绪调节自我效能感的中介作用[J]. 中国临床心理学杂志, 2016, 24(6):1069-1073.

[38] 刘乐琪. 幼儿园新手教师薪酬满意度现状调查研究: 以陕西省为例[J]. 教育观察, 2022, 11(21):65-69.

[39] 刘梅. 幼儿园初任教师的园本研修[J]. 学前教育研究, 2019(2):85-88.

[40] 刘慕霞. 乡村幼儿教师职业倦怠现状及其心理应对策略[J]. 陕西学前师范学院学报, 2019, 35(7):112-118.

[41] 刘萱. 认知重评团体辅导对幼儿教师情绪劳动策略的干预研究[D]. 江西: 江西师范大学, 2015.

[42] 刘焱, 宋丽芹. 薪酬公平感知对普惠性幼儿园教师留任意愿的影响: 薪酬满意的中介作用和机会公平感知的调节作用[J]. 心理研究, 2022,

15(1):61-69.

[43] 马文静.情绪智力视角下的中学教师胜任力特征模型[D].济南:济南大学,2016.

[44] 马颖,张慧,向唯鸣,等.乡村幼儿园教师社会情感线上正念干预方案设计及其实施效果[J].陕西学前师范学院学报,2024,40(4):48-58.

[45] 梅佳敏,邱莉.教师CRTWC社会情感能力项目及其启示[J].教育进展,2023,13(8):6091-6097.

[46] 穆田云.上海市小学教师"社会-情绪能力"的现状与问题研究[D].上海:上海师范大学,2017.

[47] 牛美蘇.幼儿教师职业倦怠的成因及其缓解对策分析[J].科教文汇(下旬刊),2018(12):33-34.

[48] 秦立霞,罗涛,王省堂,等.正念减压疗法对高校教师知觉压力及职业倦怠的影响[J].山东医药,2020,60(2):67-69.

[49] 秦旭芳,徐丘涵.不同成熟度新入职幼儿教师应对亲师矛盾的组织支持路径研究[J].教育与教学研究,2023,37(11):45-60.

[50] 容中逮,阴祖宝.乡村教师的社会教化职责:现代乡贤的判定视角[J].教育研究,2023,44(4):23-34.

[51] 沈伟,王娟,孙天慈.逆境中的坚守:乡村教师身份建构中的情感劳动与教育情怀[J].教育发展研究,2020,40(Z2):54-62.

[52] 施忠禄.县域团队研修促进"社会情感学习"项目课程教学[J].宁夏教育,2019,470(10):18-20.

[53] 孙晓露,周春燕.人岗匹配程度对幼儿园教师职业倦怠的影响:工作满意度的中介和组织支持感知的调节[J].学前教育研究,2020(1):42-53.

[54] 田瑾,毛亚庆,熊华夏.变革型领导对教师职业倦怠的影响:社会情感能力和幸福感的链式中介作用[J].心理发展与教育,2021,37(5):743-751.

[55] 汪海彬,陈宁,丁宁."新手—熟手—专家型"教师情绪觉察结构的探索[J].现代基础教育研究,2020,37(1):56-62.

[56] 王春梅,陈希.基于互联网的正念减压疗法对疫情期间护理人员心理状况的干预研究[J].中国社区医师,2020,36(29):145-146.

[57] 王飞,刘身强.乡村教师社会情感能力:本质、价值意蕴及培养路径

[J].中国成人教育,2023(19):64-69.

[58]王佳.中小学教师的社会情绪能力的问卷编制与应用研究[D].上海:上海师范大学,2020.

[59]王隽,余珊珊.农村幼儿园教师教育理念及自我效能感调查[J].幼儿教育,2004(7):41-42.

[60]王慕寒.乡村幼儿教师心理资本、核心自我评价与职业倦怠的关系[D].西安:陕西师范大学,2021.

[61]王淇.农村幼儿教师职业认同、工作满意度与职业倦怠的调查研究[D].黄石:湖北师范大学,2017.

[62]王树涛,毛亚庆.寄宿对留守儿童社会情感能力发展的影响:基于西部11省区的实证研究[J].教育学报,2015,11(5):111-120.

[63]王双徐.县域小学教师人际关系现状调查研究[D].海口:海南师范大学,2022.

[64]王誉榕.中小学教师社会情感能力发展及与职业倦怠感关系研究[D].武汉:华中师范大学,2021.

[65]毋丹丹.论教师专业发展的特质及其实践路径[J].教师教育研究,2017,29(3):81-86.

[66]吴美兰.职业院校教师情绪能力与自我效能感的关系研究[D].福州:福建师范大学,2016.

[67]吴明隆.问卷统计分析实务:SPSS操作与应用[M].重庆:重庆大学出版社,2015.

[68]吴莹莹.教师情绪能力、课堂教学策略与效能感的关系研究[D].福州:福建师范大学,2013.

[69]武雅楠.河南省乡村幼儿教师职业倦怠调查研究[D].信阳:信阳师范学院,2016.

[70]辛晓玲,魏宏聚.乡村初任教师情绪劳动的影响因素及调节策略[J].教育科学研究,2022(9):85-90,96.

[71]徐恩秀.正念教育对初三学生考试焦虑影响的实证研究:以厦门市某中学为例[J].集美大学学报(教育科学版),2021,22(2):14-19,25.

[72]徐敬.正念训练降低高中教师职业倦怠的干预研究[D].锦州:渤海大学,2017.

[73]徐慰,刘兴华.正念训练提升幸福感的研究综述[J].中国心理卫生杂志,2013,27(3):197-202.

[74]严梅香.社会资本理论视角下广西乡村教师身份认同研究[D].南宁:南宁师范大学,2023.

[75]杨传利,蓝筱梦,吕玉敏.西部农村中小学教师社会情感能力:一项基于广西640名教师的实证调查[J].现代中小学教育,2021,37(4):83-89.

[76]杨柳叶,陈时见.美国提升教师社会情绪能力的路径与经验[J].教师教育学报,2021,8(3):70-80.

[77]叶晓乐.小学教师社会情绪能力对职业认同的影响研究[D].长春:东北师范大学,2021.

[78]于书洋.小学教师社会与情绪能力发展及与职业幸福感关系研究[D].长春:东北师范大学,2019.

[79]余粤.元认知心理干预技术在青年教师情绪调适中的运用[J].中小学心理健康教育,2010,151(8):4-6.

[80]张佳伟,陆婧炎.国际视野下职前教师社会情感能力框架与培养策略研究[J].教师教育研究,2023,35(4):122-128.

[81]张建人,阳子光,凌辉.中小学教师工作压力、工作满意度与职业倦怠的关系[J].中国临床心理学杂志,2014,22(5):920-922.

[82]张静静.教师社会情感能力框架及发展策略:基于国外文献的分析[J].全球教育展望,2021,50(8):103-115.

[83]张晓.师幼关系量表的信效度检验[J].中国临床心理学杂志,2010,18(5):582-583.

[84]张璇.基于扎根理论的幼儿园教师"社会-情绪能力"研究[D].上海:上海师范大学,2019.

[85]张亚妮,牛婉羽,陈浩.不同专业发展阶段幼儿园教师心目中的"好老师"形象分析[J].学前教育研究,2019(12):52-60.

[86]张音音.幼儿园新手教师与专家型教师语言教育活动的比较研究:基于CLASS的分析[D].西安:陕西师范大学,2013.

[87]张雨楠.幼儿教师职业成就感现状及影响因素研究[D].沈阳:沈阳师范大学,2022.

[88]郑光英.不同专业发展阶段幼儿园教师家园沟通能力的研究[D].上

海:华东师范大学,2022.

[89]钟燕.幼儿园教师情绪劳动和师幼互动的关系研究[D].上海:华东师范大学,2020.

[90]周晓芸,彭先桃.正念训练:幼儿教师专业发展的现实之需[J].科教导刊(下旬),2018(18):78-79.

[91]朱美娟,陈丽燕,林亚妹,等.基于互联网的正念减压疗法在血液透析患者中的应用[J].中西医结合护理(中英文),2019,5(10):113-116.

英文类：

[1]ACHESON K,TAYLOR J,LUNA K. The burnout spiral:the emotion labor of five rural U. S. foreign language teachers[J]. The modern language journal,2016,100(2):522-537.

[2]ALBRECHT N J,ALBRECHT P M,COHEN M. Mindfully teaching in the classroom:a literature review[J]. Australian journal of teacher education (Online),2012,37(12):1-14.

[3]ALDRUP K,CARSTENSEN B,KOELLER M M,et al. Measuring teachers' social-emotional competence:development and validation of a situational judgment test[J]. Frontiers in psychology,2020,11:892.

[4]ALOE A M,AMO L C,SHANAHAN M E. Classroom management self-efficacy and burnout:a multivariate meta-analysis[J]. Educational psychology review,2014,26(1):101-126.

[5]BENN R,AKIVA T,AREL S,et al. Mindfulness training effects for parents and educators of children with special needs[J]. Developmental psychology,2012,48(5):1476.

[6]BISHOP S R,LAU M,SHAPIRO S,et al. Mindfulness:a proposed operational definition[J]. Clinical psychology:science and practice,2004,11(3):230-241.

[7]BÖGELS S M,HELLEMANS J,VAN DEURSEN S,et al. Mindful parenting in mental health care:effects on parental and child psychopathology,parental stress,parenting,coparenting,and marital functioning[J]. Mindfulness,2014,5(5):536-551.

[8]BOYATZIS R,GOLEMAN D. Emotional and social competence inventory

[M]. Boston, MA:The Hay Group,2007.

[9]BRACKETT M A,ELBERTSON N A,RIVERS S E. Applying theory to the development of approaches to SEL//JOSEPH A D,CELENE E D,ROGER P W,et al. Handbook of social and emotional learning:research and practice [M]. New York:The Guilford Press,2015:20 – 32.

[10] BRACKETT M A, KATULAK N A. Applying emotional intelligence: a practitioner's guide[M]. New York:Psychology Press,2006.

[11]BRAUN V, CLARKE V. Using thematic analysis in psychology[J]. Qualitative research in psychology, 2006,3(2):77 – 101.

[12]BROWN L,VALENTI M,SWEET T,et al. How social and emotional competencies inform special educators' social networks [J]. Education and treatment of children,2020,43(3SI):295 – 311.

[13]CHENG X,MA Y,LI J,et al. Mindfulness and psychological distress in kindergarten teachers:the mediating role of emotional intelligence[J]. International journal of environmental research and public health,2020,17 (21):8212 – 8222.

[14]CHENG X,ZHANG H,CAO J,et al. The effect of mindfulness-based programs on psychological distress and burnout in kindergarten teachers:a pilot study[J]. Early childhood education journal,2022,50(7):1197 – 1207.

[15] Collaborative for academic, social, and emotional learning (CASEL). What are the core competence areas and where are they promoted? [EB/ OL]. (2020 – 12 – 01) [2024 – 07 – 10]. https://casel. org/fundamentals-of-sel/what-is-the-casel-framework/#interactivecasel-wheel.

[16]CONROY M A,SUTHERLAND K S,ALGINA J,et al. Outcomes of the best in class intervention on teachers' use of effective practices,self-efficacy, and classroom quality[J]. School psychology review,2019,48(1):31 – 45.

[17]CRAIN T L,SCHONERT-REICHL K A,ROESER R W. Cultivating teacher mindfulness:effects of a randomized controlled trial on work,home,and sleep outcomes[J]. Journal of occupational health psychology,2017,22 (2):138 – 152.

[18]DYKENS E M,FISHER M H,TAYLOR J L,et al. Reducing distress in

mothers of children with autism and other disabilities: a randomized trial [J]. Pediatrics,2014,134(2):e454 – e463.

[19]EISENBERG N,CUMBERLAND A,SPINRAD T L. Parental socialization of emotion[J]. Psychological inquiry,1998,9(4):241 – 273.

[20]EMERSON L M,LEYLAND A,HUDSON K,et al. Teaching mindfulness to teachers: a systematic review and narrative synthesis [J]. Mindfulness, 2017,8(5):1136 – 1149.

[21]FERNANDES P R S,JARDIM J,LOPES M C S. The soft skills of special education teachers: evidence from the literature[J]. Education sciences, 2021,11(3):125.

[22]FINCH S N. A Quantitative study of teachers' social emotional competency and social instructional practices in metropolitan atlanta preschools[M]. San Diego: Northcentral University,2016.

[23]FRANK J L,JENNINGS P A,Greenberg M T. Validation of the mindfulness in teaching scale[J]. Mindfulness,2016,7(1):155 – 163.

[24]FRANK J L,REIBEL D,BRODERICK P,et al. The effectiveness of mindfulness-based stress reduction on educator stress and well-being: results from a pilot study[J]. Mindfulness,2015,6(2):208 – 216.

[25]Fundamentals of SEL[EB/OL]. [2024 – 07 – 06]. https://casel. org/ fundamentals-of-sel.

[26]GARNER P W,BENDER S L,FEDOR M. Mindfulness-based SEL programming to increase preservice teachers' mindfulness and emotional competence[J]. Psychology in the schools,2018,55(4):377 – 390.

[27]GARNER P W,PARKER T S,PRIGMORE S B. Caregivers' emotional competence and behavioral responsiveness as correlates of early childcare workers' relationships with children in their care[J]. Infant mental health journal,2019,40(4):496 – 512.

[28]GODDARD R D,HOY W K,HOY A W. Collective efficacy beliefs: theoretical developments,empirical evidence,and future directions[J]. Educational researcher,2004,33(3):3 – 13.

[29]GOLEMAN D. Emotional intelligence[M]. New York: Bantam Books,1995.

[30] GOTTFREDSON G D, GOTTFREDSON D C, PAYNE A A, et al. School climate predictors of school disorder: results from a national study of delinquency prevention in schools[J]. Journal of research in crime and delinquency, 2004, 42(4): 412 – 444.

[31] GREENBERG J M T. The prosocial classroom: teacher social and emotional competence in relation to student and classroom outcomes[J]. Review of educational research, 2009, 79(1): 491 – 525.

[32] GROSS J J, JOHN O P. Individual differences in two emotion regulation processes: implications for affect, relationships, and well-being[J]. Journal of personality and social psychology, 2003, 85(2): 348 – 362.

[33] GROSS J J. The emerging field of emotion regulation: an integrative review [J]. Review of general psychology, 1998, 2(3): 271 – 299.

[34] HO C L, AU W T. Teaching satisfaction scale: measuring job satisfaction of teachers[J]. Educational and psychological measurement, 2006, 66(1): 172 – 185.

[35] HÖLZEL B K, LAZAR S W, GARD T, et al. How does mindfulness meditation work? Proposing mechanisms of action from a conceptual and neural perspective[J]. Perspectives on psychological science, 2011, 6(6): 537 – 559.

[36] JENNINGS P A, BROWN J L, FRANK J L, et al. Impacts of the CARE for teachers program on teachers' social and emotional competence and classroom interactions[J]. Journal of educational psychology, 2017, 109(7): 1010 – 1028.

[37] JENNINGS P A, FRANK J L, SNOWBERG K E, et al. Improving classroom learning environments by cultivating awareness and resilience in education (care): results of a randomized controlled trial[J]. School psychology quarterly, 2013, 28(4): 374 – 390.

[38] JENNINGS P A, GREENBERG M T. The prosocial classroom: teacher social and emotional competence in relation to student and classroom outcomes[J]. Review of educational research, 2009, 79(1): 491 – 525.

[39] JENNINGS P A, SNOWBERG K E, COCCIA M A, et al. Improving class-

room learning environments by cultivating awareness and resilience in education (CARE): results of two pilot studies[J]. The journal of classroom interaction,2011,46(1):37-48.

[40]JIANG J W,VAURAS M,VOLET S,et al. Teachers' emotions and emotion regulation strategies: self-and students' perceptions [J]. Teaching and teacher education,2016,54(3):22-31.

[41]JIMENEZ S S,NILES B L,PARK C L. A mindfulness model of affect regulation and depressive symptoms: positive emotions, mood regulation expectancies, and self-acceptance as regulatory mechanisms[J]. Personality and individual differences,2010,49(6):645-650.

[42]JUSTO A R,ANDRETTA I,ABS D. Dialectical behavioral therapy skills training as a social-emotional development program for teachers[J]. Practice innovations,2018,3(3):168-181.

[43]KABAT-ZINN J. Wherever you go,there you are: mindfulness meditation in everyday life[M]. New York: Hyperion,1994.

[44]LEWIS R. Classroom discipline and student responsibility: the students' view[J]. Teaching and teacher education,2001,17(3):307-319.

[45]MAIOR E,DOBREAN A,PĂSĂRELU C. Teacher rationality, social-emotional competencies and basic needs satisfaction: direct and indirect effects on teacher burnout [J]. Journal of evidence-based psychotherapies,2020,20(1):135-152.

[46]MARIA P, EXTREMERA N. Emotional intelligence and teacher burnout: a systematic review [J]. International journal of educational research,2017,85:121-130.

[47]MASLACH C,SCHAUFELI W B,LEITER M P. Job burnout[J]. Annual review of psychology,2001,52(1):397-422.

[48]MASLACH C. A multidimensional theory of burnout[C]//COOPER C L. Theory of organizational stress. London: Oxford University Press,2001:68-85.

[49]MAYER J D,SALOVEY P,CARUSO D R. Emotional intelligence: theory, findings, and implications[J]. Psychological inquire,2004,15(3):197-215.

[50]MAYER J D,SALOVEY P. What is emotional intelligence//SALOVEY P

E,SLUYTER D J. Emotional development and emotional intelligence:educational implications[M]. New York:Basic Books,1997:3 -31.

[51]NADLER R,CARSWELL J J,MINDA J P. Online mindfulness training increases well-being,trait emotional intelligence,and workplace competency ratings:a randomized waitlist-controlled trial[J]. Frontiers in psychology, 2020,11:255 -273.

[52]OLIVEIRA S,ROBERTO M S,VEIGA-SIMÃO A M,et al. A meta-analysis of the impact of social and emotional learning interventions on teachers' burnout symptoms [J]. Educational psychology review,2021,33(4): 1779 -1808.

[53]Our history-CASEL[EB/OL]. [2024 -07 -06]. https://casel. org/about-us/our-history/.

[54]PEISNER-FEINBERG E S,BURCHINAL M R,CLIFFORD R M,et al. The relation of preschool child-care quality to children's cognitive and social developmental trajectories through second grade[J]. Child development,2001,72(5):1534 -1553.

[55]PEIZHEN S, JENNIFER CHEN, HONGYAN J. Coping humor as a mediator between emotional intelligence and job satisfaction:a study on Chinese primary school teachers[J]. Journal of personnel psychology,2017, 16(3):1534 -1553.

[56]PERRY C,BALL I. Emotional intelligence and teaching:further validation evidence[J]. Issues in educational research,2005,15(2):175 -192.

[57]RODRIGUEZ V,LYNNETH SOLIS S,MASCIO B,et al. With awareness comes competency:the five awareness's of teaching as a framework for understanding teacher social-emotional competency and well-being[J]. Early education and development,2020,31(7SI):940 -972.

[58]ROESER R W,SCHONERT-REICHL K A,et al. Mindfulness training and reductions in teacher stress and burnout:results from two randomized, waitlist-control field trials[J]. Journal of educational psychology,2013, 105(3):787 -804.

[59]ROESER R W, SKINNER E, BEERS J, et al. Mindfulness training and

teachers' professional development: an emerging area of research and practice[J]. Child development perspectives,2012,6(2):167 – 173.

[60]SALOVEY P,MAYER J D. Emotional intelligence[J]. Imagination, cognition and personality,1990,9(3):185 – 211.

[61]SARAH G,LUONG M T,STEFAN S. Students and teachers benefit from mindfulness-based stress reduction in a school-embedded pilot study[J]. Frontiers in psychology,2016,7:590 – 608.

[62]SCHONERT-REICHL K A. Social and emotional learning and teachers [J]. The future of children,2017,27(1):137 – 155.

[63]SCHUSSLER D L,JENNINGS P A,SHARP J E,et al. Improving teacher awareness and well-being through CARE:a qualitative analysis of the underlying mechanisms[J]. Mindfulness,2016,7(1):130 – 142.

[64]SCHWEIZER S,GRANHN J,HAMPSHIRE A,et al. Training the emotional brain:improving affective control through emotional working memory training[J]. Journal of neuroscience,2013,33(12):5301 – 5311.

[65]SHAPIRO S L,CARLSON L E,ASTION J A,et al. Mechanisms of mindfulness[J]. Journal of clinical psychology,2006,62(3):373 – 386.

[66]SHARP J E,JENNINGS P A. Strengthening teacher presence through mindfulness:what educators say about the cultivating awareness and resilience in education (CARE) program[J]. Mindfulness,2016, 7(1):209 – 218.

[67]SUTTON R E,WHEATLEY K F. Teachers' emotions and teaching:a review of the literature and directions for future research[J]. Educational psychology review,2003,15(4):327 – 358.

[68]TAXER J L,GROSS J J. Emotion regulation in teachers:the "why" and "how"[J]. Teaching and teacher education,2018,74:180 – 189.

[69]TAYLOR C,HARRISON J,HAIMOVITA K,et al. Examining ways that a mindfulness-based intervention reduces stress in public school teachers:a mixed-methods study[J]. Mindfulness,2016,7(1):115 – 129.

[70]THORNDIKE E L. Intelligence and its uses[J]. Harper's magazine,1920 (140):227 – 235.

[71]TOM K. Measurement of teachers' social-emotional competence:develop-

ment of the social-emotional competence teacher rating scale [D]. Eugene:University of Oregon,2012.

[72]TUGADE M,FREDRICKSON B L. Resilient individuals use positive emotions to bounce back from negative emotional experiences[J]. Journal of personality and social psychology,2004,86(2):320 – 333.

[73]WANG H, BURIĆ I, CHANG M L, et al. Teachers' emotion regulation and related environmental, personal, instructional, and well-being factors:a meta-analysis[J]. Social psychology of education, 2023, 26(6): 1651 – 1696.

[74]WONG C S,LAW K S. The effects of leader and follower emotional intelligence on performance and attitude:an exploratory study[J]. The leadership quarterly,2002,13(3):243 – 274.

[75]WONG C S, WONG P M, PENG K Z. Effect of middle-level leader and teacher emotional intelligence on school teachers' job satisfaction:the case of Hong Kong[J]. Educational management administration & leadership, 2010,38(1):59 – 70.

[76]WU L,ZHAN H. The short-form teacher efficacy scale:a study of reliability and validity[J]. Psychology techniques & applications,2017,5(11): 672 – 679.

[77]XIU L C,ZHOU R,JIANG Y H. Working memory training improves emotion regulation ability:evidence from HRV [J]. Physiology & behavior, 2016,155(6):25 – 29.

[78]YODER N. Self-assessing social and emotional instruction and competencies:a tool for-teachers[EB/OL]. [2021 – 07 – 31]. https://www. air. org/resource/self-assessing-social-and-emotional-instruction-and-competencies-tool-teachers/.

[79]ZINS J E,ELIAS M J. Social and emotional learning:promoting the development of all students[J]. Journal of educational and psychological consultation,2007,17(2):233 – 255.

附录

附录一　乡村幼儿园教师社会情绪能力量表初测版（40题）

题号	题目	非常不符合	不符合	中等程度	符合	非常符合
1	工作压力大时，我能清楚地意识到自己的焦虑情绪	1	2	3	4	5
2	我对自己未来的发展有明确的目标和规划	1	2	3	4	5
3	我能够调整自己的情绪，使教学活动氛围轻松愉悦	1	2	3	4	5
4	我能正确认识自己的优势和不足	1	2	3	4	5
5	当我愤怒时，我通常能在很短的时间内冷静下来	1	2	3	4	5
6	在教学中遇到困难时，我会主动向有经验的教师请教	1	2	3	4	5
7	我能意识到自己的情绪会给幼儿带来的影响	1	2	3	4	5
8	当我产生某种情绪时，我能清楚知道是什么原因导致的	1	2	3	4	5
9	我能够有效调节自己的压力	1	2	3	4	5
10	和别人相比，我认为自己很失败	1	2	3	4	5
11	我能够客观公正地看待别人对自己的评价	1	2	3	4	5
12	我经常会控制不住自己的情绪，向幼儿发脾气	1	2	3	4	5
13	我对自己的工作能力充满信心	1	2	3	4	5

题号	题目	非常不符合	不符合	中等程度	符合	非常符合
14	我能够和同事有效合作,在教学实践中创造积极的氛围	1	2	3	4	5
15	我能敏锐地察觉到幼儿的表情、语气、心情等的变化	1	2	3	4	5
16	在实现目标的过程中,我能够不断进行自我反思和调节	1	2	3	4	5
17	我会关注到幼儿一些非常细微的进步	1	2	3	4	5
18	与同事或者领导发生意见分歧时,我能察觉到自己内心的情绪波动	1	2	3	4	5
19	班里的幼儿们都很信任我,愿意主动和我交流	1	2	3	4	5
20	和同事相处时,我能准确理解别人的感受和需求	1	2	3	4	5
21	和他人发生人际冲突时,我能够正确处理矛盾	1	2	3	4	5
22	在做工作计划时,我会优先考虑是否有利于幼儿发展,再考虑其他因素	1	2	3	4	5
23	我愿意向领导表达我的观点看法	1	2	3	4	5
24	遇到困难时,我总能够保持积极乐观的态度	1	2	3	4	5
25	和家长沟通时,我能准确理解家长的观点和看法	1	2	3	4	5
26	我能够欣赏并尊重不同幼儿的差异性	1	2	3	4	5
27	做出决定前,我会慎重考虑这个决定所带来的后果	1	2	3	4	5
28	我会根据实际情况制定有利于幼儿或者班级发展的工作计划	1	2	3	4	5
29	我能够有效利用家庭、学校、社区以及周围的各种资源来为工作服务	1	2	3	4	5
30	在目标实现的过程中,我能够保持专注而不被其他事情干扰	1	2	3	4	5
31	在组织活动前,我会首先考虑到幼儿的安全问题	1	2	3	4	5
32	在做一项决定之前,我会综合考虑各方面的情况	1	2	3	4	5
33	我做决策时经常会冲动,难以考虑到后果	1	2	3	4	5

续表

题号	题目	非常不符合	不符合	中等程度	符合	非常符合
34	我知道班里每个幼儿的特点和爱好,以及大致的家庭情况	1	2	3	4	5
35	我能准确地认识并熟练地使用各种教学资源和教学方法	1	2	3	4	5
36	和同事讨论工作时,我能够很好地表达自己的观点和看法	1	2	3	4	5
37	我能根据每个幼儿的性格特点进行针对性的沟通	1	2	3	4	5
38	我在计划一项活动方案时,往往都会有备选方案	1	2	3	4	5
39	面对外界的各种压力,我常常难以坚持自己的决定	1	2	3	4	5
40	我经常主动和家长沟通幼儿在幼儿园的表现	1	2	3	4	5

附录二 乡村幼儿园教师社会情绪能力访谈提纲

基本问题:

1. 基本人口学,从教信息等。(性别、年龄、教龄、学历、所教年级)

2. 您为什么选择这份职业? 您从业几年了?

3. 您日常的工作主要包含哪些内容? 工作量怎么样? 比如工作的时间大约有多长呢?

4. 您对这份职业满意吗?

5. 这份工作对您来说有压力吗? 压力来自哪些方面?

6. 在工作中,您和同事或者领导的关系如何呢?

7. 目前您需要帮助吗? 那最需要获得哪些帮助呢?

社会情绪方面:

1. 您认为哪些因素会触发您的情绪? 您的情绪会给自己和儿童(他人)带来什么影响?(自我认知)

2. 在和儿童交流的过程中,您能准确察觉儿童的情绪么?(社会认知)

3 在与儿童交流的过程中如果出现了不愉快的情况,您会如何处理?(人际交往)

4. 您了解班里每个孩子的特点吗? 是否能察觉到每个孩子的变化? (社会认知)

5. 压力大时您会采取哪些方式调节您的情绪状态? (自我管理)

6. 在工作时,什么时候让您最有成就和价值感? 您有哪些优势和不足? (自我认知)

7. 在教学中如果遇到了困难,您通常会怎么办? (人际交往)

8. 您对自己的职业发展有什么目标和计划吗? 如何实现? (自我管理)

9. 您认为幼儿教师在做一项决定时,应该顾及哪些因素? (负责任决策)

附录三 乡村幼儿园教师社会情绪能力访谈提纲
(园长等管理者)

1. 工作中,您在与教师们沟通相处的过程中有什么问题?

2. 您对教师们的社会交往能力怎么看?

3. 您认为您的情绪状态如何? 有压力吗? 压力来源于哪些方面呢?

4. 您认为哪些因素能触发教师的情绪?

5. 您认为教师们的情绪调节与管理能力怎么样,处于什么水平?

6. 教师们平时是否能关注到自身和儿童的情绪?

7. 您认为幼儿教师在做一项决定时,应该顾及哪些因素?

8. 您对教师社会情绪能力方面的相关理念和做法,了解吗?

9. 幼儿园有没有提供一些资源帮助教师提高情绪管理能力? 为改善教师社会情绪能力曾经做过哪些努力?

10. 谈谈您对教师情绪管理的建议与意见。

附录四　乡村幼儿教师社会情绪能力观察提纲（部分）

观察对象：　　　　　　观察班级：　　　　　　观察时间：

观察地点：　　　　　　活动类型：（生活活动　游戏活动　教学活动）

维度	子维度	观察点（语言、行为、目光、声音等）	频次记录	典型案例
情感支持	积极氛围	积极情感、积极交流、关系		
	消极氛围	消极情感、惩罚控制、不尊重、否定		
	敏感性	教师意识、回应、关注问题		
	关注幼儿	灵活关注幼儿、幼儿主体、鼓励幼儿表达		
	行为管理	目的、前瞻性、监控、纠正不当行为		
	情绪管理	情绪识别、管理压力、接受不确定性		
活动组织	活动安排	准备、时间最大化、规则		
	反馈质量	促进思考、鼓励和肯定		
	语言示范	交流频繁、平行式对话		